Ulrich Eicke

Die Werbelawine

Angriff auf unser Bewußtsein

KNESEBECK & SCHULER

Für Gisela

CIP-Titelaufnahme der Deutschen Bibliothek

Eicke, Ulrich:
Die Werbelawine: Angriff auf unser Bewußtsein/Ulrich Eicke. –
München: Knesebeck & Schuler, 1991
ISBN 3-926901-38-1

Umschlag: Dieter Zembsch, München
Satz: Dörlemann Satz, Lemförde
Druck und Bindung: Pustet, Regensburg
Printed in Germany

Inhalt

1. Die Fragwürdigkeiten der Werbung

Werbung soll den Verkauf von Waren und Dienstleistungen unterstützen. Steigende Umsätze und ein wachsendes Bruttosozialprodukt gelten als Beweise, daß sie für Unternehmen ebenso nützlich und sogar unentbehrlich ist wie für die gesamte Volkswirtschaft.

Das aber ist nur die Vorderseite der Werbung. Zu ihr gehören auch die schädlichen Folgen, die sie - meistens wohl unbeabsichtigt und von den Werbern kaum wahrgenommen - gleichzeitig auslöst. In diesem Buch geht es nicht darum, die positiven und negativen Aspekte der Werbung gegeneinander abzuwägen, sondern um die Darstellung ihrer weniger beachteten Schattenseiten und um ihre gesellschaftspolitische Problematik. Es geht darum, daß sich Werbung nicht nur im wirtschaftlichen Raum abspielt, sondern in viele andere Lebensbereiche ausstrahlt und höchst problematische, oft sogar verderbliche Nebenwirkungen hat.

Der Begriff »Nebenwirkungen« ist hier in ähnlichem Sinne wie bei Arzneimitteln zu verstehen. Jeder Arzt achtet darauf, daß etwa ein Medikament zur Behandlung einer Infektionskrankheit nicht das Herz des Patienten schädigt. Ein makabres Beispiel für Nebenwirkungen war Contergan, das schwangere Frauen ruhig schlafen ließ und gleichzeitig ihre ungeborenen Kinder verkrüppelte.

Wenn man beobachtet, in welchem Ausmaß die Werbung nicht nur das Informationswesen und die Medienlandschaft, sondern auch die Infrastruktur der gesamten Gesellschaftsordnung beeinflußt und verändert hat, drängt sich die Frage nach den Nebenwirkungen der Werbung auf. Diese Frage aber wurde bisher nicht gestellt.

Die Diskussionen über Pro und Contra der Werbung bleiben meist unfruchtbar, weil Werbegegner und -befürworter nicht die gleiche Sprache sprechen. Werber rechtfertigen die Existenz und das So-Sein der Werbung ausschließlich mit wirtschaftlichen Argumenten, von denen »Kulturkritiker« nichts verstünden. Tatsächlich krankt ein großer Teil der Werbekritik ebenso an der Unkenntnis über Funktionen und Strukturen der Werbewirtschaft wie an der Unfähigkeit, die Kernprobleme dieses komplizierten Systems in angemessener Weise zu analysieren und zu bewerten. Das ändert nichts daran, daß es nach Theodor Litt die Aufgabe von Kulturkritikern ist, sich mit dem geistigen, seelischen und kulturellen Verfall zu beschäftigen. Dazu gehört notwendigerweise auch die Auseinandersetzung mit der Werbung, soweit sie zu diesem Verfall beiträgt. Die Sprecher und Verbände der Werbewirtschaft aber sind in erster Linie Interessenvertreter, die sich als Vorkämpfer für etwas unwandelbar Gutes, Richtiges und Unumstößliches gebärden und unfähig sind, die Werbung als Teil eines soziokulturellen Gesamtsystems zu verstehen. Aus ihrer Sicht kann ein Werbekritiker nur ein inkompetenter und weltfremder Ignorant sein. Da Werbung jedoch Bewußtseinsprozesse und Verhaltensweisen beeinflussen soll, ist jede Auseinandersetzung mit ihr unvollständig, wenn sie ihre geistigen und gesellschaftlichen Nebenwirkungen außer acht läßt.

So ergibt sich ein sehr undeutliches Bild von einer außerordentlich einflußreichen wirtschaftlichen und gesellschaftlichen Großmacht. Von ihren zahllosen Widersprüchen und vielfältigen Nebenwirkungen soll hier die Rede sein. Von den Widersprüchen zwischen dem maßlos überhöhten Selbstverständnis der Werbewirtschaft und der armseligen Rolle, die sie in der Wirklichkeit spielt. Zwischen ihrem Allgegenwärtigsein und der Belanglosigkeit ihrer Botschaften. Zwischen der massenhaften Einpflanzung von Werbesymbolen und -slogans ins öffentliche Bewußtsein und der Verdrängung nichtkommerzieller Inhalte. Wie die Stahlindustrie Eisen und die Chemie Erdöl als Rohmaterialien nutzen, so nutzt die Werbebranche die Gedanken und Gefühle der gesamten Bevölkerung zur unbegrenzten und lizenzfreien Ausbeutung, Bearbeitung und Veränderung. (Wie sollte man die Erfolgsmeldung, daß der Bekanntheitsgrad einer Getränkemarke dank Werbung von 28 auf 64 Prozent angestiegen ist, anders deuten?) Und die Gehirne beschlagnahmt sie als Depots, in denen Werbebotschaften und »innere Bilder« auf Abruf gespeichert sind. Darum steckt der Wert einer Marke auch nicht im Unternehmen und in seinen Produkten, sondern in den Gehirnen der Konsumenten. Schon für den selbsternannten »Werbwart« Weidenmüller, den einstigen und längst vergessenen Nestor der Werbung, waren Werbemittel Waffen, mit denen der Geschäftsmann um eine sichere Herrschaft über Bewußtsein und Vorstellungsbilder seiner Nebenmenschen kämpft.

Zu reden ist von den nicht zur Kenntnis genommenen Auswirkungen auf das kollektive Bewußtsein. Ob es um Massenmedien, Sport, Kultur, Unterhaltung, Politik oder Kindererziehung geht: Wo die Werbung sich einnistet und was sie durchdringt, wird in seinem Wesen verändert, deformiert, seiner Identität beraubt und im wahrsten Sinne des Wortes in »Werbeträger« umgewandelt.

Um die Menschen noch häufiger zu treffen und noch fester in den Griff zu bekommen, sind die Werber ständig bemüht, ihren Einflußbereich auszuweiten und möglichst alle Lebensbereiche den Gesetzen der Werbung zu unterwerfen. Es ist wie bei einer Spirale: Je werbemüder die Menschen werden und sich unerwünschter Werbung zu entziehen versuchen, desto ungewöhnlichere Wege finden die Werber, um an sie heranzukommen und ihnen keinen werbefreien Raum mehr zu lassen.

Vor der Fortführung dieser Gedankengänge sind einige Klarstellungen darüber notwendig, welche Themen im Vordergrund dieses Buches stehen und mit welchen es sich nicht beschäftigt.

Erstens geht es nur zu einem geringen Teil um die ökonomische Seite der Werbung. Daß sie als Bestandteil einer Wettbewerbswirtschaft bestimmte Aufgaben erfüllen und nützlich sein kann, rechtfertigt nicht ihre folgenschweren Einflüsse auf das geistig-soziale Leben.

Zweitens umfaßt der Begriff »Werbung« einige sehr unterschiedliche Bereiche. In diesem Zusammenhang ist fast ausschließlich von Konsumgüter- und Markenartikelwerbung die Rede, deren Repräsentanten nicht zufällig die Spitzenpositionen der Werbeverbände einnehmen und als Wortführer für die gesamte Werbewirtschaft sprechen. Als eigentliche Werbelehre - wenn es überhaupt eine gibt - gilt die »Markentechnik«. Zwar beklagen Werbefunktionäre, daß sich Werbekritik fast nur mit Markenwerbung befaßt und dabei bevorzugt die Waschmittel-, Zigaretten-, Alkohol-, Süßwaren- und Kosmetikwerbung zur Zielscheibe macht. Aber ist es nicht logisch, daß sich Kritiker mit jenem Zweig der Werbung auseinandersetzen, für den das mit Abstand meiste Geld ausgegeben wird und dessen nichtssagende Botschaften besonders fragwürdig sind? Warum sollen Kritiker etwas gegen Anzeigen einzuwenden haben, mit denen Techniker über ein verbessertes hydraulisches Getriebe oder Chemiker über eine neue Analysemethode informiert werden? Was spricht gegen eine Anzeige, die mitteilt, daß morgen im Theater die »Kleinbürgerhochzeit« gespielt wird? Was gibt es an der Werbung eines Verbrauchermarktes auszusetzen, aus der man erfährt, daß es Dosenmilch für DM 0,39 zu kaufen gibt? Was sagt daneben ein Werbespruch »Hausfrauen mit Köpfchen wissen, welche Milch den Kaffee veredelt« (bei Einheitsqualität für DM 0,60 pro Dose, deren Preis schamvoll verschwiegen wird)?

Drittens ist es ziemlich belanglos, ob man durch Werbung verführt werden kann, eine Tüte Nüsse der Marke »Bimbo« und nicht »Bambo« zu kaufen. Problematisch aber wird es, wenn Werber als Ernährungsberater auftreten und die Eß- und Trinkgewohnheiten verändern wollen, damit z. B. Kinder keine Milch mehr trinken, sondern Süßigkeiten (»Milchschnitte« oder »Pausenbrot« genannt) essen und statt Brot einen Schokoladenriegel verzehren. Oder wenn man nach dem Sport nicht – wie von Ärzten empfohlen – Mineralwasser oder Obstsaft trinkt und sich gesund ernährt, sondern zu einem »Sportdrink« greift, der laut Werbung Ausdauer, Kraft und Fitneß liefern und den angestrengten Körper wieder aufbauen soll. Oder wenn Hautprobleme nicht mit ärztlich verordneten Präparaten behandelt, sondern mit (teurer) Kosmetik übertüncht werden. Und ebenso fragwürdig ist es, in Zeiten allgemeiner Übergewichtigkeit durch Propagierung einer neuen Zwischenmahlzeit und abendlichen Knabberns darauf hinzuarbeiten, daß immer mehr gegessen und genascht wird.

Viertens sind in der Werbebranche keine mysteriösen

geheimen Verführer am Werk, die den Menschen gegen deren Willen minderwertige Dinge aufschwatzen wollen. Die altbekannten Verschwörungstheorien, nach denen geheimnisumwitterte böse Kräfte finstere Ziele verfolgen, haben auch für die Werbung keine Gültigkeit. Werber sind sympathische, intelligente und fleißige Leute, deren Blick jedoch nur bis zum Konsumenten reicht. Sie meinen, daß die von ihnen in die Welt gesetzten Botschaften bei ihm enden und damit ihre Wirkung erschöpft haben. Sie wollen nicht sehen, daß sie unbeabsichtigt Kräfte entfesseln, die sich - wie der Geist aus der Flasche - verselbständigen, außer Kontrolle geraten und schädliche oder gar verderbliche Nebenwirkungen auslösen.

Fünftens geht es auch in der Werbung um Machtgewinn und um die Durchsetzung von Interessen. Da Werber als Dienstleister fremde Aufträge ausführen, konnten sie den Eindruck erwecken, sie spielten nur eine Art Mittlerrolle zwischen Produzenten und Konsumenten und sorgten - einem ehrlichen Makler gleich - für einen gerechten Interessenausgleich. Die Werbewirtschaft verfolgt jedoch auch starke Eigeninteressen, die sie - dank der Unterstützung durch fast sämtliche Medien - mit einer äußerst schlagkräftigen Lobby durchzusetzen versucht: Gegen den Verbraucherschutz, gegen den Gesundheitsschutz, gegen den Kinder- und Jugendschutz und gegen Wettbewerbsregelungen. Die Werbelawine soll immer größer werden und unbehindert weiterrollen.

Sechstens muß auch der Verantwortungsbereich der Werber deutlich abgegrenzt werden. Ihre Abhängigkeit von den Auftraggebern - denen die geplanten Werbekampagnen zur Genehmigung vorgelegt werden müssen - entbindet sie nicht von der Mitverantwortung für die gesellschaftspolitischen Folgewirkungen. Diese Mitverantwortung läßt sich an zwei Beispielen zeigen. So warb der Slogan »Hast du was, bist du was« eben nicht nur für das Wertpapiersparen, sondern setzte gleichzeitig Maßstäbe für ein menschliches Miteinander, in dem das »Haben« höher als das »Sein« bewertet wird. Das zweite Beispiel ist eine in vielen Varianten vorkommende werbliche Standardsituation: Eine Frau hat für ihren Schwiegersohn Bier gekauft, um ihm eine kleine Freude zu machen. Die Tochter, die feststellt, daß es die »falsche« Biersorte ist, weist ihre Mutter vorwurfsvoll zurecht und sorgt dafür, daß noch rechtzeitig die »richtige« Marke ins Haus kommt (die wiederum zur falschen Marke wird, sobald der Schwiegersohn - unter dem Eindruck einer Konkurrenzwerbung - zu einer anderen Marke überwechselt). Wie die Werbung lehrt, kann man niemand zumuten, sich eine andere als die gewohnte Marke schenken zu lassen. Ebenso undenkbar scheint es zu sein, daß sich der Schwiegersohn über die gutgemeinte Aufmerksamkeit freut.

Siebtens wird nicht behauptet, die Werbung habe bei uns schon ähnlich unerträgliche Ausmaße wie etwa in den USA, Brasilien oder Italien angenommen. Während weite Bereiche der Medien und des öffentlichen Raums schon fest im Griff der Werbung und von ihren Nebenwirkungen verdorben sind, ist z. B. das öffentlich-rechtliche Fernsehen von ihr zwar erfaßt und gefährdet, aber noch nicht hoffnungslos verloren. Die Werbelobby jedoch arbeitet mit größter Hartnäckigkeit daran, in der werblich angeblich unterentwickelten Bundesrepublik den Anteil der Werbeaufwendungen am Bruttosozialprodukt kräftig zu steigern und dabei insbesondere in den öffentlich-rechtlichen Sendern die Werbung zu verstärken. Zwar bestreiten Werbefunktionäre den Vorwurf, sie strebten amerikanische Zustände an. Würden jedoch ihre Forderungen verwirklicht, kämen wir den dortigen abschreckenden Verhältnissen sehr nahe. Es ist das erklärte Ziel der werbungtreibenden Wirtschaft, pro Stunde mindestens zwölf Minuten Werbung in allen Fernsehprogrammen zu den ihr wichtigen Zeiten zu plazieren.

Die Werbewirtschaft hat 1989 rund 37 Milliarden Mark umgesetzt[1] und erwartet für 1990 einen Anstieg auf knapp 39 Milliarden[2], weit mehr als z. B. der gesamte deutsche Bergbau (28,8 Mrd. Mark).[3] Zum Vergleich: Im selben Zeitraum betrug der *Verkaufswert* der deutschen Buchproduktion rund 10 Mrd. Mark[4] und der *Produktionswert* von Werbedrucksachen 8,25 Mrd. Mark.[5] Für Grund- und Hauptschulen, Sonderschulen, Realschulen, Gymnasien und Gesamtschulen wurden 39,6 Mrd. Mark[6], für Universitäten (ohne Hochschulkliniken), Fachhochschulen und sonstige Hochschulen 14,9 Mrd. Mark ausgegeben[7]. Die tatsächlichen Werbeausgaben dürften etwa den »Forschungsausgaben im Unternehmensbereich« (45 Mrd. Mark[8]) nahekommen.

Es verwundert, daß die mit riesigem Aufwand betriebene Besitzergreifung der Gehirne, die millionenfache Ausbeutung von Gedanken und Gefühlen für firmenegoistische Zwecke und die Folgewirkungen der Werbung auf jeden einzelnen wie auch auf die Gesellschaft von den Massenmedien kaum reflektiert wird. Wenn aber die Medien ihre »Artikulationsfunktion« nicht wahrnehmen und keine kritischen Argumente liefern, »fehlen die Worte«: Die Menschen verfallen in Schweigen und sind »mundtot«. Diese von Noelle-Neumann[9] beschriebene Wirkung trifft auch auf die Werbung zu. Als öffentlicher Diskussionsgegenstand ist sie so gut wie nicht vorhanden. Im Unterschied zur Atom- und Elektrizitätswirtschaft, Erdöl-, Chemie-, Pharma- und Rüstungsindustrie, die einem ständigen Rechtfertigungsdruck ausgesetzt sind, gilt die Werbung nicht als Problembranche. Sie hinterläßt zwar keine radioaktiven Substanzen und belastet die Luft nicht mit Schadstoffen, die Gewässer und Böden nicht mit Giften und die Landschaft nicht mit Abfällen. Statt dessen trüben ihre in den Gehirnen zurückbleibenden Ablagerungen den Realitätssinn, nähren Anspruchsdenken, Habsucht und Verschwendungsmanie und verzerren die Wertmaßstäbe. In keinem anderen Bereich verhalten sich die Medien ähnlich abstinent und desinteressiert wie gegenüber den Fragwürdigkeiten der Werbung - weil sie die Hand, die sie mit Anzeigen füttert, nicht beißen wollen.

Ein Beispiel aus den USA zeigt, zu welchen Verzerrungen der Berichterstattung es kommen kann, wenn Werbung für Journalisten kein Thema ist, wenn sie von Kritik verschont bleibt und man es der Werbelobby überläßt, die Öffentlichkeit über ein wichtiges Thema zu unterrichten.

Im Herbst 1971 hatte die amerikanische Federal Trade

Commission in Washington ein 15-tägiges Hearing veranstaltet, um u. a. herauszufinden, welchen Einfluß die Fernsehwerbung auf Kinder ausübt, ob die Konsumenten durch Werbung »manipuliert« werden und wie es die Werbebranche mit der Wahrheit hält. Es ging auch um die Rechtmäßigkeit neuer Werbemethoden, um brisante Fragen von hohem öffentlichen Interesse also.

Mit 1121 Presseberichten fand das Hearing beachtliche Resonanz. Allerdings handelte es sich dabei fast ausschließlich um Nachdrucke von Pressemitteilungen, mit denen die PR-Leute der American Advertising Agencies Association die Redaktionen *vor* dem Hearing überschwemmt hatten. Die für Journalisten reservierten Plätze waren während des Hearings so gut wie leer geblieben. Nicht einmal Associated Press berichtete korrekt, sondern zitierte die Aussage eines Sachverständigen, der - weil er im falschen Flugzeug gesessen hatte - gar nicht anwesend gewesen war. Radio und Fernsehen nahmen von der Veranstaltung keinerlei Notiz.[10]

Wir leben - wie man sagt - im Zeitalter der Informationsüberflutung. Soweit es sich um Informationsmüll und Wegwerfinformationen handelt, ist dieser Begriff zutreffend. Er ist unzutreffend, wo es um relevante Informationen und Orientierungswissen - z. B. über die Schattenseiten und Hintergründe der Werbung - geht und diese in einer Schweigezone liegen.

Die anzusprechenden Mißstände betreffen vor allem die Marken- und Massenwerbung und die fragwürdige Rolle, die diese als einer der einflußreichsten Verbreiter sozialer Lebens- und Wertvorstellungen spielt. Wo auch immer sie auftritt, setzt sie »Waren«, »Kaufen«, »Konsum«, »Genuß« und »Besitz« als einzige Punkte auf die Tagesordnung. »Mehr scheinen als sein« heißt die den Menschen durch Werbung ständig eingehämmerte Parole in einer Welt, in der es von Genießern wimmelt und in der sogar Oscar Wilde (»Ich habe einen sehr einfachen Geschmack: Ich wähle immer das Beste!«) nur noch ein sehr durchschnittlicher Verbraucher wäre.

Sind die Mißstände der Marken- und Massenwerbung nur Schwachstellen oder Fehlentwicklungen eines im

Kern gesunden und grundsätzlich akzeptablen Werbesystems? Hat sich die Markenartikelideologie - mit der sich die Werbebranche voll identifiziert und die für sie die »eigentliche« Werbung ist - in einer Volkswirtschaft überlebt, in der meist gleichwertige oder gar identische Produkte auf gesättigten Märkten miteinander konkurrieren? Oder ist es mehr oder weniger zwangsläufig, daß der Wettbewerb unter solchen Umständen zu einem gesellschaftspolitisch verantwortungslosen und destruktiven Werbesystem mit schwerwiegenden Nebenwirkungen entartet? Ist die Werbung womöglich ein falscher König Midas, der alles, was er berührt, nicht in Gold verwandelt, sondern verhunzt? Muß man die durch Werbung ausgelösten Nebenwirkungen mit denen von Contergan oder nur mit denen einer Kopfschmerztablette vergleichen?

Die Frage nach der Einordnung der Markenartikel- und Massenwerbung in die Soziale Marktwirtschaft könnte eine erste Teilantwort ergeben.

2. Markenartikelwerbung – ein Fremdkörper in der Sozialen Marktwirtschaft

»Sie schlagen den Sack und meinen den Esel.«

Dieses anschauliche Bild gebrauchen Sprecher der Werbewirtschaft, wenn Kritik an der Werbung geäußert wird. Mit dem Sack meinen sie die Werbung und mit dem Esel die Marktwirtschaft. Sind Werbekritiker also verbohrte Ideologen und Narren, die ein erfolgreiches Wirtschaftssystem schlechtmachen wollen, und darüber hinaus auch Feiglinge, denen für eine direkte Kritik an der Marktwirtschaft der Mut fehlt?

Das ständig wiederholte Gleichnis von dem Esel und dem geprügelten Sack sagt viel aus über das Selbstverständnis der Werber. Erstens bezeichnen sie damit jede Werbekritik als absurd, töricht, unvernünftig und sinnlos. Zweitens scheinen sie sich nicht vorstellen zu können, daß ein Kritiker tatsächlich die Werbung und nur die Werbung meinen und daß diese selbst Gegenstand ernsthafter Kritik sein kann. Drittens ist es für sie ebenso undenkbar, daß ein echter Marktwirtschaftler an der Werbung Kritik üben könnte. Und viertens ist für sie die Marktwirtschaft grundsätzlich über jede Kritik erhaben: Einem Marktwirtschaftsgegner, der nur auf die Werbung einschlägt, fehlen offensichtlich die Argumente für einen direkten Angriff. Werber scheinen die Überzeugung zu haben, die Marktwirtschaft könne kein Gegenstand berechtigter Kritik sein. Und weil auch kein redlicher Mensch an der Werbung – einem integrierten Teil der Marktwirtschaft – etwas beanstanden könne, müsse diese unter publizistischem Denkmalschutz stehen.

Aus dieser Sicht ist auch der Standort der Kritiker schnell ausgemacht. Für Werbefunktionäre sind es immer nur linksradikale Systemveränderer, Spätmarxisten, Sozialisten, Sektierer und ökonomische Ignoranten, die aus ideologischen Gründen die Marktwirtschaft abschaffen und durch ein anderes Wirtschaftssystem ersetzen wollen.

Marktwirtschaftler als Werbegegner

Ein namhafter Volkswirtschaftler schrieb schon in den fünfziger Jahren: »Mit einer alles durchdringenden Reklame sich Tag und Nacht, in Stadt und Land, im Äther und an jeder erreichbaren Mauerfläche, in Prosa und Poesie, in Wort und Bild, in offenem Angriff oder mit den subtilen Mitteln der ›public relations‹ zur Geltung bringen ... ist das unfehlbare Rezept, eine freie Wirtschaft durch moralisch blinde Übertreibung ihres Prinzips zu zerstören ...« Er sprach davon, daß es der Marktwirtschaft an moralischem Gewicht fehlt und sie wegen ihrer Asymmetrie eine Lücke hat, die von außen, von jenseits des Marktes geschlossen werden muß. Die Gefahr sei so groß, weil man zwar an der Reklame, nicht aber an dem Widerstand gegen ihre Auswüchse und ihr Übermaß verdienen könne. Man müsse den nicht marktgängigen Werten zu Hilfe kommen. Seine Überzeugung, daß die Reklame in allen ihren Formen und Wirkungen zu den ernstesten Problemen unserer Zeit zu rechnen sei, habe sich gefestigt. Wer jedoch die Werbung kritisiere, müsse mit einer Rücksichtslosigkeit des Widerstandes der Interessenten rechnen, die nach allen Erfahrungen beispiellos sei. In Grenzfällen, in denen die Reklame - insbesondere die »Massen- und Kolossalreklame« für Markenartikel - den Wettbewerb verfälsche und wo nicht die höhere Leistung, sondern die größere Gerissenheit zum Erfolg führe, müßten die Probleme durch ein unnachsichtiges Verbot gelöst werden. Für die Wandlung des Wirtschaftssystems zu unvollkommener oder monopolistischer Konkurrenz sei die Reklame für Markenartikel verantwortlich, gegen die nur ein juristisches Rahmenwerk helfen könne.

Diese nur bruchstückhaft zitierte Kritik stammt keineswegs aus der Feder eines Marxisten oder ökonomischen Ignoranten, sondern von Wilhelm Röpke[1], einem der geistigen Väter der Sozialen Marktwirtschaft. Mit seiner Kritik steht er im marktwirtschaftlichen Lager auch nicht allein; so bedeutende Volks- und Betriebswirtschaftler wie Erich Gutenberg, Franz Oppenheimer, Alexander Rüstow, Eugen Schmalenbach, Ferdinand Tönnies, Wilhelm

Vershofen, Adolf Weber und viele andere haben sich in ähnlicher Weise geäußert.[2] Sie alle wären bestürzt, wenn sie sehen könnten, welche Formen und welches Ausmaß die Massen- und Markenwerbung heute angenommen hat und wie sie dazu beiträgt, die Soziale Marktwirtschaft in ihrem Kern aufzuweichen. Die Kritik dieser Wissenschaftler an den Geburtsfehlern und Fehlentwicklungen der Werbung scheint den heutigen Werbefunktionären unbekannt zu sein oder wird von ihnen zumindest totgeschwiegen.

Schon immer hat die Werbewirtschaft ein gestörtes Verhältnis zu ihren Kritikern gehabt. Auf dem Kongreß der Werbung 1954 erklärte Carl Hundhausen, einer der damals angesehensten Werber, man solle dem Gerede der Kritiker nicht die Ehre antun, sich mit ihm auseinanderzusetzen. Ähnlich äußerte sich 1960 der Werbepsychologe Kropff: Mit derartigen Vorwürfen solle man sich gar nicht beschäftigen, weil die Werbung keine Bestätigung oder Rechtfertigung brauche, denn überzeugender als jede theoretische Begründung sei die ständig steigende Höhe der Werbeausgaben in einer lang anhaltenden Konjunktur.

Die heile Werbewelt geriet jedoch im Zusammenhang mit der »Studentenrevolution« von 1968 und den von ihr ausgelösten Bewußtseinsveränderungen aus den Fugen. Die Manipulations- und Konsumterrortheorien schossen zwar weit über das Ziel hinaus, verwiesen jedoch auf eine der großen Schwachstellen der Werbung: daß sie als Teil der »Bewußtseinsindustrie« nicht nur ökonomische, sondern gleichzeitig auch gesellschaftspolitische Wirkungen auslöst. Durch ihre ausschließliche Konsumbezogenheit sei sie an der allgemeinen Entpolitisierung mitschuldig. Sie wecke »falsche« Bedürfnisse und sei mitverantwortlich für die »öffentliche Armut«.

Diese stark marxistisch geprägte Kapitalismus- und Werbekritik fiel zusammen mit einem Konsumerismus, der in den Vereinigten Staaten unter Führung des »Verbraucheranwalts« Ralph Nader starken Einfluß auf die Gesetzgebung gewonnen und selbst einen Superkonzern wie General Motors das Fürchten gelehrt hatte. Auch in

Großbritannien, Frankreich, Schweden und anderen Ländern entstanden schlagkräftige Verbraucherorganisationen, und in der deutschen Werbebranche begann das große Zittern. Damals kam es sogar - längst vergessen! - zu Verbraucherboykotts gegen Produkte, für die Schleichwerbung betrieben wurde.

So stand die Werbewirtschaft zu Beginn der siebziger Jahre mit dem Rücken zur Wand. Einflußreiche Kräfte der sozialliberalen Koalition forderten eine Besteuerung der Werbeausgaben, die Einrichtung von Werbeaufsichtsämtern, eine Verschärfung des Gesetzes gegen unlauteren Wettbewerb, um irreführende Werbung wirksamer bekämpfen zu können, und weitere Werbegesetze.

Die vergessenen Schuldbekenntnisse der Werber

Unter diesem starken öffentlichen Druck waren aus Werbekreisen plötzlich völlig neue Töne zu hören. Es lohnt sich, die damaligen selbstkritischen Äußerungen prominenter deutscher Werber aus der Versenkung hervorzuholen und an ihnen zu messen, was sich seit jenen großen Worten, Schuldbekenntnissen, Krokodilstränen und Versprechungen geändert hat.

Die Gesellschaft Werbeagenturen (GWA), ein Zusammenschluß der 34 bedeutendsten deutschen Werbeagenturen, erkannte 1973 an, daß die Verbraucher ein - ihnen bis dahin offensichtlich vorenthaltenes - Recht auf bessere Produkte, bessere Leistung und ehrliche Information haben. In jeder Mitgliedsagentur sollte darum ein eigener Verbraucherbeauftragter ernannt und unter ihnen ein »Beauftragter für verbrauchergerechte Werbung« als Gesprächspartner für die Verbraucherverbände gewählt werden. Jeder dieser Beauftragten sollte intern dafür sorgen, daß das Verbraucherbewußtsein bei allen Agenturmitarbeitern durchgesetzt und der »Konsumerismus« in deren Alltagsarbeit einbezogen wird. GWA-Werbeagenturen sollten sich verpflichten, Aufträge abzulehnen, die geeignet sein könnten, Verbraucher irrezuführen oder zu täuschen und Werbung generell als unglaubwürdig erscheinen zu lassen. Viele Werber beklagten mit erstaunlicher Offenheit das Versagen der Werbewirtschaft und die Vernachlässigung der Verbraucher. So hieß es in der *Werbe-Rundschau*, »daß die Werbung sträflich lange dem Verbraucher die Informationen vorenthielt, auf die er Anspruch hat und die ihn allein in die Lage setzen, kontrollierte, wohlüberlegte Kaufakte vorzunehmen«.[3] Die Werber versprachen für die Zukunft eine wahre, produktinformative und sozial verantwortliche Werbung. Sogar der Präsident des Zentralausschusses der Werbewirtschaft (ZAW)[4] beklagte, Werbung werde vielfach (!) als einseitiges Berieselungsinstrument zur Konditionierung des Verbrauchers eingesetzt: Der Tag sei abzusehen, an dem die breit gestreute und oft wiederholte Verkündigung von banalen Slogans nicht nur auf die jeweilige Marke, sondern auf die Werbung insgesamt zurückschlage. In Zukunft müsse der Wandel der Werbung aktiv betrieben werden.[5]

Es waren verheißungsvolle Ansätze, die den damaligen Bundeswirtschaftsminister Friderichs zu der - etwas voreiligen - Äußerung veranlaßten, die Werbewirtschaft habe ihre lange Phase gesellschaftspolitischer Enthaltsamkeit beendet.[6] Wie sich inzwischen gezeigt hat, war die Ankündigung einer informierenden, verbrauchergerechten und gesellschaftliche Verantwortung übernehmenden Werbung nur ein taktisches Ausweichmanöver, das die befürchteten Werbebeschränkungen verhindern und der Verbraucherbewegung den Wind aus den Segeln nehmen sollte. Als sich abzeichnete, daß die Werbung von den geforderten strengen Gesetzen verschont bleiben und auch der Konsumerismus ihre Kreise kaum stören würde, kam es zur großen Entwarnung. Man konnte wieder zu Punkt 1 der alten Tagesordnung - »Business as usual« - zurückkehren.

Heute sind die selbstkritischen Worte längst vergessen, die halbherzig begonnene gesellschaftspolitische Diskussion ist versandet, kein Verbraucherbeauftragter wurde gewählt, und bei der Annahme von Aufträgen haben Werbeagenturen noch weniger Skrupel als vorher. Nach wie vor gilt für Werbefunktionäre die alte Esel/Sack-Verteidigungsstrategie.

Trotz aller politischen, ökologischen, technischen, wirtschaftlichen, sozialen und bewußtseinsmäßigen Veränderungen und Umwälzungen, die seit den sechziger Jahren eingetreten sind, ist sich die Werbe-Ideologie - von kurzen Irritationen abgesehen - gleich geblieben. Die einstmals bellenden Hunde sind eingeschlafen und sollen nicht geweckt werden. Die Konsumgüterwerbung ist so unglaubwürdig, realitätsfern und inhaltsleer wie eh und je. Sogar in der Werbefachzeitschrift *werben & verkaufen (w & v)* war zu lesen, die Werbung habe - worüber sich alle einig seien - einen neuen Tiefpunkt an Einfallslosigkeit und Ideenarmut erreicht, jahrelang nur Mist angeliefert und werbliche Dünnsäure in die Medien verklappt.[7] Der Chefredakteur rundete das Bild ab: Werbeagenturen versuchten durch immer zynischeres Ausnutzen ihrer Einkaufsmacht die Medien zu korrumpieren, die sich an direkte und indirekte Zensur durch mächtige Werbungtreibende schon gewöhnt hätten. »Und der Dritte im Bunde, der Konsument, wird überhaupt nicht gefragt, ob ihm das alles gefällt . . . Ein peinliches Fazit für eine Branche, die ihre Sonntagsredner mit Vorliebe etwas von Treuhänderschaft und Verantwortung gegenüber den Mitmenschen, Verbraucher genannt, referieren läßt.«

Freie oder Soziale Marktwirtschaft?

Man kommt nicht an der Frage vorbei, was Werber eigentlich unter Marktwirtschaft verstehen. Es kann kein Zufall sein, daß sie den Begriff »Soziale Marktwirtschaft« meiden und statt dessen lieber nur von Marktwirtschaft und am liebsten von freier Marktwirtschaft sprechen. Tatsächlich basieren ihre Thesen über die Funktion der Werbung auf dem Modell eines schrankenlosen und rücksichtslosen Wettbewerbs.

Im Konzept der Sozialen Marktwirtschaft sind Wirtschaftsordnung und Sozialordnung entsprechend den vom Staat vorgegebenen ordnungspolitischen Zielen zu einer Einheit verschmolzen. Wirtschaftliches Handeln ist also immer bestimmten Rahmenbedingungen und Spielregeln unterworfen. Dadurch wird die Soziale Marktwirtschaft zum ökonomischen Pendant demokratischer Verfassungen, mit denen politische Macht begrenzt und Minderheiten geschützt werden sollen. Schon in den zwanziger Jahren hatte Walter Eucken auf die wechselseitigen Abhängigkeiten zwischen einer freiheitlich-wettbewerblich verfaßten Wirtschaftsordnung und einer freiheitlichen demokratischen Staats- und Gesellschaftsordnung hingewiesen: Ein sich selbst überlassener Markt nach dem Prinzip des Laissez-faire tendiere zu seiner eigenen Verformung und Auflösung. Nur in der Theorie handele der Konsument immer vernünftig, sorge für ein Gleichgewicht zwischen Angebot und Nachfrage und führe damit einen gerechten Interessenausgleich in demokratischem Sinne herbei. Dem angestrebten Gleichgewicht könne man sich bestenfalls annähern, wenn die Macht der stärkeren Marktteilnehmer - also der Werbungtreibenden - gebändigt werde. So sah auch Alfred Müller-Armack, engster Mitarbeiter von Ludwig Erhard und einer der »Gründungsväter« der Sozialen Marktwirtschaft, in ihr den Versuch einer Synthese zwischen Einsichten in die Unabdingbarkeit des Marktgeschehens und den Bemühungen, dieses marktwirtschaftliche Organisationsgebilde mit sozialen und gesellschaftlichen Fortschritten vereinbar zu machen. Dabei sollte nach Ludwig Erhards Willen das Wirtschaftliche dem Gesellschaftlichen sogar untergeordnet und vor einseitigen Interessen bewahrt werden.[8]

Ob es sich um Abgaswerte von Autos, Zentralheizungen oder Kraftwerken, um Schadstoffkonzentrationen am Arbeitsplatz, Pfand auf Plastikflaschen, Lebensmittelzusätze oder die Zulassung von Arzneimitteln handelt: Wo der Markt als Regelungsinstrument versagt und den ordnungs- und sozialpolitischen Zielen einer sozialverpflichteten Marktwirtschaft zuwiderläuft, muß der Staat den unternehmerischen Handlungsspielraum durch Gesetze und Verordnungen einengen. Solche Wettbewerbsbeschränkungen werden inzwischen von der Industrie im Grundsatz auch akzeptiert. Nur der Markenverband vertritt noch die Auffassung, das Ziel umweltverträglicher Produktion, Distribution und Konsumtion sei »nur über den Markt zu erreichen«[9]. Auch Werber sind anscheinend noch der Meinung, in einer freien Marktwirtschaft zu leben und aus diesem Grund einen Anspruch auf nahezu grenzenlose Werbefreiheit zu haben. Darum kämpfen sie auch - unter der Flagge der »Liberalisierung« - für jede Art von Deregulierung, also für die Abschaffung von Wettbewerbsregeln. Das aber wäre de facto die Umwandlung einer sozialen in eine freie Marktwirtschaft und ein Rückschritt in Richtung eines ungezügelten Kapitalismus.

Werbefunktionäre berufen sich dabei fälschlicherweise auf das Grundrecht der Meinungsfreiheit.[10] Sie übersehen dabei, daß Grundrechte und Menschenrechte immer individuelle Persönlichkeitsrechte, nie jedoch Gruppenrechte sind. Nach Dahrendorf dienen kollektive Rechte sogar in der Regel der Unterwerfung von Menschen und nicht ihrer Befreiung.[11] So will die Werbewirtschaft unter Berufung auf die Meinungsfreiheit - die im übrigen laut Grundgesetz durch »allgemeine Gesetze« eingeschränkt werden darf - nicht anerkennen, daß die sozialstaatliche Ausgestaltung des Wirtschaftslebens auch die Einbindung der Werbung in eine Rahmengesetzgebung einschließt, die dem Schutz der Gesundheit, der Jugend und der Konsumenten Priorität einräumt. Hier handelt es sich um einen für die Soziale Marktwirtschaft spezifischen Konflikt, der sich am deutlichsten bei der Werbung für Zigaretten und Alkohol zeigt: zwischen den gesundheitspolitischen Zielen des Staates einerseits und dem Interesse der Werbewirtschaft an rücksichtslosem und uneingeschränktem Werben andererseits.

Die Aussagen von Werbefunktionären lassen erkennen, daß es zwischen den ethisch-philosophischen Grundlagen der Sozialen Marktwirtschaft und der Markenwerbung weitgehende Widersprüche gibt. Bei ihrer Interessenvertretung ignorieren sie seit eh und je die aus der sozialen Komponente der Marktwirtschaft erwachsenden Pflichten, die jedem am Wirtschaftsprozeß Beteiligten gewisse Beschränkungen abverlangen. Auch die Haltung der Werbewirtschaft gegenüber dem Gesetzgeber ist zwiespältig. Den Worten des ZAW-Sprechers zufolge akzeptiert sie Gesetze und Verordnungen, wenn sie aus einem Regelungsbedarf heraus entstanden sind und nicht aus Vorurteilen gegenüber der Werbung.[12] ZAW-Präsident Schrader akzeptiert - wie er 1989 in seiner Festrede anläßlich des 40-jährigen ZAW-Jubiläums ausführte - Regelungen nur dann, »wenn sie wirklich in einer Situation größter Gefahr für die Öffentlichkeit nicht anders denkbar sind«.[13] Die Werbewirtschaft maßt sich also offensichtlich das Recht an, Gesetze nur dann hinzunehmen, wenn sie sie für wichtig hält und mit den der Beschlußfassung zugrundeliegenden Motiven der Abgeordneten einverstanden ist! Sollen in Zukunft nach der Verabschiedung von Gesetzen Psychologen aktiv werden und die Motive der Bundestagsabgeordneten nach den Kriterien des ZAW erforschen? Bestimmt nicht mehr der Bundestag, sondern der ZAW, wann gesetzlicher Regelungsbedarf besteht? Müssen Gesetze in Zukunft von den betroffenen Interessenverbänden ratifiziert werden?

Der Deutsche Werberat - eine Katze mit Handschuhen

So ist auch der »Deutsche Werberat« nicht aus einer mit mehr als zwanzigjähriger Verspätung entdeckten sozialen Verantwortung heraus entstanden, sondern aus reiner Taktik. Nachdem bis 1969 der Bundestag die Werbekreise nicht gestört hatte, begann die sozialliberale Koalition mit der Vorbereitung von Werbegesetzen. In höchster Not und in letzter Minute reagierte der ZAW im Frühjahr 1972 mit der Gründung des Deutschen Werberates. Mit freiwilligen Selbstbeschränkungen, die den Spielraum der Werbung jedoch nahezu unangetastet ließen, gelang es der Werbewirtschaft, die drohenden Gesetze zu verhindern.

Der Deutsche Werberat versteht sich in erster Linie als eine Instanz, die Beschwerden über einzelne Werbemaßnahmen entgegennimmt, prüft und gegebenenfalls beanstandet. Sein vorrangiges Tätigkeitsfeld sollen die Grauzonen sein, in denen Werbung zwar in juristischem Sinne nicht verboten ist, jedoch vom Publikum als anstößig angesehen wird. Durch diese freiwillige Selbstkontrolle soll jedoch gleichzeitig erreicht werden, daß der Gesetzgeber vorhandene Grauzonen nicht sperrt, sondern sie der Werbung weitgehend als Freiräume überläßt. Darüber hinaus will der Werberat Orientierunghilfen zur Werbegestaltung geben, indem er die Grenzen aufzeigt, die seiner Meinung nach - z. B. bei der Darstellung von Frauen - nicht überschritten werden sollten. Er kann jedoch im Gegensatz zu vergleichbaren Gremien in Dänemark, England, Frankreich, Norwegen oder Schweden keine Sanktionen verhängen. Er spricht nur Rügen aus, ohne die Namen der betroffenen Unternehmen zu veröffentlichen.

Schon bald nach der Gründung des Werberates zeigte sich dessen Schwäche. Statt bei dem Skandal um den Omo-Knotentest[14] (1973) die öffentliche Diskussion zu nutzen und sich von der Werbelüge zu distanzieren, war vom Werberat nichts zu hören. Wollte er einen der größten Werbungtreibenden und eine der bedeutendsten Werbeagenturen schonen? Wie dem auch sei, es kam, wie es kommen mußte: Die Knotentest-Werbung wurde ein paar Monate später gerichtlich verboten. Der Werberat hatte die große Chance verpaßt, in einer wichtigen Grundsatzfrage Stellung zu beziehen und ein auch für die Öffentlichkeit sichtbares Zeichen zu setzen.

Äußerst peinlich wurde es beim zweiten spektakulären Fall 1975, der Werbung für den Opel-»Manta«. Die Anzeige zeigte einen Mann in Rennfahrerkleidung, der mit umgehängtem Lorbeerkranz seine Freude über einen - im Traum errungenen - Sieg zum Ausdruck brachte. Der Text lautete: »Ich träumte, ich hätte mit dem neuen Opel Manta dem Champion den Grand Prix abgejagt. Machen Sie Ihren Traum wahr.« Dieses Sujet verstieß eindeutig gegen die »Freiwillige Selbstkontrolle der Automobilwerbung«, nach deren Leitsätzen sich Autowerbung jeglichen direkten oder indirekten Appells an einen unangemessenen Durchsetzungswillen eines Verkehrsteilnehmers gegenüber anderen zu enthalten habe. Die Arbeitsgemeinschaft der Verbraucherverbände beschwerte sich beim Werberat, beklagte die Wirkungslosigkeit freiwilliger Vereinbarungen und protestierte auch öffentlich gegen den »Sozialdarwinismus mit Pferdestärken«. Obwohl der Werberat die Anzeige beanstandete, fühlte sich Opel zu Unrecht beschuldigt und wies darauf hin, von den rund 20 Millionen Lesern der Anzeige seien nur 20 negative Briefe eingegangen, was als Kritik nicht relevant sei. Vor allem die Zielgruppe teile diese Kritik nicht. Da es jedoch nur die erste von drei »Traum-Anzeigen« sei, sei eine Wiederholung gar nicht beabsichtigt gewesen. Voller Stolz teilte der ZAW im September der Presse mit, Opel habe auf Grund der Rüge des Werberates zugesagt, die Anzeige nicht mehr zu veröffentlichen. Das allerdings war nicht ganz zutreffend. Opel ließ die Anzeige entsprechend dem Werbeplan noch im Oktober erscheinen. Bei einer Podiumsdiskussion hätte ein übereifriger Werbemann beinahe den Werberat kompromittiert: Ausgerechnet mit dem Manta-Beispiel wollte er beweisen, wie wirksam der Werberat die bundesdeutsche Werbung von schwarzen Schafen säubere. Hätten die Politiker auf dem Podium die Hintergründe gekannt, wäre der Schuß nach hinten losgegangen. »Was interessiert uns der Werberat«, hatte Opel gesagt.[15] Daß sich an dieser Schwäche bis auf den heutigen Tag wenig geändert hat, zeigte sich im Frühjahr 1990. Reemtsma hatte für die Zigarette »West« mit dem Bild eines Exhibitionisten geworben. Aber nicht durch eine Rüge des Werberates, sondern auf Grund von Verbraucherprotesten wurde die Werbung mit dem umstrittenen Motiv gestoppt.[16]

Es gibt keinen Anlaß, an dem guten Willen und dem ehrlichen Bemühen der Werberatsmitglieder zu zweifeln. Aber bei seiner Konstruktion wurden ihm mehrere Mängel mitgegeben. Als erstes ist seine personelle Verfilzung zu nennen. Die Mitglieder, die laut Satzung dem ZAW-Präsidium angehören müssen, haben zwei widersprüchliche, nur schwer miteinander in Einklang zu bringende Aufgaben. Einerseits sollen sie ihre Kollegen kontrollieren, als deren Vertrauensleute sie in den ZAW entsandt worden sind. Andererseits sollen sie aber auch Werbekritikern Grenzen setzen und sich bei ungerechtfertigten Angriffen schützend vor die werbende Wirtschaft stellen (und selbst darüber bestimmen, ob ein Angriff »gerechtfertigt« ist). Da drängt sich der Eindruck von Befangenheit geradezu auf. Diese Interessenkollision ist jedoch gewollt, damit man Außenstehende aus dem Verfahren heraushalten kann und für Entscheidungen in eigener Sache freie Bahn hat.

Zweitens wird der Schaden einer vom Werberat nach ihrem Erscheinen beanstandeten Anzeige nicht dadurch aus der Welt geschafft, daß sie nicht wiederholt wird. Die umstrittene Manta-Anzeige konnte die ihr zugedachte Wirkung voll entfalten.

Drittens reagiert der Werberat auf Beschwerden nur defensiv. Mit seinen Versuchen, das Erscheinen unerwünschter Werbung zu verhindern, ist er gescheitert. So hatte er z. B. 1974 eine Entschließung zur »Werbung in Sportaustragungsstätten« verabschiedet, in der er sich gegen jede Art von Werbung aussprach, »die deshalb betrieben wird, weil das Fernsehen das aktuelle Sportereignis überträgt und die Werbung dabei nicht aussparen kann«. Diese Entschließung richtete der Werberat jedoch nicht an die eigenen Mitglieder (die in die Stadien drängenden Werbungtreibenden), also an die Verursacher der Mißstände, sondern nur an die Sender, die sich vergeblich gegen die Werbelawine stemmten und aktive Unterstützung dringend gebraucht hätten: »Wird die ad hoc-Werbung nicht unterbunden, würde der Rundfunk durch sein Gewährenlassen hoheitliche Sendetätigkeiten mit privaten Zwecken verbinden, fremden Wettbewerb hierdurch fördern und das in den Rundfunk gesetzte Vertrauen des Publikums enttäuschen sowie seine Neutralitätspflicht verletzen; ein solches Verhalten wäre unlauter.«[17] Jede heutige Sportübertragung ebenso wie das Product Placement zeigen jedoch: Entweder hat der Werberat nichts unternommen, um seiner Entschließung in den eigenen Reihen Nachdruck zu verleihen – oder er hat sich nicht durchsetzen können. Schon 1977 hatte der damalige ZAW-Präsident Rost die Machtlosigkeit des Werberates beklagt und eine »Vorwärts-Strategie« gefordert: Es könne nicht dabei bleiben, daß er nur Rügen ausspricht.[18] Aber es *ist* dabei geblieben. Für den Werberat gilt die Bemerkung von Benjamin Franklin, daß eine Katze mit Handschuhen keine Mäuse fängt. So ist der Werberat vor allem zu einem Thema von Festrednern geworden, die der Werbewirtschaft ihre Aufwartung machen und ein paar freundliche Worte sagen wollen. Dann ist von Verantwortungsbewußtsein die Rede, und man hört und druckt es gerne.

Die Erfahrungen mit dem Deutschen Werberat bestätigen, was Röpke schon 1961 erkannt hatte: Angesichts der »beispiellosen Rücksichtslosigkeit der Werbeindustrie« lasse sich in der Werbung die soziale Komponente nur durch unnachsichtige gesetzliche Verbote durchsetzen. Das Eigeninteresse der Werbungtreibenden führt zwangsläufig dahin, jede Bestimmung zu unterlaufen, die der Werbung ihre Stoßkraft nimmt und sie ins Hintertreffen bringt. Denn sie wissen genau, daß auch ihre Konkurrenten jeden erlaubten und unerlaubten Trick anwenden, um sich Wettbewerbsvorteile zu verschaffen. Röpke und viele andere beweisen, daß man sehr wohl überzeugter Marktwirtschaftler und gleichzeitig heftiger Kritiker der Markenartikelwerbung sein kann, wenn man nicht nur an gewissen »unerträglichen Wucherungen« Anstoß nimmt, sondern die Markenwerbung als solche ablehnt.

Die Grenzmoral der Werbewirtschaft

Eine Analyse von Röpkes Einwendungen gegen die »Reklame« zeigt, daß er schon 1954 in der Werbung vier entscheidende Faktoren entdeckt hat, die sie zu einem »der ernstesten Probleme unserer Zeit« machen: die fehlende Sozialbindung, die Suggestivwirkungen, die Verzerrung der Rangordnung der Werte und der auf den Bereichen jenseits von Angebot und Nachfrage liegende »Fluch der Kommerzialisierung«. Vielleicht könnte man das, was ihm bei seinen Forderungen nach gesetzlichen Beschränkungen der Markenwerbung – die seiner Ansicht nach die Soziale Marktwirtschaft zu zerstören droht – vorschwebte, als eine Art »Soziale Werbewirtschaft« bezeichnen. Als Motto für sein Buch »Jenseits von Angebot und Nachfrage« wählte er ein Wort von Edmund Burke: »Die Gesellschaft kann nicht existieren, ohne daß irgendwo eine Bremse des ungezügelten Willens und Appetits eingebaut wird.«

Tatsächlich gibt es auch in unserem marktwirtschaftlichen System eingebaute Bremsen gegen Auswüchse der Werbung. Sie sind jedoch so konstruiert, daß sie - soweit es die Konsumenten betrifft - kaum greifen. Sie können nur oberflächliche Tatbestände erfassen und erreichen die tiefer wurzelnden Übelstände nicht. Werbefunktionäre werden zwar nicht müde, auf das in der Bundesrepublik geltende »schärfste Werberecht der Welt« und die freiwilligen Selbstbeschränkungen zu verweisen, wobei sie als wirksamstes Instrumentarium das Gesetz gegen unlauteren Wettbewerb (UWG) nennen. Sein angeblicher Nutzen für die Verbraucher - die sich ihr Klagerecht bezeichnenderweise gegen den erbitterten Widerstand der Werbelobby erkämpfen mußten - ist jedoch gering. Es dient in erster Linie den Werbungtreibenden zur Behinderung des Leistungswettbewerbs, indem es ihnen - wenn sie nicht mithalten können - ermöglicht, den Konkurrenten wegen winziger Nuancen in seiner Werbung mit aufwendigen gerichtlichen Auseinandersetzungen zu überziehen, so daß sie das eigene rückständige Produkt in der gewonnenen Zeit dem des Wettbewerbers angleichen und dessen Vorsprung egalisieren können. Im übrigen wird der Käufer durch emotionale Ansprache oft über die tatsächlichen Produkteigenschaften getäuscht, ohne daß nach dem Gesetz - das sich nur auf nachprüfbare Eigenschaften bezieht - eine Irreführung vorliegt. Nach Auffassung von Kroeber-Riel kann dieser entscheidende, den Konsumenten benachteiligende Mangel nur durch ein Verbot bestimmter emotionaler Werbung behoben werden.[19]

Die der Werbung innewohnenden Mängel kann man mit den bestehenden Gesetzen und den immer wieder mißachteten freiwilligen Selbstbeschränkungen nicht beheben. Es geht nicht darum, ob ein einzelner Werbeslogan als irreführend abzulehnen ist, sondern um das Zustandekommen von Bewußtseinszuständen und Entscheidungsprozessen und darum, »ob sich ein freier Wille, den man verantworten kann, unter der permanenten Bestrahlung durch unkontrollierbare Einflüsse noch auszubilden vermag« (Georg Picht).

Entscheidend ist, daß Werbung *nicht* in einem gesellschafts- und wertfreien Raum stattfindet, in dem einzig und allein Konsumgüter angepriesen und Kaufentscheidungen vorbereitet werden. Mit jeder ihrer Aktivitäten weckt und festigt die Werbung nicht nur individuelle Bedürfnisse, sondern löst gleichzeitig Nebenwirkungen aus, die kollektive Einstellungen gegenüber der Wirklichkeit, soziale Denk- und Verhaltensweisen und gesellschaftliche Wertmaßstäbe mitbeeinflussen. In diesem Sinne ist Werbung immer auch politisch relevant.

Hier ist der Berührungspunkt zwischen Werbung und Gesellschaft. Hier wird der Grundwiderspruch zwischen Ökonomie und Ethik sichtbar, wie er 1920 von Götz Briefs in der Theorie der »Grenzmoral« auf den Punkt gebracht worden ist: daß das schäbigste, jedoch gerade noch legale Verhalten oft den größten geschäftlichen Erfolg bringt. Die Soziale Marktwirtschaft soll diesen Grundwiderspruch so auflösen, daß wirtschaftliche Ziele und Vorteile auch auf moralisch einwandfreie Weise erreichbar sind. Damit unmoralisches Wirtschaften keinen Wettbewerbsvorsprung gegenüber moralisch handelnden Konkurrenten erbringt, wurde die Gesetzgebung zu Tatbeständen wie Betrug und auch unlauterem Wettbewerb zum Beispiel auf Umweltdelikte ausgedehnt, damit umweltschädliche Herstellungsverfahren nicht kostengünstiger als umweltfreundliche sind. Auch Verantwortung hat ihren Preis und muß zu einem Kalkulationsfaktor werden. Wer das nicht akzeptiert, muß durch Strafandrohung von unverantwortlichem Handeln abgehalten werden.

Die Werbung ohne theoretisches Fundament

Nur im Rahmen einer Sozialen Werbewirtschaft könnten die Folgeschäden der Werbung dingfest gemacht werden, die diese nebenbei und unbeabsichtigt in den Gehirnen von Millionen Menschen anrichtet, indem sie ihnen Habgier, die Sucht nach dem Neuesten und Besten und kaum Bezahlbaren, Neid und Illusionen eintrichtert und – weil Glück nicht käuflich, besitzbar und dauerhaft ist – Enttäuschungen damit schon vorprogrammiert. Aber selbst das perfekteste Gesetzeswerk würde nichts daran ändern, daß Paragraphen nicht jeden erdenklichen Tatbestand erfassen und eingrenzen können und daß es im Sinne der Grenzmoral überall Gelegenheiten zum Erwerb von Sondervorteilen gibt.

Statt dessen unternimmt die Werbewirtschaft jedoch - Hand in Hand mit der Markenartikelindustrie - alles, um sich von keinerlei Sozialbindung einengen zu lassen. Der Staat dürfe nicht die Rolle eines »Sittenwächters« spielen, verlautet aus Werbekreisen: Was sich als politische Fürsorge verkaufe, sei in Wirklichkeit nur Bevormundung und ein Angriff auf die persönliche Freiheit; eine freie (!) Marktwirtschaft aber verdiene diesen Namen nur, wenn sie sich ohne Gängelei entfalten könne. Spricht man jedoch nicht von einem Sittenwächter, sondern von einer Instanz, die der Wirtschaft und damit auch der Werbewirtschaft Rahmenbedingungen verordnet und von ihr Beiträge zum sozialen Ausgleich erwartet, dann erweisen sich solche Stellungnahmen als Dokumente von erschreckender Rückständigkeit. Werbefunktionäre wollen nicht anerkennen, daß die Ordnungsprinzipien und Spielregeln der Sozialen Marktwirtschaft auch von ihnen fordern, nicht alles Machbare zu machen und nicht bis an die äußerste Grenze des Nichtverbotenen zu gehen.

Der fehlende philosophische Unterbau und das Theoriedefizit gehören sicher zu den größten Schwächen der Werbewirtschaft und tragen viel zu ihrer Dialogunfähigkeit bei. Vielleicht ist hier auch die Ursache der von Elisabeth Noelle-Neumann beobachteten bemerkenswert linkischen Selbstdarstellung zu suchen, mit der Werbefunktionäre öffentlich in Erscheinung treten. Versteht man nach Leopold von Wiese Theorie als ordnendes Prinzip von Teilerkenntnissen, dann präsentiert sich die Werbewirtschaft in der Tat in einem desolaten Zustand: Vorhandene Teilerkenntnisse sind kaum empirisch abgesichert, sondern haben mehr propagandistischen Charakter. Da sie einander oft widersprechen, kommt es zu einem opportunistischen Lavieren mit je nach politischer Wetterlage wechselnden Argumenten.

In Zeiten stark expandierender Märkte galt das Verschieben von Marktanteilen durch Werbung als sinnlos, in Zeiten gesättigter Märkte aber wird dieses als ihre eigentliche Aufgabe bezeichnet. Als Markenartikel noch Qualitätsunterschiede aufwiesen, galt das Dogma »Keine Werbung ohne USP« (also das Ausloben eines einzigartigen Produktvorteils = unique selling proposition). Seit sich jedoch viele Produkte weitgehend gleichen, ist von USP keine Rede mehr. Als Arbeitskräfte knapp waren, sorgte die Werbung angeblich für Vollbeschäftigung, eine Behauptung, die in Zeiten hoher Arbeitslosigkeit in der Versenkung verschwand. Im Zeichen starken Wachstums hieß es vollmundig, die Werbung sorge für eine gute Konjunktur, während in einer Phase des »Nullwachstums« bescheidenere Töne vernehmbar waren und davon gesprochen wurde, Werbung könne die Konjunktur nicht beeinflussen. Neuerdings traut die Werbewirtschaft sich wieder mehr zu und will »erheblich helfen«, um einem Absacken der Konjunktur entgegenzuwirken.[20] Die als »Wachstumshormon der Wirtschaft« bezeichnete Werbung wirkt jedoch angeblich nur bei »guten« Produkten, während sie den Verkauf problembehafteter Waren wie Zigaretten und Alkohol - wie es heißt - nicht beeinflussen kann. Nur ungern hören Werbefunktionäre, daß Werbung beim Verkaufen mithelfen soll; sie sprechen lieber davon, daß sie informiert - obwohl informative Werbung fast ausgestorben und durch emotionale Werbung ersetzt worden ist. Zu Zeiten der Manipulationskampagne, die durch das Buch »Die geheimen Verführer« von Vance Packard ausgelöst worden war, hat die Werbewirtschaft stets abgestritten, sie könne Konsumenten verführen. Neuerdings jedoch wird von prominenten Werbern offen ausgesprochen, daß Werbung verführen soll. Das einzige stets gleichbleibende Ziel ist ein kontinuierlicher, möglichst steiler Anstieg der Werbeausgaben.

Der Widerspruch zwischen Verbandsinteressen und den Theorien der Volkswirtschaftslehre zeigt sich besonders kraß bei der unterschiedlichen Beurteilung der Rolle, die die Markenwerbung im Wettbewerb spielt. Für Werbefunktionäre ist jede kritische Äußerung über die Werbung gleichbedeutend mit einer Attacke auf den marktwirtschaftlichen Wettbewerb an sich. Offensichtlich sind sie felsenfest davon überzeugt, daß die heutige Werbung – also in erster Linie die Markenwerbung – in nahezu idealer Weise exakt die Aufgabe erfüllt, die die Väter der Sozialen Marktwirtschaft ihr zugedacht haben, um den Wettbewerb optimal zu regeln. Aber die von Werbefunktionären gerne aufgemachte Gleichung »Wettbewerb = Werbung« stimmt nicht, weil Werbung sowohl zur Förderung als auch zur Verhinderung von Wettbewerb eingesetzt wird. Darum bewertet die Volkswirtschaftslehre die Rolle der Markenartikelwerbung im Wettbewerb eher negativ. »Die Reklame ist nicht nur ein *Substitut* für Preiswettbewerb, sie tendiert gleichzeitig in aller Regel auch dahin, Marktstellungen zu festigen, den Markteintritt neuer Wettbewerber zu erschweren und damit auch die Preisstarrheit noch weiter zu verstärken. Diese Wirkungen der Reklame dürfen als gesicherte Erkenntnis gelten. Sie wirken dem Ziel der Vollbeschäftigung (bei angemessener Preisstabilität) diametral entgegen.«[21] Ziel der Markenwerbung ist die Sicherung einer Monopolstellung in der Psyche der Verbraucher (Domizlaff), was in letzter Konsequenz auch eine Monopolstellung im Markt bedeutet. So verhindert oder erschwert Werbung den Marktzutritt neuer Wettbewerber, verdrängt Betriebe vom Markt, die bei den Werbematerialschlachten nicht mithalten können, und fördert den Konzentrationsprozeß. Für Sohmen ist es eine Tatsache, daß die Reklame für Markenartikel wertvolle Produktivkräfte aufbraucht, keine angemessenen volkswirtschaftlichen Funktionen erfüllt und sogar schädlich wirkt.[22] Mit ähnlicher Argumentation hat Professor Dichtl, Herausgeber des maßgeblichen Standardwerks »Marketing«, auf dem BDW-Kongreß 1972 erklärt, Marketing (Werbung eingeschlossen) schade dem Gemeinwohl.[23] Eugen Schmalenbach sah in der Werbung das Produkt einer unvollkommenen Volkswirtschaft und eine Krankheitserscheinung.[24] Daß die zwielichtige Rolle der Werbung zwar in der Volkswirtschaftslehre deutlich gesehen wird, in der Öffentlichkeit und in Werbekreisen aber so gut wie unbemerkt geblieben ist, liegt sicherlich auch daran, daß Werbungtreibende und Werber in den –

auf sie angewiesenen - Medien fast monopolartige Gelegenheiten zur Selbstdarstellung finden.

Werbefunktionäre scheinen für die Orientierungslosigkeit der Werbung und die ihr innewohnenden Widersprüche blind zu sein. Ihre Mißachtung sozialer und ethischer Bindungen bedeutet de facto eine Aufspaltung der in einer Sozialen Marktwirtschaft verwirklichten Synthese von Wirtschafts- und Sozialordnung. Ihr Unverständnis für die Dimension einer Sozialen Marktwirtschaft läßt sich auch an den Worten des ZAW-Sprechers ablesen, es seien die wettbewerbsfördernden, inflationsdämpfenden, qualitätsfördernden und informierenden Effekte, »die die Marktwirtschaft sozial machen«[25]. Eine ausschließlich von ökonomischen Interessen beherrschte Volkswirtschaft ohne moralphilosophischen Kern aber wäre nichts anderes als ein frühkapitalistisches System, in dem das Recht des Stärkeren auf ungehemmtes Vermarkten und Werben gilt.

Markenartikelwerbung contra Soziale Marktwirtschaft

In diesem Sinne wohnt jeder Markenartikelwerbung in letzter Konsequenz die Tendenz inne, die Strukturen einer Sozialen Marktwirtschaft zu deformieren und in Mißkredit zu bringen. Hierfür gibt es mindestens drei Anhaltspunkte, die an dieser Stelle nur kurz angesprochen werden können und von denen später ausführlicher die Rede sein soll: Markenartikelwerbung ist antiaufklärerisch, untergräbt den Preis- und Qualitätswettbewerb und orientiert sich nicht an ethischen Grundsätzen und Werten.

- Geistige Grundlage der Sozialen Marktwirtschaft ist das Bild des Menschen, wie es von der Aufklärung geprägt wurde. Dabei wird von einem Konsumenten ausgegangen, dessen Handeln mehr oder weniger von vernünftigen Überlegungen bestimmt wird. Soziale Marktwirtschaft steht für die Ideale des Humanismus und der Aufklärung (Müller-Armack). Markenartikelwerbung jedoch bietet so gut wie keine Informationen, sondern versucht vielmehr, die Emotionen mit allen Mitteln zu beeinflussen und daraus Vorteile zu ziehen.

- Wirtschaftliche Grundlage jedes marktwirtschaftlichen Wettbewerbs sind Preis und Qualität. Markenartikelwerbung jedoch bemüht sich systematisch, das Preisbewußtsein der Konsumenten einzuschläfern. Geworben wird auch nicht mehr mit der Warenqualität, sondern mit dem Unterhaltungswert eines Werbespots, mit der Inszenierung von »Kauferlebnissen« und mit dem Image des Herstellers.

- Ethische Grundlagen der Sozialen Marktwirtschaft sind Humanität und Verantwortung gegenüber der Gesellschaft. Das militante und kompromißlose Eintreten von Werbefunktionären für die absolute Freiheit der Zigaretten- und Alkoholwerbung (um nur diese beiden zu nennen), die Verharmlosung dieser »Genußmittel« durch Gleichsetzung mit Lebensfreude und Geselligkeit und jedes Ignorieren ihrer Gesundheitsrisiken ist und bleibt rücksichtsloses und sozialschädliches Verhalten.

Hier zeigt sich der unüberwindliche Widerspruch zwischen den Zielen einer sozial verpflichteten Marktwirtschaft und einer Werbewirtschaft, die keinerlei vergleichbaren Bindungen unterworfen ist. Bestehende Gesetze und selbstbeschränkende Maßnahmen vermögen vielleicht die eine oder andere Entgleisung zu verhindern, nicht jedoch den Kern zu treffen. Grundsätzlich ist der Werbung jedes Mittel recht, und sie schöpft jede Möglichkeit voll aus, wenn sich ihr eine Chance bietet, Menschen in ihrem Sinne zu beeinflussen. Das schließt den Anspruch auf Vereinnahmung und Kommerzialisierung nahezu aller Lebensbereiche ein, wenn sie auf diese Weise Markennamen und Images Aufmerksamkeit verschaffen und dabei der Konkurrenz zuvorkommen kann.

Insbesondere sind es vier Denkfehler, mit denen sich die Wortführer der Werbewirtschaft isolieren und von der gesellschaftlichen Entwicklung abkoppeln.

Erstens geben sie sich von der absoluten Richtigkeit

ihrer Standpunkte felsenfest überzeugt und sind nicht bereit, die Argumente von Kritikern ernstzunehmen oder sich mit ihnen auseinanderzusetzen. Statt den Dialog zu suchen, empfahl der Sprecher des ZAW »bestimmten Machern der öffentlichen Meinung«, die die Werbung für Tabakwaren und alkoholische Getränke als sozialschädlich hinstellen, sie »sollten sich gefälligst ein neues Volk wählen. Denn der Bürger hat gewählt und wählt tagtäglich dieses wirtschaftliche Ordnungsprinzip.«[26] Von dieser fragwürdigen Methode zur Ermittlung einer Mehrheitsmeinung abgesehen, bleibt es unerfindlich, warum eine Meinung allein darum verwerflich sein soll, wenn sie von einer Minderheit geäußert wird.

Diese hartnäckige Rechthaberei dürfte zweitens das Ergebnis des Irrglaubens sein, Werbung sei eine ausschließlich ökonomische Veranstaltung. Ein hoher Werbefunktionär wollte sogar nur Wirtschaftsredakteuren erlauben, über Werbung zu schreiben. In der Werbebranche scheint man nicht zu begreifen, daß Werbung Bewußtseinsveränderungen mit vielfältigen kulturellen, ökologischen und gesellschaftlichen Folgewirkungen auslöst.

Drittens basiert das Wettbewerbsverständnis der Werber auf frühkapitalistischen Modellen von uneingeschränkter Werbefreiheit. Werbegesetze sind für sie die Sündenfälle einer »freien« Marktwirtschaft und freiwillige Selbstbeschränkungen nur taktische Manöver, um vorhandene Freiräume nicht reglementieren zu lassen und Schlimmeres zu verhüten. Während für die Einhaltung von Gesetzen Gerichte zuständig sind, kann ein Wirtschaftsverband freiwillige Selbstbeschränkungsmaßnahmen selbst beschließen, nach eigenem Ermessen anwenden und zu seinen Gunsten auslegen. Mit ihnen kann er sogar Druck ausüben, um unerwünschte Maßnahmen zu verhindern. So drohte der PR-Chef von Philip Morris (ein ehemaliger Bundestagsabgeordneter) der Gesundheitsministerin: Falls sie an verschärften Warnhinweisen festhalte, werde die Zigarettenindustrie das freiwillige Werbeabkommen kündigen.[27]

Daß die Soziale Marktwirtschaft die auseinanderstrebenden Wirtschafts- und Sozialinteressen zum Ausgleich bringen soll und die Werbewirtschaft daran mitzuwirken hat, wird auf seiten der Werbung nicht nachvollzogen. Die (unbewiesene) Behauptung, durch Werbung werde niemand zum Trinker, ist angesichts von 1,8 Millionen Alkoholkranken und dem durch Alkohol verursachten unermeßlichen menschlichen Leid noch lange kein Grund, in *einem* Jahr 573 Millionen Mark auszugeben,[28] nur um den Bier- und Spirituosenabsatz nicht erlahmen zu lassen und Marktanteile zu verschieben.

Viertens steht die Werbung in einer Zeit, in der das Überleben der Menschheit von ihrer Fähigkeit zu einsichtigem und vernünftigem Handeln abhängt, auf der Seite der erzkonservativen und rückwärtsgewandten Kräfte. Heute ist die Welt von ökologischen Katastrophen bedroht, und die Schere zwischen superreichen und bettelarmen Ländern, in denen Millionen von Menschen verhungern, öffnet sich immer weiter. Darum müssen sich auch Werber fragen lassen, was sie für die Humanisierung der Gesellschaft, für eine lebenswerte Zukunft und für die Aufklärung tun. Ausgeklügelte Kampagnen zur Steigerung des Cola-Umsatzes, für teures Edel-Hundefutter, für ständigen Modewechsel und immer exquisitere Gaumenfreuden erwecken leicht den Eindruck, die Werbebranche bestünde aus lauter Zynikern.

3. Die Zwecklüge vom mündigen Verbraucher

Johannes Gross hat einmal empfohlen, hellhörig zu werden, wenn von dem »mündigen Bürger« die Rede ist; meistens werde dieser Begriff von jenen verwendet, denen ein unmündiger Bürger der liebste ist. Die gleiche Vorsicht ist angebracht, wo der mündige Verbraucher ins Feld geführt wird.

Mündigkeit oder auch Konsumentensouveränität sind Schlüsselbegriffe der Werbe-Ideologie. Mit ihnen sind viele gewollte oder auch ungewollte Mißverständnisse verknüpft. Das Leitbild für den marktwirtschaftlichen Wettbewerb und die Werbung ist der aufgeklärte Konsument. Auf Grund rationaler Überlegungen entscheidet er sich für die bessere Leistung und das preiswertere Angebot, wodurch er nicht nur den Markt, sondern die gesamte Wirtschaft steuert. In diesem Sinne hat Franz Böhm - einer der geistigen Wegbereiter der Sozialen Marktwirtschaft - den Wettbewerb als das stärkste Entmachtungsinstrument der Wirtschaft bezeichnet. Diese Formulierung war von der Überzeugung geprägt, der Bürger werde als »König Kunde« eine ähnliche Rolle spielen wie als Demokrat, der mit seinem Stimmzettel Macht erteilt und Macht nimmt. Grundlage der Werbung ist also ein starker, den Produzenten und Händlern ebenbürtiger Konsument.

Die Vorstellung vom mündigen Bürger ist ein Überbleibsel aus dem Zeitalter der Aufklärung und ihrem idealphilosophischen Menschenbild: daß Denken, Glauben und Wollen das Handeln der Menschen bestimmen und daß diese für ihre Handlungen selbst verantwortlich sind. Aus diesem Geist ist unser Grundgesetz ebenso wie die allgemeine Gesetzgebung und auch die Soziale Marktwirtschaft entstanden. Spätestens seit Freud und der Entdeckung unbewußt wirkender Motivationen hat die Mündigkeitstheorie jedoch keinen festen Boden mehr unter den Füßen.

Die Vorstellung vom selbstbestimmten und frei entscheidenden »mündigen« Verbraucher gehört zu den wichtigsten Pfeilern der Werbe-Ideologie. Sie steht in diametralem Gegensatz zu allem, was etwa mit Manipulation oder Suggestion gemeint ist. Hier liegt auch der Unterschied zwischen der von David Riesman beschriebenen innen- und der außengeleiteten Lebensweise. An dieser heftig umstrittenen Frage »Selbstbestimmung oder Fremdbestimmung« scheiden sich die Geister in der Beurteilung, welchen Einfluß die Werbung besitzt.

Dieser Streit ist jedoch keineswegs akademischer Natur, sondern hat eine hochbrisante politische Bedeutung. Der »mündige« Konsument dient der Werbewirtschaft als Instrument, um ihren Einfluß zu sichern und Machtpolitik zu betreiben. Wo immer sie ihre Interessen - vor allem durch drohende Werbeverbote - gefährdet sieht, führt sie den Konsumenten als ein vernünftiges und nicht manipulierbares Wesen vor, das keinen Vormund braucht und vor keiner Art von Werbung geschützt werden muß.

Der »mündige Bürger« als Spielball der Interessenpolitik

Auch Interessenverbände haben längst erkannt, daß sich die eigenen Geschäfte unter Berufung auf den mündigen Bürger vortrefflich betreiben lassen. So war es einst der einflußreichen Lobby ausländischer Investmentfonds gelungen, eine für den Sparerschutz konzipierte Änderung des Kapitalanlagengesetzes zu verzögern und in der gewonnenen Zeit den »mündigen Sparern« noch mindestens eine Milliarde Mark abzunehmen. Ausgerechnet der Verband der von Tür zu Tür gehenden Abonnentenwerber fühlte sich berufen, dem Verbraucher seine Mündigkeit zu bescheinigen und gesetzliche Regelungen gegen Übervorteilungen bei Vertragsabschlüssen als überflüssig zu bezeichnen. Eine besondere Sorte von mündigen Verbrauchern führte die Möbelindustrie vor, als sie - zur Zeit der Studentendemonstrationen - in einer Anzeige »Verbraucher« mit dem Spruchband »Wir wollen keine billigen Möbel!« abbildete.

Eine Analyse zeigt: Dieser angeblich »mündige« Konsument ist werbegläubig und träge. Er schluckt alles, stellt keine Fragen und ist mit den »Informationen« der Werbungtreibenden zufrieden. Er würde niemals auf Hersteller Druck ausüben, damit sie offensichtliche Mängel beseitigen oder schädliche Produkte vom Markt nehmen. Kein Wunder, daß dieser »mündige« Konsument seit langem beim ZAW als unentbehrlicher und vielbeschäftigter Mitarbeiter tätig ist, der alles tut, damit der Aktionsradius der Werbewirtschaft nicht eingeschränkt wird. Seit zwanzig Jahren gehört es zum unverzichtbaren ZAW-Repertoire und ist schon zum Ritual geworden: Immer wenn Politiker Werbeverbote fordern, kann man sicher sein, daß der ZAW postwendend den mündigen Verbraucher – der bei Bedarf auch ein mündiger Jugendlicher sein kann[1] – ins Feld führt. Es heißt dann, der Gesetzentwurf gehe vom Leitbild eines unmündigen Staatsbürgers aus, der vor sich selbst und seiner Unwissenheit in Schutz genommen werden soll. Wer totale Werbeverbote installieren will, verachte die Bürger als willenlose Konsumtrottel. Da dieser Musterkonsument angeblich bestens informiert ist, jede Gebrauchsanweisung sorgfältig liest (und versteht) und vernünftig handelt, bedürfe er keines Schutzes. Darum fühle er sich auch von Politikern, die Werbeverbote fordern, »beleidigt«. Auf Tendenzen, Zigaretten-, Alkohol- und Heilmittelwerbung einzuschränken, reagierte der ZAW 1987: Das »Umerziehungsprogramm der Regierenden für die Regierten« zeige ein Menschenbild, das sich am Fürsorgezögling orientiert, den der Obrigkeitsstaat lenken und leiten muß. Läßt man einmal das ungute Wort vom Fürsorgezögling beiseite, dann geht es um die Fürsorgepflicht, die der Staat in einer Sozialen Marktwirtschaft für jene hat, die einem ungebremsten (Werbe-) Wettbewerb nicht gewachsen sind und sich etwa einbilden, das Rauchen könne nicht wirklich so gefährlich sein, weil sonst die Zigarettenwerbung längst verboten wäre. Nur damit z. B. die Alkohol- und Tabakhersteller weiterhin für ihre problematischen Produkte Reklame machen können, muß der sogenannte mündige Verbraucher – entgegen seinen eigenen Interessen – für sie die Kastanien aus dem Feuer holen.

Auch bei dem Ziel, im Fernsehen die Grenzen zwischen Programm und Werbung zu verwischen, begegnet man wieder dem »mündigen Bürger«: Als absoluter Souverän sei er - laut Privatfunk-Lobby - mühelos in der Lage, Werbeaussagen von redaktionellen Beiträgen zu unterscheiden. Eine sicht- und hörbare Trennung zwischen Programm und Werbung sei darum überflüssig. Immer wieder zeigt sich: Ohne den mündigen Konsumenten würde die Lobbytätigkeit der Werbewirtschaft zusammenbrechen. Und immer wieder stellt man fest, auf welch unsicherem Boden und welch brüchigem Fundament die Werbung ihr 39-Milliarden-Mark-Imperium errichtet hat.

So macht sich der ZAW - der die Interessen der Werbungtreibenden vertritt - ungefragt zum Vormund des Konsumenten, um zu verhindern, daß dessen Chancen gegenüber den Herstellern verbessert werden. Wehe aber, wenn ein Verbraucherverband - wie es seine Aufgabe ist - die Interessen seiner Mitglieder vertritt und sich nicht alles bieten lassen will! Dann reagiert der ZAW sehr allergisch: Durch solche Aktivitäten würden die Bürger entmündigt oder gar - als die Hamburger Verbraucherzentrale »höchst undemokratisch« (ZAW) gefordert hatte, im NDR 2 keine Werbesendungen einzuführen - eindeutig als unmündige Trottel hingestellt.

Wenn tatsächlich einmal gegen einzelne Produkte Proteste laut werden, dann heißt es, der Verkaufserfolg spreche eindeutig für das Produkt. Nach der gleichen Logik bezieht auch die *Bild*-Zeitung die Rechtfertigung für ihre Machart aus der »Abstimmung am Kiosk«. Und immer wieder wird der Vergleich mit dem Wähler herangezogen, der von den Politikern ja auch für mündig gehalten wird. Mündigkeit äußert sich jedoch gerade nicht in der Freiheit, beim Einkauf zwischen zwei ähnlichen Markenartikeln zu entscheiden, sondern eher schon in der Alternative »kaufen oder nicht kaufen«. Sie setzt insbesondere die Fähigkeit voraus, die hinter den Produkten stehende Werbe-Ideologie zu durchschauen, besonders auf das Nichtgesagte und das Nichtgedruckte zu achten und gerade das Nichtbeworbene als Alternative zu erkennen, sei es ein gleichwertiges Produkt oder ein nichtmaterieller Wert.

Für die heutige Politik- und Sozialwissenschaft ist es kaum noch zweifelhaft, daß die Idealvorstellung vom mündigen Bürger nur wenig mit der Wirklichkeit gemeinsam hat. Konsequenterweise bezeichnet Kroeber-Riel die »Ideologie« vom souveränen Verbraucher als Zwecklüge[2] und die Werbung als Sozialtechnik zur Steuerung des Konsumenten.[3] Das Konsumentenverhalten sei »von Souveränität weit entfernt, Wirklichkeit und Leitbild klaffen weit auseinander. Der Grund, warum das Leitbild vom souveränen Konsumenten *ungeachtet der Realität* aufrecht erhalten wird, liegt auf der Hand. Die Behauptung, der Konsument sei souverän, dient *ideologischen* Zwecken, und alteingesessene Ideologien haben bekanntlich eine lange Lebensdauer.«[4] Auch in der Psychologie und der Meinungsforschung ist die Vorstellung vom mündigen Menschen schon seit langem erschüttert. Dazu hat u. a. das klassische, mehr als 50mal wiederholte Experiment des Sozialpsychologen Solomon Asch von 1951 beigetragen. Dabei hatten jeweils sieben oder acht seiner Mitarbeiter – die den Sinn des Experiments kannten – zusammen mit je einer (ahnungslosen) Versuchsperson eine Gruppe gebildet. Je sechs von zehn Versuchspersonen schlossen sich der erkennbar falschen Aussage der Mitarbeiter – zwei verschieden lange Linien seien gleich lang – an. Nur zwei von zehn Versuchspersonen blieben unverrückbar bei ihrem Eindruck.[5]

Nur den Wirtschaftswissenschaftlern scheint es etwas schwerer zu fallen, sich von der Mündigkeitstheorie zu verabschieden. In der Praxis von Politik und Werbung aber wird an dieser Fiktion eisern festgehalten. Nach wie vor will man den Menschen glauben machen, er sei ein frei entscheidendes und vernünftig handelndes Wesen. Denn je überzeugter er von seiner angeblichen Mündigkeit ist, desto leichter meinen Politiker und Werber, ihn in ihrem Sinne beeinflussen und lenken zu können.

Mündigkeit muß man sich erarbeiten

Diese Widersprüche lassen sich auflösen, wenn man den Mündigkeitsbegriff auf seine Wurzeln zurückführt. Für Rousseau war ein gewisses Maß von Bildung die Voraussetzung, um an der Entstehung des »öffentlichen Willens« teilzunehmen. Am deutlichsten hat es Kant 1784 in seiner Schrift »Was ist Aufklärung« formuliert: »Aufklärung ist der Ausgang des Menschen aus seiner selbstverschuldeten Unmündigkeit. Unmündigkeit ist das Unvermögen, sich seines Verstandes ohne Leitung eines anderen zu bedienen. Selbstverschuldet ist diese Unmündigkeit, wenn die Ursache derselben nicht am Mangel des Verstandes, sondern der Entschließung und des Mutes liegt.« Es sei für jeden Menschen schwer, sich aus der ihm beinahe zur Natur gewordenen Unmündigkeit herauszuarbeiten.

Für Kant ist es Arbeit und erfordert Mut, um mündig zu werden. Das Verharren im Zustand der Unmündigkeit hält er für ein Zeichen von Faulheit und Feigheit. Die Natur habe den Menschen längst von fremder Leitung freigesprochen und ihm die Chance zur Selbstbestimmung gegben. Dazu aber müsse er den beschwerlichen Schritt zur Mündigkeit alleine tun.

Mündigkeit ist also keineswegs etwas, das jedem Bürger oder Konsumenten eigen ist oder ihm früher oder später automatisch zufällt. Daß er von einem gewissen Alter an Rechtsgeschäfte abschließen und wählen darf, mag zu einer Verwirrung um den Mündigkeitsbegriff beigetragen haben. Dabei handelt es sich jedoch nur um eine formale und keine geistige Mündigkeit.

Auch die geistigen Väter der Marktwirtschaft setzten einen Konsumenten voraus, der sich im Kant'schen Sinne seine Mündigkeit erarbeitet. Demgegenüber nimmt eine Soziale Marktwirtschaft - wie auch das UWG - auf die leicht zu täuschenden und geistig unmündigen Konsumenten Rücksicht. Nach den Vorstellungen von Werbefunktionären aber hat jeder Konsument wie durch ein Wunder und ohne jede eigene geistige Arbeit das Stadium der Unmündigkeit verlassen. Er verschaffe sich eine gute

Marktübersicht, wobei er aus der Vielzahl von Werbeeinflüssen nur die für ihn wichtigen Informationen herausfiltere. Er verhalte sich marktgerecht und nehme seine Vorteile wahr, so daß es zu dem von Wettbewerbstheoretikern erwarteten Ausgleich zwischen Verbraucher- und Produzenteninteressen komme. Er sei mündig genug, um mit sicherem Röntgenblick in jeder Werbebehauptung die übertreibenden und täuschenden Komponenten zu erkennen und sogar die zwischen den Zeilen stehenden Weglassungen mitzulesen, so daß er sich von keiner Werbung irreführen oder verleiten lasse. Es bestehe also keine Veranlassung, das Wettbewerbsrecht zu verschärfen.

Hier liegt eine weitere Schnittstelle zwischen Werbung und Sozialer Marktwirtschaft, die dem Schwächeren Hilfestellung leisten soll. Der wenig urteilsfähige Konsument, der gedankenlos zur Unterschrift unter einen Kaufvertrag bereit und leicht zu betrügen ist, wird mit seiner angeblichen Mündigkeit von den Werbern schutzlos im Stich gelassen und muß die Zeche bezahlen. Mit ihrer fast ausschließlich emotionalen Werbung zielen sie nicht auf Mündige, sondern auf Unmündige. Und während - so Paul Watzlawick - »wir Psychologen versuchen, Leute von infantilen Abhängigkeiten zu befreien, versucht die Werbung, jene Abhängigkeiten zu erzeugen.«[6]

Die Werbewirtschaft betreibt eine Art Doppelstrategie und operiert mit einem janusköpfigen Konsumenten. Bei einer Gefährdung ihrer Interessen und bei Festreden wird er als ein souveränes, nicht manipulierbares und vor allem nicht schutzbedürftiges Wesen dargestellt, den irgendwelche »Linksradikalen« bevormunden wollen. In den Büros der Werbeagenturen und im Wettbewerb um lukrative Werbebudgets erscheint die andere Seite des Januskopfes: der beeinflußbare, lenkbare und konditionierbare Konsument. Die Werber und »Markentechniker« kennen das in der Fachliteratur so gut wie unbekannt gebliebene Buch »Die Gewinnung des öffentlichen Vertrauens« des einstigen Reemtsma-Werbeberaters Hans Domizlaff sehr genau. Darin ist von dem entmündigenden Zwang die Rede, den die Werbung ausübe, der jedoch nicht sichtbar werden dürfe. Domizlaff hatte schon 20 Jahre vor Vance Pakkards Buch »Die geheimen Verführer« die Werbung als heimliche Kunst der Verführung bezeichnet. Für ihn waren die Mittel der sachlichen Überredung nur Bazillenträger, die die Werbeimpulse unbemerkt in die Gehirne transportieren und die öffentliche Meinung infizieren.[7]

Daß die Werbewirtschaft ihre Position gegenüber dem Phänomen der Mündigkeit und der sogenannten geheimen Verführung nie aufgearbeitet hat, zeigt sich an ihrem inkonsequenten Verhältnis zu Packard und Domizlaff. Während Packard als eine Art Schmerzensmann den ganzen Haß der Branche auf sich vereinigt hat, gegen den sie nach wie vor entrüstet zu Felde zieht, gilt Domizlaff als verehrter Erfinder, Altmeister und Lehrer der Markentechnik und als erfolgreiches, geradezu legendäres Vorbild der Markenartikelwerber.

Ein Vergleich zwischen Domizlaffs Markentechnik (nach seinen eigenen Worten eine verfeinerte Art von Werbung) und den von Packard beschriebenen Methoden zeigt, wie die Werber mit zweierlei Maß messen. Einige Sätze genügen, um in Domizlaff einen Vorläufer der von Packard zitierten Psychologen, Marketing-Experten und Werber und einen entschiedenen Gegner jeder Mündigkeitstheorie zu erkennen. Über die Illusion der Konsumenten, aus eigenem Antrieb und von Werbung unbeeinflußt entschieden zu haben, schrieb er: »Man muß deutlich unterscheiden zwischen den Wirkungsmitteln, die das Publikum erkennt, und solchen, die das Publikum zwar unterbewußt spürt - und danach handelt -, aber nicht als methodische Beeinflussungsversuche betrachtet. Zu den letzteren neigt die Markentechnik . . . Sie will Umsätze erzielen, die um so sicherer sind, je weniger sich das Publikum gedrängt glaubt und je fester die Überzeugung von der Freiwilligkeit des Kaufentschlusses aufrechterhalten wird.« Und über das der Markentechnik zugrundeliegende Menschenbild: Der Mensch reagiere auf »Markenartikelwerbung als ein Massenwesen ohne Eigenleben, dessen individuelle kritische Denkfähigkeit weitgehend ausgeschaltet wird«.[8]

»Von Domizlaff lernen« heißt die Parole der Markenartikelwerbung. In einer Neuauflage seines Buches haben sich etliche prominente Werber als seine Schüler zu erkennen gegeben und dargelegt, wie wichtig seine Lehre für ihre Arbeit ist. Kein Wunder, daß ein namhafter Werbeprofi feststellte, die meisten Werber arbeiteten mit einem unerträglichen Menschenbild, nach dem die Konsumenten keine Menschen mehr sind, sondern Monster und Karikaturen. Diese Menschenverachtung sei auch der Grund für das niedrige Niveau z. B. der Waschmittelwerbung.[9]

Emotionale Konditionierung durch Werbung

In der neueren Sozialwissenschaft spielt die »emotionale Konditionierung« eine herausragende Rolle. Kroeber-Riel hat diese Methode eindrucksvoll beschrieben. Der Begriff erinnert nicht ohne Absicht an den von Pawlow geprägten Begriff »bedingter Reflex«. Verhaltensforscher wie Konrad Lorenz und Irenäus Eibl-Eibesfeldt sind sicher, »daß wir Menschen durch recht einfache Reize manipuliert werden können, und ebenso sicher, daß Demagogen und Werbefachleute das nicht immer zu unserem Besten tun«.[10] Auch durch noch soviel Aufklärung und Erziehung werde der Mensch nicht so souverän, daß er sich der Steuerung seines Verhaltens entziehen könne. Wie Ulrich Ghazazideh, ein Schüler von Kroeber-Riel, formulierte: Der »Konsumaffe Mensch« gleiche dem Pawlowschen Hund.[11] Zwar nehme der Umworbene die Werbung bewußt wahr, ohne sich aber über die Wirkung ihrer Eindrücke im klaren zu sein. Für die Beeinflussung des Kaufverhaltens spiele ein von nicht durchschaubaren und zwanghaft wirkenden Werbemaßnahmen geprägtes emotionales Image eine entscheidende Rolle: »Die Gefühle der Umworbenen sind das ›trojanische Pferd‹, mit dessen Hilfe die Werbung das Konsumentenverhalten erobern kann.« Wegen dieser Steuerungsprozesse sei der unabhängig und frei entscheidende Bürger eine Fiktion, ein bloßes Denkmodell. Werbung sei tatsächlich »geheime Verführung« im weit verbreiteten Sinne dieses Wortes.[12]

Über diese Macht der Werbung – ob man von Verhaltenssteuerung oder Manipulation spricht, macht in der

Sache keinen Unterschied - wurde selten so unverhüllt gesprochen wie von dem Psychologen Erwin Lakaschus bei einer Werbefachtagung. Werbung wolle oder solle immer Hemmschwellen unterlaufen oder umgehen: »Wir haben doch jahrelang erforscht, mit welchen Darstellungen oder Aussagen man die Sicherungen des noch nicht Entschlossenen durchschlägt.«[13]

Das alles darf nun nicht so mißverstanden werden, daß Menschen angesichts einer solchen Werbung spontan zu kaufen beginnen. Man darf schließlich nicht vergessen, daß ein Großteil der Werbung gar nicht wahrgenommen wird, daß viele Werbeaktivitäten sich gegenseitig neutralisieren und daß Umworbene ohne eine gewisse Prädisposition weniger stark beeinflußbar sind. Es bedeutet aber, daß viele Konsumenten nach einiger Zeit eine bestimmte Marke für besser als eine andere halten (und zwar ohne daß in der Werbung von einer besseren Produktqualität die Rede gewesen ist) und sie eines Tages in einer entsprechenden Situation diese Marke bevorzugen und kaufen.

Es fällt auf, daß die Theorie der emotionalen Konditionierung - die in schlüssiger Weise Wirkungszusammenhänge suggestiver Werbung verständlich macht und sich nahtlos in den verhaltenswissenschaftlichen Kontext einfügt - in der Werbefachliteratur kaum zur Kenntnis genommen wird. Laut Kroeber-Riel will man »einige peinliche Konsequenzen der Werbung, wie die gezielte Beeinträchtigung der menschlichen Entscheidungsfreiheit und die Konditionierung des Menschen im Dienste des Marketing nicht wahrhaben. Man will manipulieren, aber nicht in den Ruf des Manipulierers kommen.«[14] In der Werbepraxis lassen jedoch viele Anzeigen und Fernsehspots deutlich erkennen, daß die Werber sich die Methoden zur emotionalen Konditionierung und zum Erzeugen »innerer Bilder« zu eigen gemacht haben und offensichtlich mit Erfolg anwenden.

Der Beeinflussungsprozeß ist jedoch mit dem vollzogenen Kauf noch lange nicht beendet. Im Gegenteil: Jetzt hat die Werbung die Aufgabe, emotional bedingte Kaufentscheidungen mit rationalen Argumenten zu stützen, mithin zu rationalisieren. Der an der Richtigkeit seiner

Kaufentscheidung zweifelnde »mündige« Konsument muß also noch davon überzeugt werden, daß er vernünftig gehandelt hat. Darum sind Käufer und Benutzer die aufmerksamsten Empfänger der Werbung »ihrer« Marke, da sie sich bestätigen lassen wollen, klug gehandelt zu haben. Dann können z. B. Autobesitzer im Gespräch mit Kollegen ihren Kaufentschluß begründen und sich als Kenner profilieren. Damit werden sie zu Agenten des Herstellers, dessen Werbung sie in einer zweiten Stufe weitertragen und verstärken. Entsprechend dem Werbepsychologen Ludwig von Holzschuher können sie auf diese Weise »in dem Wahn verharren . . ., dem Einfluß der Werbung überhaupt nicht ausgesetzt gewesen zu sein«.[15] Goethe hat es anders ausgedrückt: »Du glaubst zu schieben und du wirst geschoben.«

Zu den Hauptkristallisationspunkten von Werbetheorien gehört die Frage nach der Entstehung von Bedürfnissen. In der marktwirtschaftlichen Lehre wird vorausgesetzt, daß der Konsument seine eigenen Bedürfnisse genau kennt und die Hersteller die entsprechenden Waren anbieten. Diese Theorie entstand zu einer Zeit, in der das Warenangebot klein und überschaubar war und die Kaufkraft nur knapp zur Deckung der Grundbedürfnisse ausreichte. Im Wettbewerb ging es allein um den Gebrauchsnutzen und den günstigen Preis der Produkte. Für »überflüssige« Dinge und Luxuswaren gab es kein Geld und keinen Markt. Inzwischen hat sich die Lage völlig verändert. Das Warenangebot ist unübersehbar geworden, zur Deckung der Grundbedürfnisse reicht ein Teil des Einkommens aus, und beträchtliche freie Kaufkraft bleibt für jene »Bedürfnisse« übrig, die – weil der Konsument von ihnen noch nichts weiß – durch Werbung »geweckt« werden sollen. Damit ist er aber immer unberechenbarer geworden.

Da der Gebrauchsnutzen von Produkten alleine nicht mehr ausreicht, um zum Kauf zu motivieren oder zu verführen, ist der Werbung die Aufgabe zugefallen, sie mit einem psychologischen »Zusatznutzen« – dem Geltungs- oder auch Illusionsnutzen – anzureichern: Indem man sich unter dem Einfluß der Werbung z. B. einbildet, die (natürlich extrem teure) Armbanduhr eines exklusiven Herstellers verleihe ihrem Träger besonderes Ansehen und hohe Wertschätzung. Ohne dieses, der Marke durch emotionale Konditionierung angekoppelte Gefühlsgemenge wäre die Ware nur ein »Halbfertigfabrikat«. So wie nach einer Definition von Philipp Reemtsma eine Zigarette aus einem Gramm Tabak und sehr viel Werbung besteht, bildet sich das mit vielen Werbemillionen zusammenkomponierte Gesamtprodukt erst durch die beim Kaufen und Benutzen erlebten Gefühle. Damit aber die vom Zusatznutzen erzeugten Hochgefühle nicht in Frustrationen umschlagen und der ganze Illusionsschwindel platzt, muß der Konsument den weiteren Werbesignalen aufmerksam folgen und nicht nur ein ständiger Erneuerer seines Bestandes, sondern auch ein zuverlässiger Wegwerfer sein. Denn das von einer Marke verliehene Prestige ist sehr kurzlebig. Ein Badeanzug, der in der letzten Saison Furore gemacht hat, ist nicht nur schnell aus der Mode, sondern läßt auch seine Trägerin altmodisch erscheinen, so daß sie neben den neuesten Modellen nicht bestehen kann und deklassiert wirkt.

Die empirische Konsumforschung hat die früher gültige Theorie von den angeborenen und »vorgeformten« Bedürfnissen aufgegeben und vertritt statt dessen die Lehre von »formbaren« Bedürfnissen, die durch komplexe, unter anderem von Werbung und Massenmedien ausgelöste Lernvorgänge im gesellschaftlichen Umfeld »induziert« - also verursacht - werden. Auch der Werbemanager Reinhard Springer sagte in einem ZDF-Interview: »Die meisten Produkte brauchen wir nicht.« Trotzdem hält der ZAW nach wie vor an dem Dogma fest, daß die Konsumenten nur kaufen, was sie wirklich brauchen, und daß ihnen die Werbung dabei hilft: Werbung selbst könne keinen Bedarf schaffen, wie manchmal behauptet wird. Sie könne nur die Dinge, die der Befriedigung des Konsumenten dienen, der Allgemeinheit bekannt machen und so den Bedarf fördern. Sie informiere nur über Möglichkeiten der Bedarfsdeckung, biete Orientierungshilfen und erleichtere die Konsumwahl.

Werbung produziert neue Bedürfnisse und Verhaltensweisen

Der Kern auch dieses Widerspruchs ist wiederum die Frage nach der Mündigkeit, dem Dreh- und Angelpunkt sowohl für das der Werbung zugrundeliegende Menschenbild als auch für die - längst überholte - Rechtfertigungsideologie der Werbefunktionäre. So bleibt zu fragen, was sich eigentlich abspielt, wenn Werbung »latente Bedürfnisse weckt«, für »Nachfrage sorgt« oder als »Schmiermittel der Wirtschaft« wirkt. Analysiert man die dabei ablaufenden psychologischen Prozesse, ergeben sich drei Faktoren, von denen keiner den Konsumenten als mündiges Wesen erscheinen läßt.

Erstens soll Werbung die Menschen anregen, überhaupt einen Kauf ins Auge zu fassen. In diesem Sinne hat man zeitweise sehr undifferenzierte und verfehlte Begriffe wie Konsumzwang oder Konsumterror gebraucht. Damit war nicht der Werbedruck zum Kauf bestimmter Waren gemeint, sondern die Weckung einer allgemeinen Lust auf Konsum und einer Bereitschaft, auch ohne unmittelbaren Bedarf etwas zu kaufen: Kaufen also als Zeitvertreib wie Wandern, Schwimmen, Kegeln oder Ins-Kino-Gehen. So bemühen sich Werbung und Handel, das Einkaufen zum Erlebnis und zur genußvollen Beschäftigung oder als Spannungsabbau zum Ausgleich für Alltagsenttäuschungen hochzustilisieren. Bevor man weiß, was man eigentlich kaufen will, hat man sich schon zum Kaufen entschlossen, denn »Geldausgeben macht Spaß«.

Zweitens genügt es heutzutage nicht mehr, nur ein neues Produkt herzustellen. Um erfolgreich zu sein, muß man das zugehörige neue Bedürfnis einschließlich veränderter Verhaltensweisen mitproduzieren und in die Absatz- und Werbestrategie so integrieren, daß Konsumenten die angebotenen Produkte und modischen Neuerungen akzeptieren und verinnerlichen. Nichts anderes verbirgt sich hinter der Bezeichnung »einen Markt machen«. Das entspricht der Auffassung Durkheims, daß das Individuum den Zwang gesellschaftlicher Normen widerspiegelt, die Bedürfnisse also mehr oder weniger ein Produkt der Anpassung an die Normen und Wertvorstellungen der sozialen Institutionen sind. Dieser Gedanke bedeutet - zu Ende gedacht - die Anpassung der Konsumentenbedürfnisse an die Bedürfnisse der Produzenten und deren Absatzpläne. Im Idealfall sind ihre Interessen mit den Verbraucherbedürfnissen deckungsgleich. Vorrangig aber sind immer die Unternehmensziele: Auslastung der Kapazitäten, höhere Umsätze, wachsende Marktanteile, Finanzierung von Investitionen, Erhaltung der Arbeitsplätze, Gewinnerzielung und Sicherung der Unternehmenszukunft. Strenggenommen sind also viele Produkte nicht für die Menschen da, sondern die Menschen für den Kauf der Produkte, wobei man sie immer wieder antreibt, durch fleißiges Konsumieren die Wirtschaft auf Touren zu bringen. Dafür bedarf es eines gut angepaßten, für die Signale der Werbung wie der Wirtschaftspolitik empfänglichen und steuerbaren Bürgers. In diesem System bleiben logischerweise Bedürfnisse und Verbrauchergruppen unberücksichtigt, bei denen kein Massenabsatz zu erwarten ist, nicht aber Hunde, Katzen und Kanarienvögel. Deren Besitzern - so hat man schnell erkannt - ist offenbar leicht deutlich zu machen, daß ihre Tiere über einen ausgeprägten Genußsinn und sicheren Instinkt für das Erlesene verfügen und daher nur vom Feinsten verlangen. So wirbt ein Hundefutterhersteller mit dem Slogan »Für kleine Tiere mit großen Ansprüchen«. Der Werbung fällt damit immer wieder die undankbare Rolle zu, Überflüssiges als unentbehrlich, Brauchbares als minderwertig und alte Hüte als neu erscheinen zu lassen: Damit die Konsumenten sich täglich die Haare waschen, ihre Finger- und Fußnägel lackieren und den Lack wieder entfernen, den Spaß an ihrem drei Jahre alten Auto verlieren, sich stets nach der neuesten Mode einkleiden und ihre noch tadellosen Wohnzimmermöbel ausrangieren (der Anzeige folgend: »Sie finden Ihre Möbel gut und schön? Schön und gut - aber was denken Ihre Gäste?«).

Hier kommt drittens dem Gruppendruck große Bedeutung zu, durch den die von der Werbung mitgeprägten Norm- und Wertvorstellungen virulent und verhaltenswirksam werden. In dieser Rangordnung nehmen teure Markenartikel die Spitzenplätze ein. Um in seiner Gruppe anerkannt zu werden, muß der – vor allem jugendliche – Konsument sein Set von Bedürfnissen, seinen Markenartikelbestand und sein Konsumverhalten ständig überprüfen und korrigieren, wenn er die Gunst der Gruppenmitglieder nicht verscherzen will. Kroeber-Riel bezeichnet den Anpassungsdruck durch die Gruppe als den stärksten aller sozialen Einflüsse. Wer sich einer Gruppenmeinung nicht anschließt, gelte bei den anderen als unsympathisch und werde mehr oder weniger aus der Gruppe ausgeschlossen. Aus der Sicht des Edelboutiquentyps sind die Benutzer von falschen Marken nur zweitklassig, ganz zu schweigen von den geradezu verfemten ALDI-Typen. So schrieb der Werbeberater Brandmeyer: »Wer auf dem Schulhof beobachtet, wie sich ein Wrangler-Träger von einem Levis-Träger absondert, um sich wiederum mit einem Fiorucci-Träger kurzfristig zu verbünden, ihn aber fallenzulassen, weil plötzlich Closed in ist, der weiß, was da an Chancen auf uns zukommt, Produkte zu vermarkten.«[16] In einem menschenverachtenden Spiel figurieren diese Jugendlichen als lebende Duplikate von Markenartikeln und verkörpern die Marketingziele der Jeanshersteller, herabgewürdigt zu Werbeträgern mit menschlichen Gesichtern, aber ohne menschliches Gefühl für den Wert einer Freundschaft. Solche Beobachtungen lassen an Toqueville erinnern: Es gebe in einer freien Gesellschaft keinen Tyrannen mehr, der von seinem Untertan fordert, »du sollst denken wie ich oder sterben. Er sagt: Es steht dir frei, nicht zu denken wie ich, dein Leben, deine Güter, alles soll dir bleiben. Aber von diesem Tage an bist du ein Fremdling unter uns.«[17]

Für die Werbewirtschaft ist der unkritische Konsument der ideale und gehätschelte Ansprechpartner. Ihm steht der »escaping consumer« (David Riesman) gegenüber: Der sich befreiende Konsument, der lern- und kritikfähig ist, weitgehend vernünftig entscheidet und sich nicht den werbegeprägten Bewertungsmaßstäben und äußerlichen Gruppennormen unterwirft. Ob man ihn in strengerem Sinne mündig nennen kann, bleibt offen, da er möglicherweise nur unzureichend informiert ist auf Gebieten, für die er sich nicht interessiert. So sind auch Professoren und Direktoren den Versprechungen von Baulöwen auf den Leim gegangen und haben zwecks Steuerersparnis überteuerte und unverkäufliche Wohnungen nach dem Bauherrenmodell als angeblich günstige Kapitalanlage gekauft.

In diesem Zusammenhang geht es nicht darum, in welchem Maße Menschen durch Werbung beeinflußbar sind, sondern um das Verhältnis der Werbewirtschaft zur vielbeschworenen Mündigkeit und um die dabei offen zutage tretenden Widersprüche. Der »escaping consumer«, der dem Leitbild der Marktwirtschaft entspricht, ist den Absatz- und Werbestrategen natürlich ein Dorn im Auge. Sinngemäß ist für Ernest Dichter die berufstätige Frau - im Gegensatz zur »echten« Hausfrau und »ausgeglichenen Heimgestalterin« - zu kritisch und darum nicht der ideale Kundentyp. Wirklich mündige Konsumenten machen in diesem Milliardenspiel nicht mit, sondern vergleichen Preise und Qualitäten und haben ein waches Auge für Sonderangebote. Wen wundert es noch, daß Werbefunktionäre diesen Typ für unmündig erklären und vor »Lockvogelangeboten« schützen - mit anderen Worten: die preisgünstigen Einkaufsquellen austrocknen - wollen? Ist er doch angeblich so unbedarft, daß er sich von heruntergesetzten Preisen dazu verführen läßt, gleich noch andere, überteuerte Waren mitzukaufen.

So entpuppt sich das Modell vom mündigen und souveränen Konsumenten immer wieder als Zwecklüge, Ideologie und Deckmantel für zielbewußte Verbands- und Interessenpolitik. Es ist wie bei einem Wetterhäuschen, vor dem je nach Wetterlage und Bedarf mal ein mündiger und mal ein unmündiger Konsument zur Schau gestellt wird. Während sich jedoch bei Erwachsenen über eine Mitverantwortung an ihrer - nach Kant selbstverschuldeten - Unmündigkeit und Beeinflußbarkeit reden läßt, kann es bei Kindern und Jugendlichen keinen Zweifel über die Verantwortlichkeiten geben.

4. Werbung braucht Kinder

»Großvater ist tot!«

»Wer hat ihn erschossen?«

So reagieren viele Kinder, wenn sie von einem Todesfall erfahren. Eine schwedische Untersuchung ergab, daß dort 40 Prozent aller sechs- bis zehnjährigen Kinder glauben, Menschen könnten nur durch Mord zu Tode kommen. Diese nahezu automatische Verknüpfung von Tod und Gewalt führen die schwedischen Forscher auf die Einflüsse von Fernsehen und Videoprogrammen zurück. Ein vierzehnjähriges amerikanisches Durchschnittskind hat im Fernsehen schon rund 18000 Menschen - fast ausschließlich gewaltsam - »sterben« gesehen.

Die Wirkungen der Massenmedien wie der Werbung zeigen sich bei Kindern in stark konzentrierter Form. Dadurch werden auch die Problematik der Werbung und ihre Widersprüche noch deutlicher erkennbar. Während jedoch über »Fernsehen und Gewalt« schon über 5000 Arbeiten veröffentlicht worden sind, gibt es über »Kinder und Werbung« kaum Fachliteratur.

Fünf Besonderheiten machen die an Kinder gerichtete Werbung äußerst problematisch. Erstens sind Kinder wegen ihrer Unerfahrenheit leicht beeinflußbar und darum auch für Werbung besonders aufnahmefähig. Da sie zweitens als »Anfänger« erst wenig mit Werbung in Berührung gekommen sind, kann man Markensymbole leicht in ihre noch »jungfräulichen« Gehirne einpflanzen. Drittens können sie noch nicht durchschauen, daß der ganze Werbezauber nur inszeniert wird, damit sie sich alle diese Dinge wünschen, sie von ihren Eltern fordern und eines Tages selbst kaufen. Wenn es viertens mit Hilfe von Werbung gelingt, sie für die nächsten Jahrzehnte als markentreue Konsumenten zu gewinnen, ist das in kindliches Markenbewußtsein investierte Geld rentabel angelegt. Durch ihre Allgegenwart und ihre Verlockungen läßt Werbung fünftens die Fähigkeiten verkümmern, an immateriellen Werten Gefallen zu finden.

So löst die Werbung bei Kindern besonders unerwünschte und bedenkliche Nebenwirkungen aus. In einem Alter, in dem sie noch sehr labil sind, nach Orientierung suchen und Bewertungsmaßstäbe zu entwickeln beginnen, mischt sich die Werbung in grober Weise in die elterliche Erziehung ein. Die schönen und verlockend dargebotenen Bilder wecken in den kindlichen Köpfen Vorstellungen von einer Scheinwelt, in der alles käuflich, für schnelle Bedürfnisbefriedigung und sofortigen Genuß verfügbar ist, ohne Geld und ohne Arbeit. Es entstehen Gefühle von Entbehrung, Mangel und Unzufriedenheit, die zu Wünschen, Erwartungen, Ansprüchen und Forderungen werden. Die Hoffnung aber, durch Erwerb, Besitz und Genuß Zufriedenheit und Anerkennung zu erlangen, bleibt meist unerfüllt. Selbst das erträumte Spielzeug hält nur selten das, was sich das Kind - durch glanzvolle Bilder eingenommen - von ihm versprochen hat. So »blockiert (die Konsumwerbung) durch ihre ständige Präsenz, durch die Entfaltung faszinierender Kaufatmosphäre die Möglichkeit des einzelnen, Formen nichtgeldlicher Bedürfnisbefriedigung zu entwickeln«.[1] Auch die finanziellen Möglichkeiten können mit dem rapide steigenden Anspruchsniveau nicht Schritt halten. So müssen schon Kinder die Erfahrung machen, daß es in der Wirklichkeit anders als in der Waren-, Werbe- und Medienwelt zugeht. Mißmut und Enttäuschung stellen sich ein, gegen die es nur ein Rezept zu geben scheint: die illusionäre Hoffnung auf neue, üppigere und befriedigendere Konsumerlebnisse.

Selbstverwirklichung durch Markenartikel

Aber auch Bedürfnisse nach modischer Kleidung, nach Gebrauchsgegenständen und Kosmetik werden an immer jüngere Kinder herangetragen, weil im Wettlauf um diesen Markt jeder der erste sein will. So stellen Werber erfreut fest, daß das Interesse für Marken immer früher einsetzt. In Amerika zielt selbst die Werbung der Parfümindustrie schon auf die Vier- bis Zehnjährigen. So gewinnt die Warenwelt eine überdimensionale Bedeutung und verdrängt gleichzeitig menschliche Werte. Durch das Tragen bestimmter Jeans, Hemden und Turnschuhe, nicht aber durch freundschaftliches Verhalten hofft man Freunde zu finden, die einen jedoch im Stich lassen, wenn man mit einer Hose ohne akzeptables Etikett auftritt. Nicht Charakter und Leistung, sondern die benutzten Markenartikel sagen aus, wer man ist. Die Insignien der Warenwelt und die Kaufkraft bestimmen das Bewußtsein. Dingwertgefühl und Markenwertgefühl ersetzen das Selbstwertgefühl.

Auf eine parlamentarische Anfrage über die an Kinder gerichtete Fernsehwerbung antwortete der damalige Staatssekretär Zander am 14. 3. 1973, die Bundesregierung halte eine Verbesserung der freiwilligen Vereinbarungen der Werbewirtschaft für nötig: Nach den Ergebnissen einer Studie »Werbung vor und mit Kindern« werde in Kinderspots die Erwartung beschworen, mit dem Besitz der erworbenen Güter könne man Zuwendung und Anerkennung gewinnen; die Bedingungen des Produkterwerbs dagegen blieben unberücksichtigt.

Die Werbewirtschaft konterte mit einer Stellungnahme unter der Überschrift »Kinder brauchen Werbung«. Diese machte als erstes darauf aufmerksam, daß es schlimmeres Kinderelend als die Berieselung mit Fernsehwerbung gebe. Die Schlußfolgerung lautete, daß Kinder Werbung brauchen, weil sie nur so lernen könnten, als Erwachsene mit der Werbung richtig umzugehen. »Richtiger« Umgang mit der Werbung bedeutet selbstverständlich, ihren Botschaften gehorsam zu folgen und sich nicht zu einem kritischen Konsumenten zu entwickeln. In der Stellungnahme der Werbewirtschaft zu dem Entwurf einer OECD-Dokumentation »Kinder und Werbung« hieß es: »Kinder müssen früh mit Werbung konfrontiert werden, damit sie lernen, mit der Konsumgesellschaft zurechtzukommen, die einen Teil ihres realen Lebens darstellt.«[2] In ähnlichem Ton forderte ZDF-Intendant Stolte die Eltern auf, ihre Kinder zum Umgang mit der Werbung zu erziehen. Die Verursacher schieben die Verantwortung für die auch von ihnen als problematisch erkannten Folgen des Werbefernsehens kurzerhand auf die Betroffenen ab.

Der »Erziehungsauftrag« der Werbung?

Hier werden die Dinge nun wirklich auf den Kopf gestellt. Viele der Schwierigkeiten, sich in der Konsumgesellschaft zurechtzufinden, sind das Werk desinformierender und desorientierender Werbung. Viele Erziehungsprobleme sind das Ergebnis von Werbung und Fernsehen. In einem Alter, in dem Spielen das einzige kindgemäße Verhalten ist, bricht die Werbung ins Kinderzimmer ein und weckt Bedürfnisse nach Konsumerlebnissen. Kinder werden aus ihrer Welt herausgerissen, emotional konditioniert und auf die Warenwelt fixiert. Die emotionale Faszination von Medien und Werbung - verstärkt durch den Gruppendruck - ist so groß, daß Eltern und Lehrer nur versuchen können, die erkennbar negativen Einflüsse auf die Charakterbildung und das Sozialverhalten abzumildern. Die »professionellen Pädagogen« müssen erkennen, »daß sie nicht gegen die Erziehungseinflüsse der Werbung agieren können, sondern Werbung als ein ergänzendes Erziehungsmittel anerkennen müssen«, schrieb der Marktpsychologe Dieter Uhr. »Je weiter eine Konsumgesellschaft voranschreitet, um so wichtiger ist es, daß sich die Werbung ihres Erziehungsauftrages bewußt wird. Nur so kann langfristig eine konsumorientierte Kulturgesellschaft Bestand haben.«[3] Wäre es dann nicht höchste Zeit, etwas über die Lernziele und Lerninhalte dieses selbsternannten Miterziehers zu erfahren und sie - wie es bei den schulischen Lernzielen geschieht - öffentlich zu diskutieren? Sollte man nicht lieber die Schüler zu mündigen Verbrauchern erziehen und sie über den Illusionscharakter von Markenartikeln einschließlich der ihnen zugrundeliegenden Werbe-Ideologie aufklären?

Nach Meinung des Werbemanagers Gerd Nickel soll Werbung auch das »Sehnsuchts-Potential« ausfüllen, das durch Streß, Ängste und Frustrationen in der modernen Industriegesellschaft entstanden ist. Sie soll Menschen aus ihrer zumeist grauen Realität in ein Reich der Träume entführen, in dem Wunsch und Wirklichkeit vereint erscheinen.[4] Nur an eines scheinen Werber nicht zu denken: daß sie die von ihnen geweckten Sehnsüchte und nichtmateriellen Wünsche nicht erfüllen können, sondern im Gegenteil Enttäuschungen und Unzufriedenheit mitproduzieren. Wer ihren Verlockungen folgt, muß die Erfahrung machen, daß auch ein von der Werbung als erotisierend vorgestelltes Haarshampoo nur ein ordinäres Haarshampoo bleibt. Die durch Werbung erzeugten Illusionen lösen sich ins Nichts auf. Die Realität bleibt grau, und Streß, Ängste und Frustrationen sind unverändert gegenwärtig.

Nach Auffassung der Werbefachleute muß nicht die Werbung sich ändern oder wenigstens ihre Auswüchse beseitigen, vielmehr sollen die Eltern ihre Erziehungsmethoden an den Bedürfnissen der Werbewirtschaft ausrichten. Menschen, die im Sinne des Werbesystems nicht zufriedenstellend funktionieren, müssen eben dem System und nicht das System ihnen angepaßt werden. Nicht die von Werbung angestachelten Kinder und Jugendlichen mit einem Anspruchsniveau, das weder ihrem Alter noch ihrem Geldbeutel gemäß ist, gelten als unnatürlich, sondern die Eltern, deren Markenkenntnisse weit hinter denen ihrer Sprößlinge zurückgeblieben sind. So ist die Werbung eine zum Tabu gemachte wirtschaftliche und gesellschaftliche, der Erziehung übergeordnete Realität geworden, an deren Berechtigung ebenso wie an ihren Erscheinungsformen nicht gerüttelt werden darf. Nicht weil Kinder Werbung brauchen, sondern weil die Werbe- und die Markenartikelindustrie Kinder brauchen, um sie so früh wie möglich zu markenbewußten, markenbegehrlichen und kauffreudigen Konsumenten zu dressieren. In einer Eigenanzeige mit dem Foto eines wohl zweijährigen Kindes teilte der Sender RTL plus den Werbern mit, daß er »schon ab dem frühen Vormittag« (wenn die über Sechsjährigen in der Schule sind) Zeichentrickfilme (selbstverständlich als Umfeld von Werbespots) sendet. »Damit die Werbung schon am Tage große Versprechungen machen kann«, will RTL plus »unsere Jüngsten verzaubern«.

Was man von einer Zukunftsgesellschaft zu erwarten hat, in der die Konsumgüterwerbung den Ton angibt und in deren Konzert auch die von Sponsoren genutzte Kultur als Marketinginstrument und Imageträger mitspielt, lassen die Äußerungen eines prominenten Werbemannes ahnen. Willi Schalk, früherer (deutscher) Präsident der BBDO Worldwide, einer Gesellschaft mit über hundert Werbeagenturen, fragte in einem Interview, »woher wir eigentlich die Überzeugung nehmen, daß Lesen und Schreiben eine wesentliche Voraussetzung für glückliches menschliches Dasein sind«.[5] Es scheint wohl zu genügen, ein von der Werbung gut ausgebildeter Konsument zu sein. Kein Wort mehr davon, welche Eigenschaften der Buchdruck gefördert hat: »die hochentwickelte Fähigkeit zu begrifflichem, deduktivem, folgerichtigem Denken; die Wertschätzung von Vernunft und Ordnung; der Abscheu vor inneren Widersprüchen; die Fähigkeit zur Distanz und zur Objektivität«. (Postman)

Mittlerweile rechnet man bei uns mit über zwei Millionen (Tendenz steigend) funktionalen Analphabeten, die unfähig sind, aus einem gedruckten Text Einsichten und Schlußfolgerungen zu ziehen, und die sich nur für wenige Minuten konzentrieren können. In den USA, die uns mit ihren zivilisatorischen »Fortschritten« immer um einige Jahre voraus sind, steigt deren Zahl - 1984 sollen es rund 23 Millionen gewesen sein - jährlich um 2,3 Millionen. Von den Siebzehnjährigen konnten sogar 40 Prozent aus einem Text keine Folgerungen ableiten. Der Anteil der amerikanischen »Leseunwilligen« liegt bei 44 Prozent. Hierzu sagte Postman: »Unsere Kinder, die in die Schule kommen, wurden schon tief vom Einfluß des Fernsehens geprägt. Dort begegnen sie dem Einfluß des gedruckten Wortes. Eine Art psychischer Kampf findet statt, und das kostet viele Verletzte - Kinder, die nicht das Lesen lernen können oder wollen, Kinder, die noch nicht einmal einen logisch aufgebauten Aufsatz schreiben können, Kinder, die dem Unterricht oder Erklärungen nicht länger als fünf Minuten folgen können. Sie sind Versager, aber nicht weil sie dumm sind. Sie sind Versager, weil es einen Medienkrieg gibt und sie auf der falschen Seite stehen.«[6]

Hier soll nicht der Eindruck erweckt werden, an den Schattenseiten einer »konsumorientierten Kulturgesellschaft« habe die Werbung die Alleinschuld. Daß sie jedoch zusammen mit den Massenmedien und anderen Einflüssen mitverantwortlich ist, läßt sich nicht bestreiten. Auch diverse Kinder- und Jugendzeitschriften verdanken ihre Existenz in erster Linie der Werbung. Sie wurden nicht geschaffen, weil die Verleger Kindern und Jugendlichen ihnen angemessenen Lesestoff bieten, sondern weil sie mit Hilfe junger Zielgruppen ihr Anzeigengeschäft ausweiten wollten. So herrscht auf diesem speziellen Markt inzwischen ein dichtes Medien- und Anzeigengedränge. Wer in *Bravo* inseriert, kann über 65 Prozent der Zehn- bis Fünfzehnjährigen ansprechen.[7] Sogar die auf alternative junge Leserschaften zugeschnittenen und bisher von der Markenartikelindustrie links liegengelassenen sogenannten Szene- und Stadtteilzeitschriften haben eine Kehrtwende zu Genuß und Luxus vollzogen, um am »richtigen« Anzeigengeschäft teilzuhaben.

Damit die Kinder- und Jugendzeitschriften als attraktive Werbeträger akzeptiert und reichlich mit Anzeigen belegt werden, müssen auch die Journalisten an die Werbefront. Sie schaffen redaktionelle Umfelder, in denen viel von Konsumieren, Mode, Kosmetik, Musik, Filmstars und Sex die Rede ist, nicht aber von Schule, Politik, Arbeitslosigkeit oder Problemen mit den Eltern. Alles spielt sich in einer heilen Welt ab, sogar ein Bericht über die Drogenszene zeigt schöne junge Menschen und nicht schmutzige Bahnhofstoiletten.

Die »Helden des Konsums« als Leitbilder

Von besonderer Bedeutung sind die in den Zeitschriften vorgeführten Leitbilder und die von ihnen benutzten Markenartikel, die den Heranwachsenden bestimmte Konsumrollen zuweisen und ihre Verhaltensweisen verfestigen. Solche Einflüsse von Medien sind nicht unbedingt neu. Wie viele junge Menschen mögen früher im Banne von Abenteuerbüchern zur See und in die Fremde gegangen sein? Gewandelt aber haben sich die Leitbilder. Heute sind es die »Helden des Konsums«, die durch besonders gekonntes Einkaufen des jeweils Teuersten und durch raffiniertes Genießen zu Idolen werden, denen es nacheifern gilt. Dementsprechend empfiehlt die *Bravo*-Redaktion zur Freude der Inserenten: »Kaufe gleich ein gutes Markenfabrikat«, »Kleider kann man nie genug haben« und »Warum soll ich mein Geld auf der Bank verschimmeln lassen?«

Nach Kroeber-Riel stimulieren die Massenmedien durch redaktionelle und werbliche Beiträge erstens schädliches Konsumverhalten (z.B. durch Zigarettenwerbung), zweitens konfliktäres Konsumverhalten (durch das unüberbrückbare Auseinanderklaffen von überhöhten Ansprüchen und begrenzten Geldmitteln) und drittens Ausweichverhalten (Verdrängung von Schwierigkeiten durch »Flucht in den Konsum«). Diese drei problematischen »Nebenwirkungen« der vermischten Medien- und Werbeeinflüsse lassen sich beispielhaft am Motorrad- und Autokult aufzeigen, dem Kinder schon früh verfallen.

In einer Jugendzeitschrift wurde ein Kleinmotorrad als »rollende Sparbüchse« angepriesen, mit dem man angeblich 100 km für eine Mark fahren und das man mit seinem Taschengeld unterhalten kann. Damit beginnt ein aussichtsloser Wettlauf mit den immer weiter davoneilenden Wünschen und ihrer Erfüllung. Normalerweise steckt man in eine Sparbüchse Geld, das man nicht ausgibt und auf das man später - wenn man es braucht - zurückgreift. Die rollende Sparbüchse aber bleibt leer, so gut sie auch gefüttert wird. Im Gegenteil: Wenn eine Reparatur fällig ist, ein Ersatzteil gekauft, ein Strafmandat bezahlt werden muß und das Taschengeld nicht ausreicht, erweist sich das heiß ersehnte und knapp finanzierte Gefährt als ein Faß ohne Boden. Was den tristen Alltag in die Sphäre eines Glückszustandes erheben sollte, wird zum Nährboden für Enttäuschung, Verbitterung und Sorge, vielleicht gar zum Ausgangspunkt einer mit kleinen Betrügereien beginnenden und im Gefängnis endenden Fahrt. Das Motorrad- oder Autofahren als ein Sich-auf-den-Weg-machen ohne bestimmtes Ziel, oft auch als Flucht aus dem Alltag und als Hinter-sich-lassen unbewältigter Probleme, der Traum von einem »zu erfahrenden« Glück und einem Ziel, das man nie erreicht: All diese Illusionen verwandeln sich in dumpf empfundene, jedoch nicht verstandene Unzufriedenheit. Der stolz zur Schau getragene und von anderen beneidete Besitz ist in Wahrheit nur die Fassade eines sich im Kreise drehenden kostenproduzierenden Geldmangels. Zu schädlichem Konsumverhalten aber wird das – oft durch Frustrationen ausgelöste – aggressive und riskante Fahren, wenn der Temporausch wie eine Droge wirkt.

Die kompromißlosen »Markendurchsetzer«

Über die Wünsche und Verhaltensweisen von Sieben- bis Fünfzehnjährigen erfährt man einiges aus der Schüler-Mediaanalyse '88. Kompromißlos setzen sie sich innerhalb ihrer Familie durch und entwickeln schon als Erstkläßler Markenkenntnis und Prestigedenken. Für sie sind Sportschuhe nicht einfach Sportschuhe, sondern ein notwendiges Statussymbol. Und auch beim morgendlichen Schoko-Nuß-Aufstrich wird nicht alles akzeptiert, was braun ist und gut schmeckt. Solange sie noch wenig Taschengeld haben, sollen sie nach den Wünschen der Werbestrategen wenigstens an ihre Eltern Forderungen stellen und als »Markendurchsetzer« fungieren. Die Analyse zeigt, daß die Markenautorität bei den Kindern liegt und die Eltern resigniert haben. »Markenbindung wird in höchstem Maße und mit enormer Haltbarkeit bis zum 16. Lebensjahr gebildet.«[8] In einer Studie über Konsumkinder sagte Joachim Kutschke diesen einen verantwortungslosen und »geradezu asozialen Hang zur individuellen Selbstverwirklichung« nach, der dazu führe, daß sie nur auf eines aus sind: »Bedürfnisbefriedigung ohne Aufschub . . . Nach dem Preis wird nicht gefragt.«[9] In dieser Welt gibt es weder Bescheidenheit noch Dankbarkeit, kein Maß und keine Geduld, keinen Hunger und keinen Durst; es gibt keinen unerfüllt bleibenden Wunsch, Verzicht ist ein unbekanntes Wort; Genießen ist keine Belohnung, sondern ein – oft schon als Übersättigung empfundener – Dauerzustand.

Werber sehen Kinder ausschließlich als Nachwuchskonsumenten, in deren Unterbewußtsein die Verheißungen des Markenfetischismus so früh wie möglich eingepflanzt werden müssen, damit sie Qualitäts- und Preisvergleiche für überflüssig halten und gegenüber preisgünstigmarkenlosen Produkten oder Sonderangeboten immun werden. In Absatzplänen sind sie eine feste und unverzichtbare Größe, da sie schon als »Skippies« (school kids with income and purchasing power = Schulkinder mit viel Taschengeld) über beachtliche Kaufkraft verfügen. Wie das Institut für Jugendforschung 1989 ermittelt hat, können - zählt man Taschengeld und Geldgeschenke zusammen - die Sieben- bis Neunjährigen im Monatsdurchschnitt 59 Mark, die Zehn- bis Zwölfjährigen 76 Mark und die Dreizehn- bis Fünfzehnjährigen 129 Mark ausgeben. Außerdem besitzen sie Sparkonten von rund 1000 Mark. Das läßt deutlich werden, warum die Markenartikelfirmen nicht nur hinter deren Taschengeld (6,8 Milliarden Mark pro Jahr), sondern auch ihren Ersparnissen (5,4 Milliarden Mark) her sind.[10]

Diese Absicht wird allerdings vom ZAW energisch bestritten. Als in einer Anfrage von 51 Bundestagsabgeordneten (1989) davon die Rede war, die Werbung wolle mit den bekanntgewordenen Strategien an die Gelder der Kinder und Jugendlichen herankommen, reagierte der ZAW empört: Mit dieser Aussage werde »die Werbung in die Nähe von Taschendieben gebracht«.[11] Warum sollen Werbungtreibende Taschendiebe sein, wenn sie Kinder zum Kaufen, und das heißt auch zum Bezahlen, animieren?

Schon die Sechs- bis Vierzehnjährigen (»markensüchtige Kids«) zeigen Markenbewußtsein und »verziehen das Gesicht«, wenn man ihnen nicht die richtige Marke schenkt.[12] Man sollte sich aber vergegenwärtigen, mit welchen Werbemethoden dieses hochgepriesene Markendurchsetzungsvermögen erzeugt wird. So war in einem Fernsehspot ein Vater im Verbrauchermarkt zu sehen, wie er eine markenlose Nuß-Nougat-Creme in den Einkaufswagen legt, dabei jedoch von seinem kleinen Sohn ertappt wird. Wie ein Sünder läßt er sich von ihm abkanzeln und nimmt es hin, daß sein von der Werbung erzogenes

Kind das verachtete markenlose Glas ins Regal zurückstellt und gegen die »richtige«, in Großaufnahme gezeigte teure Marke vertauscht. In einem anderen Spot will der Vater seinen Sohn beim gemeinsamen Einkauf mit einem Schokoladenriegel erfreuen. Wie aber reagiert dieser »Markendurchsetzer«? Voller Verachtung weist er das Geschenk zurück, holt aus dem Regal den »richtigen« Riegel heraus, belehrt seinen Vater (»Mit 25 Prozent Nüssen!«) und weist ihn zurecht: »Siehst du, jetzt hast du ein schlechtes Gewissen!« Aber auch wenn der Vater kapiert hat, welcher Riegel 25 Prozent Nüsse enthält und beim nächsten Einkauf besser spurt: Kann er sicher sein, daß ihm nicht wieder die Leviten gelesen werden, weil inzwischen für einen Konkurrenzriegel mit 30 Prozent Nüssen oder 15 Prozent Rosinen Reklame gemacht wird? Welches Menschenbild liegt einer Werbung zugrunde, in der Kinder Geschenke hartherzig zurückweisen und ihren Eltern Markenartikelunterricht erteilen? Ist es nicht die Vorstellung von Marionetten, an deren Fäden die Werber ziehen? Wen wundert es da noch, daß laut *w & v* die Werbewirtschaft mit den »Kids als wandelnden Markenspeichern« und »Kaufmotoren der Familie« sehr zufrieden ist?

Die unübersehbar schädlichen Folgen der an Kinder gerichteten Werbung hatten 1973 den Programmdirektor des Österreichischen Rundfunks veranlaßt, bestimmte Spielarten dieser Werbung in Rundfunk und Fernsehen zu verbieten. Die deutschen Fernsehintendanten beabsichtigten, sich diesem Schritt anzuschließen. Auch die Bundesregierung hatte in ihrer Antwort auf eine Anfrage deutlich gemacht, daß sie es begrüße, »wenn im Werbefernsehen das geringe Unterscheidungsvermögen und die natürliche Leichtgläubigkeit von Kindern nicht für Werbezwecke ausgenutzt würde«.[13]

Nicht durch eigene Initiative, sondern nur unter dem massiven Druck der ARD-Werbegesellschaften konnte der ZAW in letzter Minute das drohende Verbot durch die Zusage verhindern, die deutsche Werbewirtschaft werde eine freiwillige Selbstbeschränkung beschließen. So kam es zu den am 1. 1. 1974 in Kraft getretenen »Verhaltensregeln des Deutschen Werberats für die Werbung mit und vor Kindern im Werbefunk und Werbefernsehen«. Seitdem werden Werbefunktionäre nicht müde, ihr verantwortungsbewußtes Handeln herauszustreichen. Daß sie es allerdings vermieden haben, auch die Anzeigen- und Plakatwerbung freiwillig einzuschränken, läßt fragen, ob es ihnen wirklich um den Schutz der Kinder und nicht um den Schutz der Werbebranche vor einschneidenderen Maßnahmen gegangen ist.

Entlarvend waren die Unterschiede zwischen den offiziellen ZAW-Stellungnahmen und den internen Äußerungen aus dem eigenen Lager. Dabei waren ganz andere Töne zu hören. Werber warfen dem ZAW vor, er habe – statt die Rechte seiner Mitglieder zu schützen – »Freiheiten verschenkt«. Aus einer der größten Werbeagenturen kamen die markigen Worte: »Entweder haben wir eine freie Marktwirtschaft, oder wir haben sie nicht.«[14] Ähnlich war nach der Verabschiedung von freiwilligen Verhaltensregeln für die Alkoholwerbung der Deutsche Brauerbund nicht zum Mitmachen bereit: Bier sei kein Alkohol, sondern ein Erfrischungsgetränk.

Was ist kindgemäßes Verhalten?

In dieser kritischen Situation bewährte sich wieder die Doppelstrategie der Werbefunktionäre: Man habe den Werberats-Empfehlungen absichtlich dehnbare Begriffe wie »natürliches Verhalten« eingepflanzt, beruhigte der ZAW-Geschäftsführer die empörten Opponenten, und es bleibe den Werbungtreibenden überlassen, sie zu ihren Gunsten auszulegen.

Eine Gruppe Münchner Kommunikationsforscher wertete 112 Werbespots mit Kinderauftritten aus. Ihre Analyse erbrachte, daß neben der eigentlichen Produktbotschaft »bei den Kleinen ein erzieherischer Rest haften bleibt: daß Konsum natürlich ist, daß Konsum reicher macht, daß Konsum sich zwanglos und bedienungsfrei vollzieht und daß Konsum Anerkennung bringt«. Eine Inhaltsanalyse der Spots habe gezeigt, daß die Fernsehwerbung Einflußmöglichkeiten ausschöpft, die von diesen

Empfehlungen überhaupt nicht berührt würden: »Sie schließen lediglich grobe und offensichtliche Formen der Kaufaufforderung an Kinder und der Manipulation von Kindern aus, die in der Werbung eher unwahrscheinlich, weil unwirksam sind.«[15]

Unter Verwendung schwammiger und inhaltsleerer Begriffe gelang es der Werbewirtschaft, die befürchteten gesetzlichen Maßnahmen zu verhindern und sich in einer neuen selbstgeschaffenen Grauzone häuslich einzurichten. Hierzu schrieb ein *w&v*-Kommentator: »Wer verfolgt, wie so manches Mal das ZAW-Vorschriftenwerk über das Werben vor und mit Kindern im Werbefernsehen umgangen wird . . ., versteht, warum Konsumeristen auch weiterhin den Gesetzgeber auffordern, in dieser Frage strenge Gesetze zu erlassen.«[16] Denn auch für die Werbung mit und vor Kindern sind die Gesetze anderer Länder erheblich schärfer als in der laschen deutschen Praxis. In französischen Werbespots z.B. dürfen Kinder *keinerlei* Produktempfehlungen abgeben, und in österreichischen Spots dürfen sie nicht einmal vorkommen!

Der Widerspruch ist und bleibt systemimmanent. Einerseits möchten Werber in der Öffentlichkeit als Saubermänner und Kinderschützer erscheinen. Andererseits aber wollen sie sich wegen der Sachzwänge des Werbewettbewerbs keine Möglichkeit entgehen lassen, um Vereinbarungen oder Gesetze trickreich zu umgehen. Wer mit seiner Werbung Kinder und Jugendliche nicht anspricht, kommt zu spät, denn in der Zwischenzeit hat schon ein Konkurrent die kindlichen Gehirne mit seinen Markensymbolen besetzt. Die in frühem Alter erworbenen Markenkenntnisse – auch von Produkten, die noch nicht von Jugendlichen gekauft oder benutzt werden – prägen das Konsumverhalten des späteren Erwachsenen. Jugendstudien belegen, daß keine Bevölkerungsgruppe so schnell und intensiv Sympathie oder auch Antipathie gegen Marken und Werbestile entwickelt wie Teenager. »Das läßt uns hoffen«, sagte man beim ZAW zu dieser »beruhigenden Meldung«.

Die sich aus dieser Konstellation ergebende Problematik zeigt sich am deutlichsten in der Zigarettenwerbung. Je frühzeitiger mit dem Rauchen begonnen wird, um so schwerer sind die zu befürchtenden Gesundheitsschäden. Bei einem Rauchbeginn im Alter von 15 Jahren muß man statistisch mit einem fünfmal so großen Lungenkrebsrisiko wie beim Start mit 25 Jahren rechnen.[17]

Dementsprechend widersprüchlich klingt es aus der Zigarettenindustrie. Der frühere Reemtsma-Vorstandsvorsitzende Wiethüchter sagte 1981 auf der Hauptversammlung: Kein Zigarettenmanager könne ruhig schlafen, wenn er nicht sicher sei, daß seine Werbung bei der künftigen Rauchergeneration ankomme. Trotzdem verkündet der Verband der Zigarettenindustrie, diese habe noch nie Heranwachsende zum Rauchen veranlassen wollen,[18] obwohl sie - wie *DIE ZEIT* schrieb - »keine Kosten und Mühen scheut, um gerade die Jungen zu ködern«.[19]

Nachwuchs für die Zigarettenindustrie

Zu ihrer Verteidigung behauptet die Tabaklobby, Werbung könne Kinder und Jugendliche nicht zum Rauchen motivieren. Dieses sei wissenschaftlich bewiesen. Dabei stützt sie sich auf eine Arbeit,[20] die wissenschaftlichen Ansprüchen in keiner Weise genügt, sich auf Befragungsmethoden stützt, die in der Motivforschung als unbrauchbar gelten, und die obendrein noch - wie Philipp Reemtsma gesagt hätte - »nach Tabak riecht«.

Darüber hinaus wurde der Halbsatz, »daß die Markenwerbung praktisch unbeachtet bleibt«, den der ZAW als Beweis für die Unwirksamkeit der Zigarettenwerbung auf Jugendliche zitiert,[21] aus dem Zusammenhang gerissen. Im Kontext bezieht er sich nur auf Kinder, die noch nicht lesen können. Im übrigen widerspricht eine solche Behauptung allen anderen Untersuchungen über die Markenkenntnisse von Kindern. In den USA waren 22 Prozent der Sechs- bis Zehnjährigen und 91 Prozent der Zwölf- bis Sechzehnjährigen in der Lage, eine Zigarettenwerbung sogar dann zu erkennen, wenn sie keinerlei Hinweis auf das Rauchen enthielt.[22]

Nach dem freiwilligen Selbstbeschränkungsabkommen der Zigarettenindustrie ist keine Werbung zulässig, die sich speziell an Jugendliche richtet oder vor allem Jugendliche anspricht. Außerdem verbietet das Lebensmittelgesetz alle Werbeaussagen, die »besonders geeignet sind, Jugendliche oder Heranwachsende zum Rauchen zu veranlassen«. Wen wundert es, daß sich Zigarettenwerber ständig Neues ausdenken, um diese Bestimmungen zu unterlaufen? So inserierten sie z.B. in der Zeitschrift *Girls*, von deren Leserinnen 62 Prozent zwischen 13 und 17 Jahre alt sind, und in der für eine ähnliche Altersklasse bestimmte *Miss Vogue*. Eine Werbekampagne für die »West« zielte auf Plakaten, im Kino und in Stadtteilzeitschriften direkt auf junge Zielgruppen. Dazu gehörten Pop-Konzerte mit Michael Jackson und Aktionen in Szene-Lokalen und Diskotheken. Gerade das Medium Musik wird systematisch eingesetzt, um den Heranwachsenden Zigarettenwerbung nahezubringen. So kam in der ARD-Jugendsendung »Formel 1« in einem Videoclip mit Peter Maffay die »West«-Schleichwerbung deutlich ins Bild. Zigarettenwerber machen auch von einer neuen Werbeform Gebrauch, die sich gezielt an die junge Generation wendet: Videoclips mit eingestreuten Werbespots, die in Diskotheken vorgeführt werden.

Die emotionalen Einflüsse der Werbung und ihre Folgewirkungen auf kindliche Wertmaßstäbe und Verhaltensweisen durchkreuzen die schulischen Bildungsziele. Mit ihrem am Leitbild des mündigen Bürgers orientierten Bildungsauftrag geraten Lehrer zwangsläufig in Gegensatz zu den Zielen der Werber, die den unkritischen Menschen wollen, in dessen Kopf Konsumthemen dominieren und in dem Hunderte von Images, Markensymbolen und Slogans so fest verankert sind, daß er später ein verläßlicher Käufer von Markenartikeln wird. Nichts anderes steckt hinter der Forderung, Kinder schon früh mit Werbung zu konfrontieren, damit sie lernen, mit der Konsumgesellschaft zurechtzukommen. Dieses sei – wie es in der Stellungnahme zum OECD-Entwurf »Kinder und Werbung« hieß – aus wirtschaftlichen Gründen absolut notwendig. Von den Nebenwirkungen des Konsum- und Markenartikeldrucks auf kindliches Denken, Fühlen und Verhalten war nicht die Rede. Für die soziale Deklassierung und die Minderwertigkeitsgefühle von Kindern, die mit dem von markenhörigen Klassen-»Kameraden« ausgehenden Anschaffungszwang nicht mithalten können, nannte André Heller auf dem Deutschen Kommunikationstag 1988 ein Beispiel: »Als ich in die Schule ging, habe ich in der ersten Klasse ein Federmäppchen bekommen, das ich bis zur vierten Klasse hatte. Ich weiß von Kindern von Freunden, daß diese verzweifelt nach Hause kommen, weil sie nicht das neueste Federmäppchen von Ferrucci besitzen. Das Federmäppchen vom Vorjahr war zwar noch in Ordnung, aber angeblich ist das out.«

Eine neue Variante, Kinder möglichst überall mit Werbung zu konfrontieren, haben sich schwedische Werbungtreibende ausgedacht. Für die Erlaubnis, auf den Schulhöfen Reklametafeln anzubringen, stellten sie den Schulen Gelder für Lehr- und Lernmittel zur Verfügung. Kritik an dieser Werbung wies die Werbefachzeitschrift *Horizont* zurück: Von einer Einflußnahme der Sponsoren auf die Unterrichtsinhalte sei nie die Rede gewesen. »Restriktiver Umgang mit Markennamen, gar Verbote von Markenpräsenz im schulischen Umfeld - was soll das? Die Realität hat derlei sozialromantische Maßnahmen längst überholt.«[23] Bei uns können Kinder im Schulunterricht von Bankvertretern lernen, daß Schuldenmachen (Ratenkauf) »vorweggenommenes Sparen« ist.

Im Französischen nennt man das Auswendiglernen von Gedichten »orner la mémoire«: das Gedächtnis schmükken. Statt mit Gedichten von Goethe, Eichendorff, Mörike oder Storm geschmückt zu werden (welcher Schüler lernt noch Gedichte auswendig?), sind heutzutage die Gedächtnisse schon von Kindern - noch bevor sie lesen können - mit dem Müll der Bewußtseinsindustrie, mit Werbesprüchen, vollgestopft. Es wird geschätzt, daß viele amerikanische Kinder bis zum Erreichen des College-Alters mehr Zeit vor dem Fernsehapparat als in der Schule verbracht und in dieser Zeit mehr als 200000 Werbespots gesehen haben.[24] In amerikanischen Kindersendungen ist die Werbezeit an Wochentagen auf 14 Minuten pro Sendestunde gestiegen, soll aber in Zukunft auf 12 Minuten begrenzt werden.

In einigen US-Staaten sendet »Channel One« seit Anfang 1990 kostenlos zehnminütige Erdkunde-Fernsehsendungen direkt in die Klassenzimmer, und zwar mit zwei Minuten Werbung pro Info-Block, die sich die Kinder – als Gegenleistung für diese »Großzügigkeit« – ansehen *müssen.* Die Schulklasse wird damit zum Forum für Werbespots! Diese Sendungen wurden inzwischen in Kalifornien und im Staate New York verboten, wogegen sich der Veranstalter mit dem Argument wehrte, auch die - ebenfalls Werbung enthaltende - Zeitschrift *National Geographic* werde als Unterrichtsmittel eingesetzt. Ein derartiger Vergleich wäre jedoch nur sinnvoll, wenn Lehrer ihren Schülern die Anzeigen vorlesen würden.

Niemand, der die massive Lobbytätigkeit von Werbefunktionären beobachtet hat, wird darüber erstaunt sein, daß sie alle Lehrpläne und Schulbücher erbittert bekämpfen, mit denen Kultusminister und Pädagogen den Einflüssen der Konsumwerbung und der Markenartikelideologie entgegenzuwirken versuchen. Allerdings ist die von Schulbüchern verbreitete Werbekritik keineswegs immer von Sachkenntnis geprägt. Die Behauptung, jede Werbemark werde in eine psychologische Betäubungspatrone umgeformt und auf den möglichen Verbraucher abgeschossen, der mehrfach im Jahr voll getroffen und aufs Kreuz gelegt wird, dient kaum einer sachlichen Auseinandersetzung. Aber auch die Attacken der Werbelobby gegen die Schulbücher sind nicht weniger wirklichkeitsfremd. Sie gipfeln in dem grotesken Vorwurf, Werbung werde in keinem Buch »ausschließlich als rationale Sachinformation über Qualität, Preis, technische Daten, Verwendungsmöglichkeiten und vergleichende Vorzüge der angebotenen Produkte begriffen«.[25] Daß die Schulbücher Werbung ausschließlich als eine rationale Veranstaltung darstellen sollen, während die Werber voll auf ihre emotionalen Wirkungen setzen und ihr nur noch minimalen Informationswert beimessen, läßt derartige Forderungen fast als Realsatire erscheinen. Wäre die Werbung wirklich rationale Sachinformation über Qualitäten, Produktvorteile und Preise, würde das Markenartikelwesen zusammenbrechen.

5. Vom Leistungswettbewerb zum Show-Business

»Der Umsatz steigt, die Preise fallen, so nützt die Werbung schließlich allen«, reimte man zu Zeiten des Wirtschaftswunders, um die volkswirtschaftliche Bedeutung der Werbung zu beweisen: Werbung schaffe Nachfrage, Nachfrage schaffe Massenproduktion, Massenproduktion ermögliche niedrigere Preise, die wiederum die Nachfrage stärken und die Produktion weiter erhöhen. Verbilligung durch Werbung und höheren Umsatz gehört laut ZAW »zu den volkswirtschaftlichen Grundgesetzen«.[1]

Obwohl diese Beweiskette aus der Zeit des Warenmangels und allgemeiner Unterernährung stammt und sich die einstige Mangelgesellschaft in eine mit Fettleibigkeit und Umweltproblemen kämpfende Überflußgesellschaft verwandelt hat, dient sie nach wie vor als Ausweis für die Nützlichkeit der Werbung. Hier zeigt sich erneut, daß die Werbewirtschaft kein tragfähiges theoretisches Fundament hat und auf drängende aktuelle Fragen keine Antwort weiß: Nützt Werbung dem Verbraucher auch dann noch, wenn sie zu keiner Preissenkung oder gar zu Preiserhöhungen führt? Hält die Werbewirtschaft Massenproduktion und Mehrverbrauch unter allen Umständen für erstrebenswerte Ziele? Wie definiert sie »Fortschritt«? Ist die Schaffung von Nachfrage auch nach gesundheitsgefährdenden Produkten, umweltbelastenden Stoffen und energieverschwendenden Systemen vertretbar? Wie beurteilt sie Methoden, mit denen Begehrlichkeit geweckt und unerfüllbare Versprechungen gemacht werden? Was nützt Werbung, die nicht informiert?

Zwischen der offiziellen, von Insidern schon lange nicht mehr ernstgenommenen Nützlichkeitstheorie und der Werbepraxis bestehen unüberbrückbare Gegensätze. »Es ist ganz offensichtlich, daß die meisten Verbraucher nicht in der Lage sind, den etwas komplizierten Sachverhalt zu begreifen, der das scheinbare Paradox bewirkt, daß Werbung die Ware verbilligt«,[2] beklagte ein Werbesympathisant das von ihm als peinlich empfundene Ergebnis einer

EG-Studie. Von 9500 Interviewten aus neun EG-Ländern hatten 62 Prozent die Meinung geäußert, Werbung verteuere die Ware, während nur 6 Prozent der gegenteiligen Auffassung waren. Die überwiegende Mehrheit hat eben an der Ladenkasse gemerkt, daß die »Nützlichkeitstheorie« nicht stimmt.

Burkhardt Röper hat den volkswirtschaftlichen Nutzen der Werbung sehr viel zurückhaltender als der ZAW beschrieben. Bei der Markenartikelwerbung würden die Verbraucher von den Herstellern informiert, »und zwar im Interesse der Anbieter. Die Kosten der Information trägt der Verbraucher. Diese sind aber relativ gering, wenn die genannten Ersparnisse durch die Massenproduktion und -verteilung sowie die nicht erwähnten Verbilligungen der Massenmedien durch Werbeeinnahmen berücksichtigt werden.«[3] Hier wird also gar nicht mehr behauptet, daß Werbung die Verkaufspreise senkt, sondern nur noch, daß die durch Werbung verursachte Verteuerung der Waren gering ist, allerdings nur bei steigenden Umsätzen. Auch daß Werbung nicht - wie es sonst immer heißt - den Interessen der Konsumenten dient, wird zugegeben. Läßt man den zweifelhaften, nach Röperscher Argumentation ausschließlich verkaufsorientierten Informationswert der Werbung beiseite, bleibt als einziger Nutzen übrig, daß Zeitungs- und Zeitschriftenpreise durch Anzeigen sowie Fernsehgebühren durch Werbespots verbilligt werden. Der Vorteil für den Konsumenten liegt also bestenfalls darin, daß er sich die von ihm bezahlten Werbegelder am sichersten zurückholen kann, wenn er möglichst viele Massenmedien kauft. Unverständlich bleibt allerdings der volkswirtschaftliche Sinn, für ein Produkt zuviel zu bezahlen, um ein anderes Produkt unter Preis kaufen zu können. Wer würde überteuerte Leberwürste mit der Begründung kaufen, schließlich gebe es zum Ausgleich verbilligte Zahnbürsten? Eine funktionierende Marktwirtschaft setzt voraus, daß sich der Preis jedes Produktes am Markt bildet und Preiswahrheit herrscht.

In ähnliche Schwierigkeiten geraten Markenartikler, wenn man sie heutzutage nach den Vorzügen und Besonderheiten von Markenwaren fragt. Früher gab es hierauf nur eine einzige Antwort: Merkmale von Markenartikeln waren die überlegene und gleichbleibende Qualität, die allgemeine »flächendeckende« Erhältlichkeit (»Ubiquität«) und der einheitliche Preis. Von diesen drei Eigenschaften ist keine einzige übriggeblieben.

Die krampfhaften Bemühungen, die leer gewordene Hülle des Markenartikelbegriffs wieder mit Inhalt zu füllen und ihm in der Warenwelt eine Sonderstellung zu verleihen, führten zu einem heillosen Durcheinander. Als charakteristische Merkmale der Überlegenheit von Markenartikeln nennt man heute zum Beispiel Innovation, Sicherheit, Einkaufsatmosphäre, Preis-/Leistungsverhältnis, Werbung, Service, Beratung, Frische, Image, psychologischen Mehrwert usw. Solche Begriffsverschiebungen und Rechtfertigungsversuche können nicht darüber hinwegtäuschen, daß dem Markenartikel seine eigentliche Substanz und Funktion abhanden gekommen sind. Geblieben ist nur die Markenartikelideologie mit all ihren Anachronismen, Widersprüchen und Fragwürdigkeiten.

Der Mythos vom Markenartikel

Nach dieser Ideologie (oder auch Mythologie) gewinnt ein durch Werbung zur Marke gewordenes Produkt »magische Kräfte« und »einen Vorstellungszusammenhang, der zwischen den guten Geistern der Marke und den bösen Geistern unserer Lebenssituation den Markengeistern einen Raum schafft, unseren jeweiligen Lebensraum den Markengeistern zur Verfügung stellt - und auf ihre Hilfe hofft . . . Wenn der Zauber nicht wirkt, wechselt man eben zu anderem über. Dieses Schicksal teilt die Marke durchaus mit Medizinmännern und sogar Göttern. Neu an ihrer Magie ist allein die Erwerbbarkeit.« Der Zusammenhang von Ware und Wahrheit zeige sich »nicht nur im Warenzeichen als Wahrzeichen, sondern auch in der vermuteten Verwa(h)rung der Wahrheit im Ding als Ware«.[4] Angeblich haben Marken eine Seele und einen Charakter, können liebevoll, gütig, fürsorglich und souverän sein, können sich geben wie ein Freund oder wie ein Experte, wie ein Wissenschaftler oder wie ein Arbeiter. Daß mit diesem ins Mystisch-Weihevolle überhöhten und exzentrischen Wortzauber, nach dem Markengestalter zu Sinngebern oder Sinnbildnern von etwas Sinnlich-Übersinnlichem avancieren, nur so banale Dinge wie Zahnpasta, Knäckebrot, Zigaretten, Benzin, Arzneimittel oder Suppenwürfel gemeint sind, könnte bei derart imposanten Formulierungen leicht in Vergessenheit geraten.

Marken entstanden in einer Zeit, als fliegende Händler auf den Märkten undefinierbare Pulver und Wässerchen feilboten und am nächsten Tag über alle Berge waren. Mit der Markierung bekannte sich der Hersteller zu seinem Produkt, gab ein Qualitätsversprechen ab und unterschied sich von den anonymen Verkäufern. Heute allerdings ist dieser Qualitätsanspruch nach den Worten des Marktforschers Haseloff »zur semantischen Leerformel abgeblaßt«. Schließlich sind nicht nur die Herstellungsmaschinen und -verfahren sowie die verwendeten Rohstoffe zum Allgemeingut der Produzenten geworden. Auch durch Bestimmungen des Lebensmittelgesetzes, Normen, Höchstmengenverordnungen und Kontrollvorschriften ist der Qualitätsvorsprung der meisten Markenartikel auf minimale, für den Produktnutzen unwesentliche Unterschiede zusammengeschrumpft oder gar nicht mehr vorhanden. Kenner bestätigen immer wieder, daß sie zwischen verschiedenen Marken keine Geschmacks- und Qualitätsunterschiede feststellen können. Kein Wunder: Kaum kommt ein neuartiges Produkt auf den Markt, wird es sofort von Konkurrenten kopiert. So wird der Markt mit Tausenden überflüssiger »Me-too-Produkte« überschwemmt, die nicht Verbraucherbedürfnisse befriedigen, sondern ausschließlich Marktanteilseinbußen verhindern sollen und die Märkte immer unübersichtlicher machen. Die Einführung von Produkten ohne wirklichen Vorteil gegenüber den Konkurrenzprodukten sei eine eindeutig konkurrenz-, aber nicht verbraucherbezogene Maßnahme, sagte der Werbeberater Kernebeck auf dem Kongreß der Werbung 1974. Aber man hat nicht auf ihn gehört.

Unzählige Markenartikel, Eigenmarken des Handels und markenlose Produkte sind nahezu identisch. Mündige Verbraucher haben längst gemerkt, was der Geschäftsführer eines Markenartikelunternehmens im Fernsehen ausgeplaudert hat. Es gebe keine qualitativen Unterschiede zwischen der im Auftrag gefertigten Handelsware und den eigenen Markenartikeln: die eine sei markenartikelgerecht verpackt, die andere weiß. »Warum soll der Verbraucher teuer kaufen, wenn No-Names vom gleichen Hersteller kommen und damit genauso gut sein müssen?« fragte das *Marketing-Journal.*[5] »Wir können uns sehr leicht die Folgen ausdenken, wenn Verbraucherverbände ihre Schutzbefohlenen über die Tatsache informieren, daß der Inhalt aller Shampoos zu 98 Prozent identisch ist ... Ein Aufschrei ungläubiger Entrüstung wäre von Käuferinnen teuerster internationaler Kosmetik zu erwarten bei allgemeinem Bekanntwerden des Insider-Wissens, daß viele Produkte unterschiedlicher Marken und Hersteller – teure und auch billigere – in demselben Topf bereitet werden.«[6]

In diesem auf Markengläubigkeit und -hörigkeit aufgebauten System ist der mündige Verbraucher, der seine Konsumrolle gelernt hat und den ganzen Markenzauber durchschaut, nichts als ein Störenfried. So äußerte sich der Werbeberater Bodo Rieger abfällig über jene (mündigen) Konsumenten, die ihr Geld für schlechte Zinsen auf der Bank liegenlassen oder ungeniert und von keinen Zweifeln geplagt die echten Marken verschmähen und nach den Weißen, Gelben, Grünen und den Aldis greifen.

Angesichts der veränderten Handelsstrukturen gehört auch die Ubiquität nicht mehr zu den spezifischen Eigenheiten von Markenwaren. Für die einst so mächtigen Hersteller waren die Händler nur dazu da, ihnen die Regale und Schaufenster zu überlassen und an der Kasse zu sitzen. Inzwischen sind riesige Handelsketten entstanden, die nicht nur günstige Konditionen aushandeln, sondern selbst Marketing und Werbung betreiben und sogar mit Eigenmarken bundesweit vertreten sind, um mit den »echten« Marken zu konkurrieren. Je weiter die Konzentration zu immer größeren Handelsunternehmen voranschreitet und je mehr Einkaufsmacht sich in ihnen zusammenballt, desto abhängiger werden die Hersteller.

Die Einkäufer der Handelsketten kennen die Kalkulationen der Markenartikler genau und lesen auch deren Geschäftsberichte, in denen hohe Überschüsse ausgewiesen sind. Sie lassen sich jeden Handgriff bezahlen und kassieren so einen beträchtlichen Teil der Gelder ab, die die Hersteller als überproportionale Gewinne eingeplant hatten. Die Liste zum Drücken der Einkaufspreise, die ein Experte als Griff des Handels nach der Markenmacht und als »Todesspirale« bezeichnete,[7] wird immer länger: Leistungskondition, Sortimentsführungskondition, Distributionskondition, Steuerungsrabatt, Artikelförderungsrabatt, Aktionsrabatt, Permanentrabatt, Palettenrabatt, Werbekostenzuschuß, Verbandskonditionen für Handelsmarketing, Zentrallagerrabatt, Abholvergütung, Jahresrückvergütung, Bonus, Inkasso, Skonto. Weil der Handel am längeren Hebel sitzt, müssen die Lieferanten zähneknirschend nachgeben. Denn wenn kaufbereite Kunden das Gewünschte nicht im Regal finden, verpufft die Werbung.

Die Verwundbarkeit der Marken ergibt sich auch durch die Überproduktion. Nicht das Produzieren, sondern das Verkaufen ist heute das Hauptproblem. Darum können viele Hersteller der Versuchung nicht widerstehen, große Partien auf einen Schlag an Handelsketten zu verramschen. Damit nehmen sie in Kauf, daß »edle« Marken, die in der Werbung ein distinguierter Butler bei feierlicher Musik auf silbernem Tablett kredenzt, neben Gurkengläsern und Toilettenpapier in einem Umfeld stehen, dessen Kontrast zu den Werbebildern grotesk anmutet. Hier handelt es sich um sichtbare Symptome für den Niedergang von Markenartikeln (»Kannibalisierung«) wie für das Abbröckeln der Markenartikelideologie.

Die Gewichte haben sich also stark verschoben: zugunsten der Handelskonzerne und auf Kosten des markengläubigen Konsumenten. Ohne die vereinten Anstrengungen von Industrie, Werbewirtschaft und Fachhandel wären die Schwächen und Widersprüchlichkeiten der Markenartikel-Ideologie längst offen zutage getreten. Auch die Medien brauchen ein funktionsfähiges Markensystem, in dem an Werbekosten nicht gespart wird.

Markenwerbung zur Ausschaltung des Preiswettbewerbs

Der Widerspruch zwischen Werbetheorie und Werbepraxis zeigt sich besonders eklatant beim Preiswettbewerb. Durch Markenartikelwerbung sollen eben nicht - wie immer behauptet wird - Preise gesenkt werden, vielmehr werden sie in die Höhe getrieben. In dieser Beziehung ist die Werbebranche längst von ihrem großen Lehrmeister Domizlaff abgerückt. Mehrfach hat er auf die zentrale Bedeutung des Preises hingewiesen und vor überhöhten Preisen gewarnt: Zukunftssichere Markenwaren müßten im Konkurrenzkampf sehr scharf kalkuliert werden. Auch der Konsumforscher Vershofen meinte noch 1951, Werbungtreibende hätten nur enge finanzielle Spielräume, weil der Kunde »gegen Hingabe eines Minimums an Kaufkraft einen möglichst großen Nutzen für sich erringen möchte«.[8]

Heute ist die Interessenlage eine völlig andere. Das Markensystem funktioniert nur bei einem hohen Preisniveau: Schließlich müssen die Hersteller überdurchschnittlich hohe Preise erzielen, um extrem hohe Werbeausgaben - mit denen das Preisbewußtsein ausgeschaltet werden soll - zu finanzieren und um den Handel mit hohen Spannen zum Mitmachen zu ködern. Die Werber wie auch die Massenmedien (die den Markenkult redaktionell unterstützen) hoffen dabei auf weiter steigende Werbeaufwendungen, die Händler auf verbesserte Konditionen, zusätzliche finanzielle Anreize und schnellen Warenumschlag. Ein Werbemanager warnte vor Preissenkungen: Wenn die Angebotsseite deutlich mache, daß es sich lohnt, die Marken dort zu kaufen, wo sie im Preis günstiger sind, erziehe man sich den »cleveren« Käufer.[9] Dieser als unsympathisch dargestellte clevere - sonst heißt er immer »mündige« - Konsument gehört jedoch zu den Voraussetzungen des marktwirtschaftlichen Wettbewerbs, den die Markenartikelindustrie außer Kraft zu setzen versucht. Sie braucht vielmehr den markentreuen Käufer ohne Preisbewußtsein, der den durch Werbung vorgetäuschten »psychologischen Mehrwert« mitkauft und so die hohen Werbekosten finanziert.

Domizlaff hatte befürchtet, bei zu großer Preisdifferenz zwischen Markenware und anonymer Ware könne der Kunde merken, daß der geforderte Preis viel zu hoch ist. Er hätte es nicht für möglich gehalten, daß sich der Preis vom Warenwert ablöst und Markenartikelpreise nicht mehr durch betriebswirtschaftliche Kalkulation, sondern auf Grund psychologischer Studien über die Preisvorstellungen von Verbrauchern und über die von ihnen akzeptierte Obergrenze zustande kommen: über das Maximum also, das aus den Kunden herausgeholt werden kann.

Dieser Mechanismus wird insbesondere bei den hochpreisigen sogenannten »Premium-Marken« wirksam (Premium = im Preis hochstehend). Bei ihnen klaffen Produkt- bzw. Gebrauchsnutzen und Illusionsnutzen besonders weit auseinander. Um derartige Marken exklusiv zu positionieren, aufzuwerten und ihr Preisniveau durchzusetzen, bedarf es extrem starken und nicht nachlassenden Werbedrucks. Man schätzt die Kosten für die Schaffung einer Marke auf eine Größenordnung von 50 bis 80 Millionen DM. Premium-Marken lassen sich »nicht an die Nutzenmetaphysik des homo oeconomicus assimilieren, denn die subjektive Psycho-Logik des Verbrauchers ersetzt die Fiktion rationalen Verhaltens«.[10] Übersetzt man diesen Satz aus der aufgeblasenen Sprache der Markenartikel-Ideologen in schlichtes Deutsch, dann heißt das: Ein Konsument, der seine fünf Sinne beieinander hat, läßt sich von dem Marken-, Verpackungs- und Werbezauber nicht hinters Licht führen.

Eine ehrliche Beschreibung der Werbungsfunktion müßte also lauten: Überhöhte Preise ermöglichen aufwendigere Werbung, aufwendigere Werbung ermöglicht die Illusion überlegener Produktqualität bei gleichzeitiger Einschläferung des Preisbewußtseins. Die durch Kostendegression bei gestiegenen Umsätzen überproportional erhöhten Erträge werden nicht zur Preissenkung, sondern zur Finanzierung eines größeren Werbe- und Verkaufsförderungsvolumens eingesetzt: um das Wohlwollen und die Unterstützung des Handels zu erkaufen, Konkurrenten den Zugang zum Markt zu erschweren und durch massive Werbung den psychologischen und gesellschaftlichen Druck auf den Konsumenten immer weiter zu verstärken. Der dank Werbung erreichte Markterfolg ermöglicht sogar überproportionale Preiserhöhungen, aus denen wiederum erhebliche Gelder für vermehrte Werbung verwendet werden. So wurde z. B. im Frühjahr 1990 eine siebenprozentige Preiserhöhung für »Mars«-Produkte unter anderem damit begründet, die Werbung solle verstärkt werden.

Diese Zustandsbeschreibung deckt sich mit den Untersuchungen des Ogilvy Center for Research and Development. Danach wird Qualität nicht absolut, sondern nur relativ gesehen, und die vom Konsumenten wahrgenommene Produktqualität ist ein Ergebnis der Werbung. »Unternehmen, die für Werbung mehr ausgeben als ihre führenden Konkurrenten, werden am Markt tendenziell so wahrgenommen, als seien sie mit einer höheren Produktqualität ausgestattet«, während »Produkte von Unternehmen, die weniger für Werbung ausgeben, am Markt tendenziell so wahrgenommen werden, als seien sie von geringerer Qualität.«[11]

Massive Werbung beeinflußt also den Konsumenten dahingehend, daß er bei qualitativ gleichwertigen oder identischen Produkten jenen einen Qualitätsvorsprung zuschreibt, für die am meisten geworben wird. Die vorgetäuschte und scheinbare Qualität eines Produktes wird wichtiger als ihre tatsächliche oder echte Qualität. Der Qualitätsbegriff wird relativiert und damit allmählich ausgehöhlt. Hier gilt die Devise »Mehr scheinen als sein«.

Werbemilliarden zur Verschiebung von Marktanteilen

Wenn Konsumenten sich unter dem Eindruck der Werbung einbilden, ein Produkt sei besser oder wertvoller als in Wirklichkeit und anderen Produkten überlegen, ist das Werbeziel erreicht: einen höheren Preis – der gleichzeitig die angebliche Höherwertigkeit bestätigen soll – zu fordern, verstärkt zu werben und so den Preis möglichst noch weiter in die Höhe zu treiben. Oder nach der Formulierung des Ogilvy-Instituts: »Der hohe Preis, der normalerweise bereits durch Angebote höherer wahrgenommener Qualität erreichbar ist, erhöht sich weiter, wenn größere Werbeanstrengungen als von der Konkurrenz unternommen werden.« Konsequenterweise ist in der Ogilvy-Studie auch nur vom »relativen Preis« die Rede, womit gemeint ist, daß zwischen dem geforderten Preis und der Warenqualität kein direkter Zusammenhang mehr besteht: »Wird ein Produktangebot als überlegen angesehen, verlangt dies regelrecht nach einem höheren Preis.«[12] Mit dem in die Werbung gepumpten Geld wird erreicht, daß der Konsument höhere und sachlich nicht gerechtfertigte Preise akzeptiert. Denn er hat nach wie vor die altmodische Vorstellung, ein höherer Preis könne nur für höherwertige Produkte gefordert werden, deren Qualität ein Faktum und nicht nur psychologischer Mehrwert ist. Es stimmt also, was von der Werbewirtschaft stets bestritten wird: Markenartikelwerbung verteuert die Ware. Präziser gesagt: Markenwerbung sorgt dafür, daß Konsumenten überhöhte Preise bezahlen.

Hier stellt sich die Frage, welchen volkswirtschaftlichen Sinn es machen soll, mit Milliardengeldern psychologischen Zusatznutzen zu produzieren und Menschen vorzugaukeln, einer von zwei gleichwertigen Artikeln sei wertvoller als der andere und müsse darum teurer verkauft werden. Ebenso fragwürdig aber ist der Kampf um Marktanteile bei homogenen Produkten der gleichen Preisklasse. Diese Werbeschlachten werden dort mit dem größten Werbeaufwand ausgetragen, wo nur wenige Anbieter miteinander konkurrieren, die Produkte so gut wie identisch sind und der Verbrauch kaum noch steigt.

Der frühere Präsident des Bundes Deutscher Werbeberater, Carlhanns Damm, hatte 1976 zum Entsetzen der Branche die These vertreten, Verschiebung von Marktanteilen durch Milliarden Werbegelder rechtfertige keine Werbung. Ähnlich hatte sich einst der angesehene Wirtschaftspublizist Herbert Gross geäußert: Den anderen etwas wegnehmen auf übersättigten Märkten sei überholt und Stumpfsinn. In seinem Buch »Geständnisse eines Werbemannes« schrieb David Ogilvy: Neun Zehntel und mehr der Werbung sei nichts anderes als ein Streiten über die relativen Vorzüge zweier voneinander kaum verschiedener und oft auch nicht unterscheidbarer Waren wie Mogg- oder Bogg-Seife. Versuche, die Umsätze einer Firma auf eine andere umzulenken, seien eine »enorme Verschwendung«.[13]

Genau dieser Stumpfsinn und diese Verschwendung sind jedoch mittlerweile zur Werberoutine geworden. Der ZAW verkündet, Zigaretten-, Alkohol- und Medikamentenwerbung könne gar keinen Mehrverbrauch bewirken, sondern nur Marktanteile verschieben. Hierzu sagte Professor Harald Jürgensen 1985 beim Hearing »Gefahren des Rauchens«: »Wir sehen immer wieder gewaltige Werbefeldzüge, die vorübergehend die Marktanteile zugunsten der Werbenden verändern. Dann gibt es entsprechende Gegenangriffe, die im wesentlichen wieder zur Erreichung der alten Fronten führen. Ich nenne das immer die ›Verduns‹ der Werbung. Dabei werden enorme Beträge aufgewendet . . .« Verdun gilt als Inbegriff für den Wahnsinn des Krieges. Und das Auswerfen immer höherer, im Endeffekt sich neutralisierender Werbegelder könnte man durchaus mit dem Anstieg von Rüstungsetats vergleichen.

Indem die heutige Markenwerbung keine Preissignale mehr aussendet, wird sie ihrer marktwirtschaftlichen Aufgabe nicht mehr gerecht und verliert die Funktion eines Marktinformationssystems. Indem sie den ökonomischen in einen psychologischen Wettbewerb verwandelt, bei dem letzten Endes nicht das bessere Produkt, sondern der stärkste Werbedruck zum Erfolg führt, durchlöchert sie das der Marktwirtschaft zugrunde liegende Leistungsprinzip. Mit riesigem Werbeaufwand macht sie kleinen und mittleren Unternehmen den Zutritt zum Markt so gut wie unmöglich. Erschwerend kommt hinzu, daß die großen Werbungtreibenden bei den Medien die höchsten Rabatte bekommen und jede Werbemark ihnen doppelten Ertrag bringt: Sie bindet die alten Kunden an die Marke und versucht gleichzeitig neue Kunden zu gewinnen, während Newcomer mit ihrem Geld nur neue Kunden werben können. So hat es die Werbung fertiggebracht, sogar den Wettbewerb zu ruinieren.

Dennoch gelingt es der Werbung nicht, den Marktmechanismus vollständig außer Kraft setzen. Denn je weiter Warenwert und Verkaufspreis auseinanderklaffen, desto bessere Chancen bieten sich, gefälschte Markenartikel mit perfekt kopierten Markenzeichen zu niedrigen Preisen in den Markt einzuschleusen. Den Angehörigen einer Gruppe, für die Marken »zur Nomenklatur der Persönlichkeitspräsentation gehören«, geht es fast ausschließlich um den Geltungsnutzen und kaum noch um den Gebrauchsnutzen. Wo starker sozialer Druck und Anschaffungszwang herrschen, bietet eine billige, vom Original so gut wie nicht unterscheidbare Kopie mehr oder weniger dasselbe wie die teure Edelmarke. Zumindest genügt sie zum Angeben und um in der Gruppe nicht unangenehm als jemand aufzufallen, der nicht mithalten kann.

So profitiert das Imitat von den Illusionen, die die Werbung dem Originalprodukt angedichtet hat, während das Original zum Leidwesen seiner Käufer ins Zwielicht gerät und sich als teure Fehlinvestition entpuppt: Denn wer tatsächlich den exorbitant hohen Preis für eine Sonnenbrille, eine Uhr, einen Pullover, ein Hemd oder eine Koffergarnitur entrichtet hat und sich einbildet, damit Exklusivität gekauft zu haben, gerät in den Verdacht, eine billige Fälschung zu tragen. Hier zeigen sich die »Weisheit des Marktes« und die zwingende Logik des Wettbewerbs. Hier bestätigt sich – wenn auch auf andere Weise – die Warnung Domizlaffs, günstige Absatzbedingungen nicht durch übertriebene Gewinnspannen auszunutzen.

Mißbrauch psychologischer Abhängigkeiten

Noch ein weiteres Bedenken Domizlaffs ist bei seinen Nachfolgern unbeachtet geblieben: »Wirtschaftliche Idealisten könnten in der Markentechnik eine Art von Betrug sehen. Dies ließe sich auch vertreten, wenn es möglich wäre, die psychologische Abhängigkeit auf die Dauer zu mißbrauchen.«[14] Da der mit einer völlig psychologisierten Markenartikelwerbung betriebene Mißbrauch dieser mit emotional-suggestiven Methoden erzeugten Abhängigkeiten zum Dauerzustand geworden ist, sehen sich nicht nur Idealisten bestätigt.

Diese Anreicherung von Allerweltswaren mit Gefühlsattributen, die simple Gegenstände zu Trägern menschlicher Eigenschaften und Werte macht, und die Ausnutzung von Sehnsucht, Traum und Spaß für absatzstrategische Zwecke sollen - das gerät neben den verklärenden Floskeln leicht in Vergessenheit - lediglich etwas vortäuschen. Der weder andere, geschweige denn bessere Inhalt einer Dose oder Flasche wird anders und besser präsentiert, und ein Hemd oder eine Hose sollen durch ein Etikett wie durch einen Zauber eine Veredelung erfahren, die sich auf den Benutzer überträgt, ihn aus den Unzulänglichkeiten des Tagesgeschehens heraushebt und ihn wie auch sein Leben verwandelt. So überlagert die Werbung die eigentliche Produktbedeutung, ersetzt sie durch psychologische Bedeutungen und wird selbst zum Produkt. Letzten Endes ist es die Werbung, die man kauft und konsumiert, denn »Marken versetzen den Verbraucher in die Lage, sich ein gutes Gewissen zu kaufen«.[15] So dient der Kauf nicht mehr der Beschaffung eines Gebrauchsgegenstandes, sondern soll Defizite des Gefühlslebens ausgleichen.

Einige Beispiele aus der Zeitschriften- oder Fernsehwerbung sollen zeigen, wovon hier die Rede ist. Da wird der Abschluß eines Versicherungsvertrages zum »Bündnis mit dem Glück«. Welche Vorstellungen vom Glücklichsein liegen Slogans zugrunde, nach denen neue Tapeten oder Nudeln glücklich machen! Was bleibt von der Fähigkeit zum Trauern, wenn Schuppen jemanden »todtraurig« machen! Welches Menschenbild liegt dem Slogan zugrunde, nach dem ein Rasierapparat »für das Beste im Mann« bestimmt sein soll? »Echtes Leben«, mit einem Markenkeks gleichgesetzt, wird von der Werbung auf armseligstes Minimalformat - eben auf Keksformat - reduziert. »Was ist das Fest schon ohne ihn?« wird gefragt. Ohne wen? Ohne einen Kräuterlikör! Und mit der Frage »Lohnt sich Treue?« ist natürlich nicht die Treue zu einem Menschen gemeint, sondern zu einer Kaffeemarke, die - wie es dieser ausschließlich materialistischen Denkweise gemäß ist - bei Einsendung von sechs Coupons mit fünf Mark belohnt wird. Eine Schokolade ist »das höchste der Gefühle«, ein Haarwaschmittel ein universeller Problemlöser (»Haare gut, alles gut«), ein Reinigungsmittel wird zum »besten Urlaubshelfer«, durch ein Spülmittel »wird jeder Tag zu einem Sommertag«, ein Sekt »kann die ganze Welt verzaubern«. In besonders beschämender Weise wird die Liebe ausgebeutet: »Gold ist Liebe« und »Wenn der Stempel fehlt, ist Liebe Lüge«. Sollte man dann nicht lieber ehrlicherweise sagen »Geld ist Liebe«? In einer Anzeige »Über unsere Liebe« ging es nur um Kaffee. Jemand zieht sich für seine »Neue« besonders festlich an - für eine Filtertüte! Ein Auto gibt »grenzenlose Freiheit«. Und »nichts« hält eine Freundschaft so frisch wie ein Eau de Cologne!

Werbung verleiht käuflichen Dingen menschliche Eigenschaften: Ein Telegramm ist zärtlich, ein Rasierwasser hat »persönliche Ausstrahlung«, ein Spülmittel ist fröhlich und ein Benzin feiert Geburtstag. Am Anzug erkennt man die Persönlichkeit eines Mannes, die Persönlichkeit einer Frau an ihrem Haar. Besonders trostlos und menschenverachtend aber ist, wie die Werbung Wünsche nach Freiheit und Abenteuer, der großen weiten Welt oder »mehr Erleben« weckt - und die Kunden mit ein paar in Papier eingewickelten Tabakkrümeln abspeist. »Weil ein Mann ein Abenteuer braucht«, wird ihm als Äquivalent ein Rasierwasser angeboten, und »wenn Ihr Mann Sehnsucht nach dem Süden hat«, soll man ihm eine Pizza aus dem Pappkarton auftischen. Ein Schokoladenriegel mit Kokosmark enthält »alle Köstlichkeiten der Tropen«. Da werden die großen Worte abgenutzt und die großen Gefühle entwertet, um alltägliche Kinkerlitzchen an den Mann zu bringen. Was ist eine Freundschaft wert, wo Rasierwasser und Feuerzeug als Freunde gelten? Was bedeutet Vertrauen, das man einer Wolljacke schenkt? Was für eine Tugend ist Ehrlichkeit, wenn sie einem Tabak angedichtet wird? Was ist Charakter, der eine Kaffeesorte auszeichnet? Was bleibt von der Liebe, wo die Frau als Objekt, Staffage und Belohnung für gekonntes Konsumieren auftritt? Auf welch niedrigem Niveau spielt sich ein

Familienleben ab, in dem ein Kartoffelkloß das größte Glück und ein Glas Likör das höchste der Gefühle sind? Welch öde Welt, in der Massenartikel Zeugnis individuellen Geschmacks ablegen, in der ein Hackfleischprodukt zum »Gutshof-Steak« hochgelobt wird, in der ein im Gelde schwimmender Talkmaster auf der Straße einen Hamburger herunterschlingt und in der sich sogar Feinschmecker aus Konservendosen und Tüten ernähren!

So fragwürdig auch die Inhalte der Werbung sind: Weit problematischer ist ihre Methode der emotionalen Konditionierung. Dabei sollen Anmutungen und Gefühle durch die Werbung positiv empfunden werden, mit der Markensymbolik verschmelzen und sich im Unterbewußtsein festsetzen: als Produkt- oder Milieuabbildung, als Produktname, als Markenzeichen, als Ornament, als Kombination charakteristischer Farben und Formen (z. B. einer Flasche oder Packung). So soll der Umworbene stellvertretend für Produkte und Marken ihre Symbole wahrnehmen, emotional erleben und als »innere Bilder« speichern. Eine derartige Werbung braucht keine sachliche Information über das Produkt zu enthalten, sondern soll sich durch die ihm angelagerten Gefühlswerte von Konkurrenzfabrikaten unterscheiden. Ziel ist eine »Zeitzünderwirkung«: Wenn der Konsument in einer späteren Kaufsituation zwischen verschiedenen Angeboten zu wählen hat, soll er – ohne daß er sich der Ursache bewußt ist – zu der Marke greifen, die ihm vertraut erscheint und deren Ausstrahlung sein Gefühl anspricht.

Erlebniskauf und symbolische Bedürfnisbefriedigung

Da die Produkte allein nicht mehr genug hergeben, arbeitet die Werbung daran, den Einkaufsvorgang von der eigentlichen Bedarfsdeckung abzulösen, zu verselbständigen und zu einer lustbringenden Tätigkeit hochzustilisieren, bei dem das Gekaufte zur Nebensache wird und vor allem der Preis keine Rolle spielt. Teure Lebensmittel sind ohne »Erlebnis« nur noch schwer verkäuflich.[16] Die Wirkung von Einkaufserlebnissen hält jedoch meist nicht lange vor. Das bei gedämpfter Hintergrundmusik in der schicken Boutique gekaufte Kleid oder die von gut duftenden und lächelnden Kosmetikverkäuferinnen zelebrierte Mixtur halten - zu Hause ausprobiert - den Erwartungen nicht stand. Selbst der seines Werbeflitters entkleidete Champagner schmeckt nicht so köstlich wie erwartet, und die Delikatessen sehen in natura nicht annähernd so appetitlich aus wie auf den Werbefotos. Darum sprach Haseloff auch konsequenterweise nicht von einer Befriedigung, sondern nur von einer symbolischen Befriedigung der Bedürfnisse.[17] Die aber verlangt ständig neue Kaufversuche unbefriedigt gebliebener Konsumenten, die wie Spieler trotz permanenter Fehlschläge hoffen, der nächste Wurf werde endlich die Erfüllung bringen. Würden die gekauften Waren jedoch tatsächlich die in sie gesetzten und von der Werbung hineinprojizierten Hoffnungen und Sehnsüchte erfüllen, hätte die Werbung letztlich ihren Sinn verfehlt und sich selbst aufgehoben: Nicht der von seinem Kauf befriedigte, sondern der nach wie vor auf Erlösung hoffende Konsument, der von Begierde zu Genuß taumelt und im Genuß nach der Begierde schmachtet, ist der Werbung liebstes Kind. Allerdings nur, solange er den Erlebniskauf verinnerlicht und nicht beim Discounter dieselbe Marke wesentlich preisgünstiger entdeckt, denn dann »sinkt natürlich auch die Bereitschaft der Konsumenten, für die Produkte mehr Geld auszugeben«.[18]

Bei bestimmten Personen und Gruppen scheinen die werbepsychologischen Methoden mit dem Zusatznutzen in besonders starkem Maße zu verfangen. Hierzu zählen die sogenannten »Yuppies« und »Ultra Consumers«, zu deren charakteristischen Merkmalen ihre unbedingte Vorliebe für exklusive Marken gehört, die sich zur Selbstinszenierung eignen, um Persönlichkeit und Erfolg zu repräsentieren. Da dieser Konsumententyp immer das Beste und Teuerste will, ist er für Markenartikler und Werber der ideale Partner. Er kann auch als Trendsetter fungieren, dem später normale Konsumenten nachfolgen.

Diese konsum- und markenfixierten Zielgruppen, die den Materialismus in seiner reinsten Form verkörpern, werden von Marketing-Experten und Werbern besonders geschätzt, wenn auch anscheinend nicht ohne leise Selbstzweifel: »Man könnte und darf als Moralist, als Lehrer, als Pfarrer beweinen, daß die Menschen ihre Individualität und Persönlichkeit heute durch Marken und durch Produkte unterstreichen oder überhaupt erst herzustellen suchen und ihre gesellschaftliche Position mit Hilfe von Objekten gestalten. Nur - der Marketing-Mann ist kein Moralist. Er hat die verdammte Pflicht, aus diesem Spiel der Menschen so viel Geld wie nur eben möglich zu machen.«[19]

Die Konsum- und Werbewelt könnte also heil sein, wenn alle mitspielen würden. Aber da ist es Außenseitern gelungen, für die qualitäts- und preisbewußten Konsumenten neben den traditionellen Handelsstrukturen - mit denen bis dahin unliebsame Konkurrenten vom Markt ferngehalten werden konnten - eigene Vertriebsnetze aufzubauen, sich auf die wesentlichen Produkte (und auch im Preis stark heruntergesetzte Markenartikel) zu konzentrieren und zu gefürchteten Anbietern zu werden. Da verkaufen Kaffeegeschäfte plötzlich Markenwaren wie Tennisschläger, Sportschuhe oder Pullover zu Tiefstpreisen. Da macht sich ein Möbelunternehmen im ganzen Bundesgebiet breit und profiliert sich mit einem eigenwilligen, auf eine bestimmte Käuferschicht zugeschnittenen Programm. Oder ein Hersteller von Billig-Sekt wird praktisch ohne Werbung zum größten Schaumweinkonzern der Welt und verkauft mehr als sämtliche deutschen Markensekthersteller zusammen. Solche preisgünstigen Angebote sind es, denen die Werber - Konsumenteninteressen mißachtend - den Kampf angesagt haben.

Immer ist es dann dasselbe Wehklagen, das man von den etablierten Firmen und Werbern hört, wenn sie das Nachsehen haben: Man habe die Verbraucher und ihre Bedürfnisse - insbesondere ihren Wunsch nach preiswertem Einkauf - vernachlässigt. Aber man hat sie einfach nicht mit auf der Rechnung, jene Gruppe, die sich weder von Werbeillusionen noch dem Markenkult beeindrucken läßt und die immer größer wird. Für die Mehrheit der Deutschen (26,1 Millionen) hat Konsumieren - im Unterschied zu den rund 20 Millionen »Erlebniskonsumenten« - auch in der Freizeit nur eine Versorgungsfunktion: Gekauft wird das, was notwendig ist und was man sich leisten kann.[20] Für sie besteht das Einkaufserlebnis nicht aus dem Lustwandeln in den Tempeln des Konsums, sondern im Finden preisgünstiger Einkaufsquellen. Denn sie wissen genau, daß teure Spezialgeschäfte und Verbrauchermärkte eines gemeinsam haben: Sobald man wieder draußen ist, verpufft das Einkaufserlebnis.

Der Unterhaltungswert bestimmt den Werbeerfolg

Als neues Wundermittel haben die Werber die unterhaltende Werbung entdeckt. Nachdem sie über die Qualität der Produkte kaum noch etwas aussagen können und die Markenwerbung die (überhöhten) Preise verschweigt, also weder ein Qualitäts- noch ein Preiswettbewerb stattfindet, ist an deren Stelle der Werbe- und Unterhaltungswettbewerb getreten. Die Werbung geht ins Show-Business.

Da nicht nur die Produkte, sondern auch die Werbekampagnen immer gleicher und austauschbarer geworden sind, wird die originelle, witzige, überraschende, einzigartige und zündende Werbeidee und ihr Unterhaltungswert zum wichtigsten Unterscheidungsmerkmal. Zwar rühmen Markenartikelideologen noch die Innovationsfähigkeit der Marken, doch ist sie im wesentlichen auf veränderte Verpackungen wie 400-Gramm-Kaffeetüten, quadratische Schokoladentafeln, Zigarettenschachteln mit 25 oder 30 Stück, größere oder kleinere Flaschen, andersartige Verschlüsse oder undefinierbare Zusätze mit Phantasiebezeichnungen heruntergekommen. »Neue« Produkte sind oft nur die alten in einem vergoldeten Gebinde. Die Innovation müsse in der Kommunikation stattfinden, meint der Werbemanager Peter Haller. Und innovativ sei sie nur, wenn sie besser inszeniert werde als von den Wettbewerbern. Was bleibt, sei die Kunst, das gleiche Produkt interessanter zu verkaufen: »Wir konkurrieren in Zukunft also nicht mehr primär mit Preisen und Produkten, sondern mit der Kommunikation. Die bessere

Inszenierung der Marke auf allen Leistungsebenen des Marketings wird erfolgsentscheidend. In der Packungsgestaltung. Im Verkauf. Im Regaldisplay. In der Werbung.« Und mehr als das: Das Konsumieren der Werbung selbst solle Faszination auslösen und zum Erlebnis werden. Damit seien die Marketing- und Werbeleute zum Wettbewerbsfaktor Nr. 1 geworden.[21]

Flott, humorig, originell und phantasievoll gemachte Werbespots in Fernsehen und Kino werden als unterhaltsam empfunden und finden stärkere Beachtung. Showcharakter und Unterhaltungswert und nicht die Produktbeschaffenheit sollen über den Werbeerfolg bestimmen. Weil eine Werbung witziger und schwungvoller als die Werbung für Konkurrenzprodukte ist, soll man den (Trug-)Schluß ziehen, auch das Produkt müsse besser sein.

Befragungen der letzten Zeit haben ergeben, daß tatsächlich immer mehr Verbraucher Werbung »ganz unterhaltsam« finden. So hat auch Kroeber-Riel festgestellt, daß die unterhaltsame Aufmachung eines Werbemittels den Werbeerfolg vor allem bei jenen Empfängern bestimmt, die den angebotenen Produkten nur wenig Interesse entgegenbringen. Dieser Wirkungs-Mechanismus stelle alte Werberegeln auf den Kopf, denn es komme weniger darauf an, *was* in der Werbung gesagt wird, als darauf, *wie* es gesagt wird. Ob dieses Rezept jedoch wirklich stimmt, ist fraglich. Denn um erfolgreich zu sein und ein Markenimage im Gehirn einzugraben, muß die Werbung ständig wiederholt werden. Ein origineller Werbespot aber wirkt nur beim ersten Mal originell. Taucht er immer wieder auf, ergeht es ihm wie einem Witz, der nach mehrmaligem Erzählen nur noch langweilt und als Ärgernis empfunden wird. Es ist das Dilemma der Werbung, daß sie nur bei häufigem Wechsel gern gesehen und nur durch sture Wiederholung wirksam werden kann.

Faßt man den – vom Kommerzfernsehen besonders begierig aufgegriffenen – Werbetrend zum Show-Business und zur Werbe-Operette mit den Bestrebungen zusammen, die Ware selbst in den Hintergrund treten zu lassen und das Einkaufen zum Erlebnis zu machen oder anstelle von Produktwerbung Preisausschreiben, Gewinnspiele und Verlosungen zu veranstalten, dann sind dieses weitere Symptome für den Niedergang des Markenartikels und der Werbung. Nicht nur wird die Werbung zum Show-Business, sondern auch das Show-Business zur Werbung. Sie hat es fertiggebracht, das Niveau von Unterhaltungssendungen auf einen Tiefpunkt abzusenken und auch die Unterhaltung zu verderben. Früher war es das Ziel der »Reklame« gewesen, das beste Produkt und den leistungsfähigsten Hersteller auszuloben. Heute geht es der Werbung darum, die besten Späße zu machen. Der Konsument wird zum Narren gehalten. Von Information ist keine Rede mehr.

6. Werbung ohne Information

Das gesamte Markenwesen lebt von einem merkwürdigen Paradox: daß man Glück nicht kaufen, wohl aber verkaufen kann. Da nur die wenigsten Konsumenten diesen Ur-Widerspruch der Markenwerbung verstehen, hoffen sie trotz gegenteiliger Erfahrungen immer wieder von neuem, beim Kauf einer Ware, für die mit Glücksverheißungen geworben wird, das Glücklichsein mitkaufen zu können. So verkauft ein erfolgreicher amerikanischer Kosmetikhersteller nach eigenen Worten keine Lippenstifte, sondern Träume. Aber auch der teuerste Lippenstift ist nichts mehr und nichts weniger und nichts anderes als ein Lippenstift.

In der Werbung tritt der unüberbrückbare Gegensatz zwischen Information und Emotion zutage. Hier zeigt sich, ob die Werbung die ihr in einer Marktwirtschaft zugedachte aufklärerische Rolle spielt oder nicht. Das ist der Fall, wenn ein Anbieter Produktvorteile aufweisen kann. Für einen leistungsfähigeren Farbkopierer, ein wirksames Krebsverhütungsmittel oder einen neuen Werkstoff von größerer Stabilität und niedrigerem Gewicht wirbt man am eindrucksvollsten mit rationalen Argumenten. Ähnlich überzeugend wäre die Information eines Fernsehgeräteherstellers über eine Preissenkung um 500 Mark oder eine verdoppelte Garantiezeit. Wollte man jedoch für die weitgehend identischen und austauschbaren Produkte aus dem Markenartikelbereich mit vernünftigen Leistungsbeweisen werben und dabei die überteuerten Preise bekanntgeben, würden sie sich sofort als nicht konkurrenzfähig erweisen.

Diesen Ur-Gegensatz zwischen Sachinformation und Emotion oder Suggestion versuchen Werbefunktionäre zu verwischen, indem sie beides als Information definieren.[1] Es bleibt natürlich unbestritten, daß auch sachliche Informationen selten von emotionaler Einfärbung frei sind und es schwierig oder sogar unmöglich ist, zwischen ihnen einen klaren Trennungsstrich zu ziehen. Aber trotz der Überschneidungen bleiben – wie sich an aggressiver politischer Propaganda besonders kraß zeigt – zwischen informativer und emotionaler Ansprache entscheidende wesensmäßige Verschiedenheiten bestehen. Der Versuch, durch Begriffsklitterung beides miteinander zu vermengen, soll die Werbebranche nur von dem Suggestionsvorwurf entlasten.

Information wird als »Nachricht, Auskunft, Belehrung, Aufklärung« definiert. Vom Begriff »Information« ist sein Nachrichtencharakter einschließlich einer didaktischen Komponente nicht zu trennen. Selbst wenn die Werbung eine rationale Botschaft ständig wiederholt, kann von einer Information im eigentlichen Sinne nicht mehr die Rede sein, geschweige denn bei emotionalen und suggestiven Inhalten. Wer würde eine Zeitung als »informierend« bezeichnen, die monatelang dieselben Meldungen bringt?

Es macht auch keinen Unterschied, wenn man Werbung mehr als ästhetisches Phänomen versteht oder gar zur Kunst erhebt und damit ihrem Informationscharakter nur noch minimalen Stellenwert zugesteht. Diese veränderte Betrachtungsweise, die auch als Teil des sogenannten »Wertewandels« angesehen wird, entspricht dem Trend zu verstärkter nonverbaler Darstellung, zu Lifestyle, Symbolik und Unterhaltung. Textliche Aussagen werden minimiert, vom Produkt abgelöst und auf nichtssagende Leerformeln reduziert, die mehr typographische als informative Funktion haben. Es sind Texte, die zwar im Layout nicht fehlen dürfen, die aber nicht eigentlich zum Lesen bestimmt sind. Daß sie oft in englischer Sprache abgefaßt sind wie »You Can't Beat the Feeling« (Coca-Cola), »Follow Your Phantasy« (Mustang Jeans) oder »Discover Gold« (Benson & Hedges), bestätigt sie als Nullinformation.

Angesichts einer Werbebranche, die den größten Teil ihrer Gelder in die Werbung für mehr oder weniger gleichartige alkoholische Getränke, Zigaretten, Waschpulver, Haarwaschmittel, Kaffeesorten, Benzin, Hundefutter, Milch, Bausparkassen, Fernsehapparate, Kopfschmerztabletten usw. steckt, kann es nicht verwundern, daß Werber die Erfahrungen von Psychologen und Verhaltenswissenschaftlern nutzen und voll auf Emotionen setzen, während sie die Vernunft geringschätzen und in ihrer Arbeit vernachlässigen. Daß sie damit an den Grundfesten der Sozialen Marktwirtschaft rütteln, scheint ihnen nicht bewußt zu sein.

Marktwirtschaft: Angewandte wirtschaftliche Vernunft

Das marktwirtschaftliche Wettbewerbssystem ist nichts anderes als angewandte wirtschaftliche Vernunft. Es setzt zwar keinen ausschließlich von seinem berechnenden Verstand geleiteten »homo oeconomicus« voraus, ist jedoch auf einen Markt gegründet, dessen Informationen - in erster Linie Qualitäten und Preise - vernünftiger Natur sind und an Ort und Stelle überprüft werden können. Aus dieser Informationsaufgabe bezieht die Werbung ihre ordnungspolitische Legitimation (Otto Graf Lambsdorff). Anders gesagt: Wenn sie ihre Informationsaufgabe nicht wahrnimmt, verliert die Werbung eben diese Legitimation. Daß der einkaufende Konsument von Verkäufern »umworben« wird, die ihre Waren so verlockend wie möglich darbieten und mit ihren Anpreisungen auch seine Gefühle anzusprechen versuchen, gibt dem Geschäft eine menschliche, weniger ernsthafte und nicht bis ins letzte berechenbare Komponente, ohne dabei die grundsätzliche Vorherrschaft der Vernunft in Frage zu stellen. Entscheidend ist, daß der Konsument die Angebote nach objektiven Kriterien beurteilen kann, um auf Grund ausreichender Marktübersicht vornehmlich vernünftig zu entscheiden. Wie realistisch dieses marktwirtschaftliche Modell war und ist, mag dahingestellt bleiben. Unbestreitbar sind ein höheres Bildungsniveau und mehr - nicht weniger - Vernunft nötig, wenn das Modell unserer Wirtschaftsordnung funktionieren soll. Ihr wird die Grundlage entzogen, sobald man von der Vorstellung des vernunftgeleiteten Konsumenten abrückt.

Genau diesen Schritt jedoch hat die Markenartikelwerbung getan, indem sie ihre Informationsfunktion weitgehend aufgegeben hat und sich an einem anderen, überwiegend emotionalen Menschenbild orientiert. Zwischen diesem Menschenbild und dem der Marktwirtschaft bestehen unüberbrückbare Gegensätze. Markenwerber sehen im Konsumenten ein leicht beeinflußbares, gefühlsmäßig reagierendes, von Modeströmungen abhängiges, Leitfiguren folgendes, zu spontanem Verhalten und Impulskäufen neigendes Wesen, das egoistisch, genußsüchtig, statusbewußt, nie zufrieden, stets auf der Suche nach Neuem und vor allem unkritisch ist. Demgegenüber beruhen Aufklärung und Marktwirtschaft auf dem vernünftig und mit Vorbedacht entscheidenden Menschen.

Es gehört zur Strategie von Werbefunktionären, diesen aufgeklärten und weitgehend mündigen Konsumenten mit dem Typ gleichzusetzen, den die Wirtschaftswissenschaft »homo oeconomicus« nennt. Dieses homunkulusartige Wesen aber existiert nur in Lehrbüchern als Modell eines sich ausschließlich marktgerecht verhaltenden Wesens ohne jedes Gefühl. Durch diese Gleichsetzung mit dem homo oeconomicus wird dem aufgeklärten Menschen völlige Weltfremdheit und ein Denken in Extremen unterstellt: als hielte er die Konsumenten für der Werbung ausgelieferte *total* hilflose Geschöpfe und als schwebe ihm ein *ausschließlich* nach Vernunftgründen entscheidender Idealmensch vor. Bei solch künstlich erzeugten Gegensätzen fällt es natürlich nicht schwer, den aufgeklärten Konsumenten als eine Absurdität vorzuführen und lächerlich zu machen, während der markengläubige Käufer als Realist und weltmännischer Kenner dargestellt wird.

Weil sich ein Konsument aus Fleisch und Blut anders als in der Wirtschaftstheorie und eben nicht wie ein homo oeconomicus verhält, entwickelte die Gesellschaft für Konsumforschung in den dreißiger Jahren die Vorstellung von einem Konsumenten, der in erster Linie den Gebrauchs- oder Grundnutzen anstrebt, jedoch auch an einem gewissen Zusatznutzen, wie zum Beispiel in der Mode, interessiert ist. Daß der Werbung trotzdem die Aufgabe zugedacht war, den Verbraucher über den Gebrauchsnutzen zu informieren, brachte Wilhelm Vershofen, der Gründer der Gesellschaft für Konsumforschung, 1955 bei der Jahrestagung des Bundes Deutscher Werbeberater (BDW) unmißverständlich zum Ausdruck: »Solange die Werbung die Funktionen der Aufklärung, der Schaffung von Markttransparenz ... erfüllt, ist sie ein notwendiger, unentbehrlicher Bestandteil der heutigen Wirtschaft ... Sie ist also volkswirtschaftlich produktiv. Sobald sie aber auf dem Gebiet der Lockung oder der Verlockung Argumente bringt, die zwar der Psyche des Verbrauchers entsprechen mögen, die aber zur volkswirtschaftlichen Effizienz des gesamten Ablaufs nicht beitragen, gerät die Werbung in den Bereich jener Kritik, die ebenso notwendig ist wie sie selbst.«

Diese aufklärerische Komponente zur Information der Konsumenten spielt in der aktuellen Markenwerbung kaum noch eine Rolle. Sie hat sich zunächst in eine rational-emotionale Mischform mit informativen Bestandteilen verwandelt und ist schließlich zu einer mehr oder weniger reinen Suggestivwerbung mit minimalem Informationswert geworden. Damit aber ist sie in ein Dilemma geraten: Nur als Informationsinstrument paßt sie ins marktwirtschaftliche System, nur als Suggestionsinstrument kann sie ihre maximale Wirkung entfalten. Denn Suggestivwerbung und emotionale Konditionierung, deren Ziel die Verdrängung der Selbstbestimmung durch Fremdbestimmung ist, laufen den Verfassungsgrundsätzen der persönlichen Freiheit, der Menschenwürde und ganz allgemein den Wertvorstellungen des Grundgesetzes zuwider.[2] Schließlich haben Information und Kommunikation immer auch eine soziale Dimension. Und je stärker die Medien und insbesondere das öffentlich-rechtliche Rundfunkwesen in den Dienst der Werbung gestellt und zu Trägern kommerzieller Botschaften degradiert werden, desto mehr verliert das öffentliche Kommunikationssystem seine soziale Funktion und nimmt Schaden.

Doppelzüngige Werber

Die Existenzberechtigung der Werbung steht und fällt mit ihrer Informationsfunktion. Marktwirtschaftlicher Wettbewerb und Markenartikelwerbung sind jedoch so weit auseinandergedriftet, daß sie keinen gemeinsamen Boden mehr unter den Füßen haben. Weil der Widerspruch zwischen marktwirtschaftlichem Wettbewerb und Markenwerbung unüberbrückbar ist, die Werber aber unter allen Umständen am Wettbewerbscharakter der Werbung festhalten wollen und müssen, suchen sie Zuflucht zu einer Doppelstrategie und sprechen mit gespaltener Zunge. Der Öffentlichkeit gegenüber versuchen sie die Werbung als kompetente Quelle der Information hinzustellen und die Beeinflussungsabsicht zu kaschieren.[3] Werbefunktionäre bezeichnen die Werbung als Information und Verbraucherberatung und sprechen von ihrem hohen Informationsgehalt oder von dem »Recht des Verbrauchers auf Information, also auf Werbung«.[4] Werbung leiste dem Verbraucher sogar kulturelle, pädagogische und warenkundliche Hilfestellung.[5] Aus psychologischen Gründen sei es unmöglich, unerwünschte Sinneseindrücke ins Gehirn einzupflanzen und zu manipulieren. Mit solchen verharmlosenden Formulierungen wird versucht, die Werbung als marktwirtschaftskonform darzustellen, um die Werber nicht als »geheime Verführer« erscheinen zu lassen.

Für die Werbepsychologie jedoch gehört es zu den grundlegenden Erkenntnissen, daß sich zwar das Bewußtsein, nicht aber das Unterbewußtsein gegen Werbung wehren kann. Je mehr sich die Umworbenen einbilden, dem Einfluß der Werbung widerstehen zu können, desto höher sind die Chancen für suggestive Wirkungen. Von der Beeinflussung und Steuerung durch emotionale Konditionierung war schon die Rede. Die ganze Doppelzüngigkeit wurde 1974 beim BDW-Kongreß offenbar. Werber und ihre Verbündeten aus Industrie und Medien hatten lang und breit nachzuweisen versucht, daß Werbung nicht manipulieren kann. Wenig später brachte ein nicht in die Kongreßdisziplin eingebundener Professor für Konsum- und Verhaltensforschung die Potemkinsche heile Werbewelt zum Einsturz, indem er unbekümmert die Werbung als »Sozialtechnik zur Beherrschung der Konsumenten« bezeichnete. Damals saß die Werbewirtschaft auf der Anklagebank, befürchtete Werbeverbote und verteidigte sich mit allen Tricks. Heute machen ihre Sprecher keinen Hehl mehr daraus, daß sie manipulieren und verführen wollen.

Die tiefere Ursache all dieser Ungereimtheiten ist darin zu suchen, daß die Informationsaufgabe der Werbung noch nie sauber definiert worden ist. Aus vier Gründen war und ist sie ihrer Natur nach widersprüchlich.

Informative Werbung und ihre Widersprüche

Erstens wird Werbung immer nur aus einzelwirtschaftlichen und firmenegoistischen Gründen betrieben. Sie gilt ausschließlich der Anpreisung der eigenen Produkte. Anders wäre es, wenn - wie in den USA - eine Werbung zulässig wäre, bei der die Produkteigenschaften mit denen anderer Hersteller verglichen werden dürfen und die Werbungtreibenden dazu verurteilt werden können, unzutreffende Werbebehauptungen zu widerrufen.

Bei uns jedoch hat der Konsument von der sich verbraucherfreundlich und nützlich gebärdenden Markenwerbung nur wenig Unterstützung zu erwarten: »Jeder, der irgendwie dafür sorgen soll, daß ein beliebiges Unternehmen etwas verkauft und der ernstlich Markttransparenz für den Käufer erreichen will, muß sofort gefeuert werden. Die Transparenz, die wir anzustreben haben, ist ein Markt, vor dem eine Scheibe ist - aber eine kohlschwarz gepinselte. In die haben wir ein winziges sauberes Loch zu pulen, durch das nur unser Produkt zu sehen ist.«[6]

Zweitens verstand man ursprünglich unter »Marktübersicht«, beim Rundgang über den Markt die verschiedenen Waren in Augenschein zu nehmen und die Preise zu vergleichen, wobei es festzustellen galt, ob die Preisdifferenzen zwischen den unterschiedlichen Qualitäten gerechtfertigt waren. Heute hätte die Werbung angesichts zahlreicher Einkaufsstätten, durch die Verpackung unsichtbar gewordener Waren und nicht mehr den Warenwert widerspiegelnder Preise mehr denn je die Aufgabe, Preisvergleiche zu ermöglichen und - soweit vorhanden - auf Qualitätsmerkmale aufmerksam zu machen. Diese Informationsfunktion ist jedoch von der Markenwerbung auf die Handelswerbung oder Firmen wie Ikea übergegangen (»Couchtisch. Weiß lackierte Spanplatte. Beine Massivholz. 70 × 45 cm, 45 cm hoch. 89,-«). Kein Wunder, daß solche Anzeigen von Markenartiklern mit großem Unbehagen gesehen werden, wird ihr Erfolg doch täglich von den Ladenkassen registriert. Werbung aber, in der sich die Gäste einer Familienfeier - bei ungeöffneter Kaffeepakkung auf dem festlich gedeckten Tisch - über das Aroma unterhalten, in der Kinder über frisch gewaschene Handtücher jubeln oder simple Verbrauchsartikel zu Symbolen von Freiheit, Lebensfreude und Jugendlichkeit hochstilisiert werden, kann nur sinnlose Botschaften aus einer Scheinwelt überbringen.

Drittens läßt sich das Unternehmensziel eines höheren Umsatzes und Gewinns kaum mit dem Ziel objektiver Verbraucherinformation vereinbaren. Ein GWA-Sprecher brachte es auf den Punkt: Die Werbung sei keine gemeinnützige Einrichtung zur Information der Verbraucher, sondern ein unternehmerisches Verkaufsinstrument. Sie informiere zwar auch, aber nur insoweit, als der Absatz dadurch verbessert wird. Darum stellt der Werbungtreibende nicht jene Informationen in den Vordergrund, die dem Konsumenten die beste Warenkenntnis verschaffen und für seine Kaufentscheidung von Belang sind, sondern die als Verkaufsargumente die größte Zugkraft besitzen (auch wenn es nur Scheinvorteile zur Ausnutzung menschlicher Schwächen sind). »Argumente sind oft nur Hilfsmittel, die Gelegenheit dazu geben, suggestive Kräfte ihre Wirkung auf das Unterbewußtsein ausüben zu lassen.«[7] So hatte Alka-Seltzer großen Erfolg mit der Aufforderung »Achten Sie auf das Perlen!«, obwohl die beim Auflösen der Tablette im Wasser nach oben steigenden kleinen Blasen für ihre Wirkung vollkommen bedeutungslos waren. Oft geben werbliche »Informationen« nur Antworten auf Fragen, die niemand stellt, während die wirklich interessierenden Fragen ausgespart bleiben. Andererseits sind auch zutreffende Informationen belanglos, wenn es sich - wie in den meisten Fällen - um belanglose Produkte handelt, mit denen zu beschäftigen sich einfach nicht lohnt.

Viertens - und das dürfte der Hauptgrund für ihre Zwitterrolle sein - ist auch der Begriff »informierende Werbung« widersprüchlich. Informieren ist immer ein rationaler Vorgang (woran auch Werbefunktionäre nichts ändern können, wenn sie von »unthematischer Information« durch die Stimmung eines Fotos oder ein musikalisches Leitmotiv sprechen), während man durch Werben auf nichtrationale Weise Sympathien zu gewinnen versucht. In diesem Sinne wird der Konsument über den Gebrauchsnutzen informiert und mit dem Zusatznutzen umworben. Daß Gebrauchsnutzen und Information die frühere Werbung bestimmten, hat - ähnlich wie Vershofen - auch Hundhausen deutlich gemacht, der in den fünfziger Jahren zu den Führungspersönlichkeiten in der Werbebranche gehörte: Hauptaufgabe der Werbung sei es, in sachlicher Beweisführung die Vorteile der eigenen Leistung hervorzuheben.[8] Sogar der Markenverband hat früher davon gesprochen, der Verbraucher wolle weitestgehend über Eigenschaften, Verwendungszweck, Preis usw. des vorgestellten Produkts unterrichtet sein.[9] Das alles soll heute Schnee von gestern sein.

Suggestion statt Information

Die heutige Markenwerbung hat mit der früheren nur noch wenig Gemeinsamkeiten. Das liegt in erster Linie an den Markenwaren selbst, deren kaum noch erkennbare Merkmale für ihren Gebrauch ohne Belang sind, und in zweiter Linie an der veränderten Werbelandschaft. Heutige Markenartikel unterscheiden sich fast nur noch durch die Verpackung und die Besonderheiten ihrer Werbung. Das geht bis zu Absurditäten wie der Werbung für »Zimbo, die Wurst mit dem lustigen Namen«, in der der Name eines Produktes seine Eigenart ausmacht und als Verkaufsargument herhalten muß. Damit soll die Werbung zum eigentlichen Produktvorteil werden. Diese Informationsschwindsucht führt konsequenterweise zu dem neuen Werbestil, der - auf die kürzeste Formel gebracht - »Inszenieren statt informieren« heißt: Werbung als Unterhaltung, Amüsement und Show, die den Umworbenen dafür belohnt, daß er sie beachtet. Die witzigere Werbepointe, der überraschende Werbegag, die origineller inszenierte und opulentere Werbeshow sollen der Marke im Wettbewerb einen Vorsprung verschaffen.

Diesem Trend entsprechen auch die neuen Werbeformen wie Product Placement, Bandenwerbung in Sportstadien, Werbung am Mann, Gewinnspiele und Sponsoring, die keinerlei Produktinformationen mehr vermitteln. Nachdem die Werbung ihre auf psychologische Beeinflussung zielenden Methoden jahrzehntelang immer weiter verfeinert hat, kehrt sie wieder zu ihren Ursprüngen zurück: zum bloßen Zeigen von Produkten und dem marktschreierischen Ausrufen von Firmen- und Markennamen. Der Werbung fällt dabei nur noch die Rolle eines Transportunternehmers zu, der Markensymbole und Schriftzüge möglichst oft, möglichst groß und möglichst lange ins (Fernseh-)Bild zu bringen und ihnen Zugang zu den Konsumenten zu verschaffen hat.

Auch starke Veränderungen in der Medienlandschaft haben zu dieser Entwicklung beigetragen. Von der Unmenge der Werbebotschaften, die – Tendenz weiter steigend – auf den Bürger einstürmen, wird nur ein Bruchteil aufgenommen. Man schätzt, daß 98 Prozent der Werbung unbeachtet bleiben. Da laut Röper nichtbeachtete Werbeleistung volkswirtschaftliche Verschwendung ist, kann der volkswirtschaftliche Nutzen von Markenwerbung nur minimal sein. Bei Anzeigen rechnet man mit einer durchschnittlichen Betrachtungszeit von zwei Sekunden. Um diese kurze Zeit optimal auszunutzen, werden die informativen Bestandteile weiter verringert und die optisch-emotionalen verstärkt. Es ist eine Schraube ohne Ende: Weil die Werbung kaum etwas zu bieten hat, das Beachtung verdient und mit dem zu beschäftigen sich lohnt, verzichtet sie sogar auf die letzten kümmerlichen Restinformationen. Da sie dadurch noch belangloser und uninteressanter wird und noch weniger Aufmerksamkeit findet, verkürzt und komprimiert sie ihre Botschaft noch weiter: So soll das von einer Anzeige ausgehende Signal wenigstens beim Umblättern von einem flüchtigen Blick noch gestreift und empfangen werden. Nur durch immer emotionsstärkere Bilder, Symbole und Farbkombinationen und noch häufigere Wiederholungen hat sie die Chance, auch bei kürzester Wahrnehmung einen Eindruck zu hinterlassen und wiedererkannt zu werden.

Auch in der neueren Fachliteratur wird der Werbung eine andere, früheren Zielen entgegengesetzte Funktion zugewiesen. Sie soll »über psychologische und charakterliche Dimensionen klar definierte Markenprofile aufbauen«. Das aber bedeute »in aller Regel die Loslösung von produkttechnischen Benefits und die Verlagerung des Produktnutzens stärker in den psychologisch emotionalen Bereich«.[10] Statt Marktübersicht zu schaffen und dem Konsumenten die Möglichkeit zu bieten, sich selbst ein Urteil über Qualitäten und Preise zu bilden, soll jetzt Markenkenntnis an die Stelle der Warenkenntnis treten und ihn bei seiner Urteilsbildung entlasten.[11] Haseloff ging sogar noch weiter: Bei gewohnheitsmäßig und ohne besondere Probleme eingekauften Produkten habe Werbung die Aufgabe, gewohnte Muster des Verhaltens zu problematisieren, damit eine Sensibilisierung für problemlösende Alternativen des Kaufens und dann des Verbrauchens zustande kommt.[12] Mit anderen Worten: Ziel dieser Art von Werbung ist es nicht mehr, den Markt übersichtlich zu machen. Vielmehr wird die Unübersichtlichkeit des Marktes ausgenutzt, um den Konsumenten mit psychologischen Tricks zu verwirren, ihm dann aus dem raffiniert angelegten Labyrinth herauszuhelfen und als Retter aufzutreten. Diese Interpretation deckt sich mit der Aussage des Werbeberaters Gerken, der in einer Fernsehsendung die Werbebranche schockte: Es liege im Wesen der Werbung, daß sie bestimmte Informationen geradezu verhindern wolle.[13] Schließlich könnte ja ein besser informierter Konsument merken, daß seine Vorliebe für eine bestimmte Marke sachlich nicht gerechtfertigt ist, sondern in Ermangelung von Warenkenntnis durch undefinierbare Einflüsse wie etwa einen für die Werbung eingespannten Sportler oder Fernsehstar zustande gekommen ist. So kann die paradoxe Situation entstehen, daß Konsumenten eine bestimmte Marke nur darum für besser halten, weil sich die Firma sonst eine so teure Werbung nicht leisten könnte (ein Effekt, den sich Betrüger mit großformatigen Anzeigen und Hochglanzbroschüren zunutze gemacht haben). Wenn Produkte mit den Worten »Bekannt aus der Funk- und Fernsehwerbung« angepriesen werden, wird sogar die Werbung zum Werbeargument. So stiftet sie immer mehr Verwirrung und immer weniger Marktübersicht.

Immer häufiger wird die Werbung auch dazu mißbraucht, um z.B. das »Kleingedruckte« in den Konditionen von Versicherungen oder Kreditkartengesellschaften zu verschleiern. Als sich Banken über höchstrichterliche Urteile hinwegsetzten, um ihre kundenunfreundliche Buchungspraxis fortzuführen, benutzten sie die Werbung zur Beruhigung ihrer Kundschaft (»Eine Bank ist wie ein guter Freund«).[14]

So wahr wie nötig und so unwahr wie möglich

Mehr jedoch als ihr fragwürdiger Informationswert wird ihr Wahrheitsgehalt zum Prüfstein der Werbung. Eigentlich dürfte die Frage nach Werbewahrheit und Werbelügen gar kein Thema sein. Denn nicht nur in den Berufsgrundsätzen der Werbewirtschaft ist die Forderung nach »Wahrheit und Klarheit« festgeschrieben. Auch das Gesetz gegen unlauteren Wettbewerb verbietet unwahre und zur Irreführung geeignete Aussagen. Aber ganz so einfach liegen die Dinge nicht. Die sogenannte Superlativwerbung wie zum Beispiel »das beste Bier« ist zulässig, weil es sich um reklamehafte Übertreibungen ohne eigenen Wesensgehalt und ohne objektiv nachprüfbaren Inhalt handelt. So wurde die Waschmittelwerbung vom Oberlandesgericht Köln wegen ihrer oft maßlosen Übertreibungen den auf Jahrmärkten üblichen marktschreierischen und bis zum Überdruß mit Phrasen behafteten allgemeinen Anpreisungen zugerechnet. Derartige Werbung aber könne grundsätzlich nicht beanstandet werden, weil sie von niemandem ernstgenommen oder gar geglaubt werde.

Damit hat die Rechtsprechung eine Grauzone geschaffen, die von der Werbebranche bis zum äußersten ausgenutzt wird. Um im Werbewettbewerb die Nase vorn zu haben, gilt es juristisch abzusichern, daß man unangefochten Werbebehauptungen verbreiten kann, die nur so wahr wie nötig und so unwahr wie möglich sind. Mit haarspalterischen Formulierungskünsten versuchen Werbefunktionäre, sich ihren eigenen Wahrheitsbegriff zurechtzubasteln. Was dabei herauskommt, ist eine Wahrheit zweiter Klasse: zwar nicht richtig wahr, aber für die Werbung noch wahr genug. Der Europäische Verband der Werbeagenturen (EAAA) versuchte es folgendermaßen: Da ein Hersteller für eine Anzeige nur Geld ausgibt, um den Verkauf ›voranzutreiben‹, sei es nicht zu vermeiden, daß er nur seine Seite der Geschichte erzählt. Und da es auf diesem Gebiet so etwas wie eine universelle Wahrheit nicht gebe, werde es immer so sein, daß das Angebot und das Versprechen einer Befriedigung für einen Teil des Publikums zutreffe und wahr sei, aber weniger gültig und möglicherweise ›weniger wahr‹ für den anderen Teil. In diesem Sinne sei jede Anzeige - wenn man so wolle - irgendwie für irgendeinen ›irreführend‹, obwohl sie ehrlich sei.[15] Ein anderer Rechtfertigungsversuch lautete: In Werbeaussagen würden meist Werturteile und nur wenig sachliche Informationen vermittelt, die deshalb nicht mit den Kriterien ›richtig‹ oder ›falsch‹ gemessen werden dürften. Sie seien vielmehr ›akzeptabel‹ oder ›nicht akzeptabel‹. Da jedoch der Bevölkerung in ihrer Mehrheit diese Differenzierung entgehe, neige sie dazu, unangemessene Beurteilungskriterien anzuwenden. Werbung werde also als ›falsch‹ eingestuft, obgleich ihre Aussagen meist nicht falsch, sondern nur für den Konsumenten ›nicht akzeptabel‹ seien.[16] Der frühere ZAW-Präsident Rost antwortete auf den Vorwurf, dem Verbraucher würden keine objektiven Informationen angeboten, sondern die subjektiven der Anbieter: Hier werde »mit dem Trick des absoluten Maßstabes gearbeitet: Als ob es die objektive Information, sprich die Wahrheit, gäbe!« Ein Werbeberater verstieg sich zu dem Begriff der »symbolischen Wahrheit« und kam damit peinlicherweise der von Goebbels erfundenen »poetischen Wahrheit«[17] (womit - in Ermangelung von

Siegesmeldungen – die Verbreitung von Propagandalügen gemeint war) sehr nahe. Es läßt sich zwar darüber diskutieren, in welchem Maße objektive Informationen möglich sind oder durch subjektive Elemente beeinträchtigt werden. Undiskutabel aber ist es, mit künstlich geschaffener babylonischer Begriffsverwirrung darüber hinwegzutäuschen, daß es sehr wohl einen eindeutigen Maßstab gibt: die objektive Unwahrheit und Falschinformation. Und wenn man hier keine klare Trennungslinie zieht, wird die Wahrheit tatsächlich – wie Bert Brecht gesagt hat – »zum Leckerbissen«.

Zwar erklingt in Festreden das Selbstlob auf eine der Wahrheit und Klarheit verpflichtete Branche, zwei Begriffe, die in der Alltagsarbeit nichts verloren haben. Als das Fernsehen jedoch im August 1973 zwei faustdicke Werbelügen anprangerte, mußten die Werbefunktionäre Farbe bekennen. Diese Sendung und ihr Nachspiel sind heute so aktuell wie damals und nach wie vor die besten Lehrbeispiele für den Umgang der Werbebranche mit der Wahrheit, für ihre Reaktionen auf Kritik – und dafür, daß sich bis heute nichts geändert hat.

»Monitor« und der Knotentest

Das Fernsehmagazin *Monitor* hatte über das Ergebnis des von der Stiftung Warentest durchgeführten »Knotentests« berichtet. Dabei hatten die Prüfer – der auf jeder OMO-Packung aufgedruckten Gebrauchsanweisung getreu – untersucht, ob das Waschpulver wirklich, wie in der Werbung behauptet, fest verknotete Wäschestücke tadellos säubern kann (»Die Kraft, die durch den Knoten geht«). In Werbespots war gezeigt worden, wie ein stark verschmutztes Handtuch vor dem Waschen fest verknotet und nachher der Waschmaschine blütenweiß entnommen wurde. Bei den Versuchen im Test-Institut jedoch blieb die Wäsche im Innern des Knotens schmutzig. In einem Interview mit *Monitor* sagte der Werbedirektor des Waschmittelherstellers: »Der Knoten ist nur ein Symbol für die Wäscheverschlingung, wie sie in der Waschmaschine häufig vorkommt ... Wir können eine Verschlingung schlecht zeigen, deswegen haben wir einen Knoten gewählt. Der Knoten drückt nichts anderes aus, als daß in einer Waschmaschine Verschlingungen entstehen können und daß das ein echtes Problem der Hausfrau ist.«[18]

Die zweite von der Stiftung Warentest nachgeprüfte Werbebehauptung galt dem Antitranspirant-Spray »Frottee«, der angeblich - und wie im Bild vorgeführt - die Achselzone trockenhält. Dazu sagte der *Monitor*-Moderator: »Das Versprechen, die Achselzone trockenzuhalten, ist eine Werbelüge. Ohne Spray starke Schweißbildung, aber auch mit Spray keine trockene Achsel.«[19] Ein Sprecher der Herstellerfirma antwortete: »Ich glaube nicht, daß der Verbraucher erwartet, nun eine vollkommen trockene Achsel zu haben. Es geht doch hier darum, die übermäßige Schweißabsonderung zu verhindern.«[20]

Die entscheidenden Fragen wurden in der Sendung nicht gestellt: Wie konnten die Produkte in den Werbespots - die schließlich wie gefilmte Protokolle wirkten - etwas leisten, was sie beim praktischen Gebrauch unmöglich leisten können? Sollte der Betrachter nicht in dem sauber gewordenen Knoten und der trockenen Achsel Beweise für die überlegene Qualität der angepriesenen Produkte sehen? Wer kann von einer wahren Werbung sprechen, wenn ein wirklicher Knoten gezeigt wird, der nur das Symbol eines Knotens sein soll? Oder wenn eine sichtbar trocken bleibende Achselhöhle gar nicht zeigen soll, daß die Haut trocken bleibt, sondern nur weniger Schweiß absondert? Erwartet man denn ernsthaft von dem Zuschauer eines Werbespots, daß für ihn ein Knoten kein Knoten und trocken nicht trocken bedeutet? Welchen Sinn haben Worte noch, wenn sie mit Vorbedacht in ihr Gegenteil verfälscht werden? *Monitor* erwähnte noch vier weitere Werbelügen, von denen die Werbung für einen Außenbordmotor (»Der beste der Welt ... Er springt beim ersten Zug an«) besonders nachdenklich macht. Weniger, weil die Stiftung Warentest ihn als nicht zufriedenstellend bezeichnet und außerdem moniert hat, daß er äußerst schlecht anspringt, sondern wegen seiner angeblichen Leistung von 4 PS, die laut Test nur 1,5 PS beträgt.

Es folgte ein Interview mit dem Werbemanager Gerken, der auch als Lehrbeauftragter an der Berliner Hochschule für Bildende Künste unterrichtet. Er sagte: »Die meisten Aussagen der Werbung stimmen nicht, sollten wohl auch kaum stimmen, da sie nicht Interesse haben, tatsächliche Realitäten vorzuführen, sondern vermutlich nur diejenigen Scheinrealitäten, die im Interesse der Werbeagentur oder im Interesse des zahlenden Unternehmens sind ... Wenn ich ein Produkt habe, das einige Macken hat, das echt schlecht ist - und viele Produkte sind echt schlecht oder unvollkommen -, so wird es nicht immer sinnvoll sein, diese Nachteile zu kommunizieren oder sie sichtbar zu machen. Dann ist es legitim - in Anführungszeichen - wenn das Unternehmen entweder beschönigt, verschönt oder wegdiskutiert und anderes, was real nicht da ist, behauptet. Das ist dann seine Art von Notwehr, um die getätigte Investition in die Produkte irgendwie wieder herauszubekommen ...«[21]

Die Werbewelt reagierte auf die Sendung mit Empörung. Ihr Protest richtete sich jedoch nicht gegen die bei Lügereien ertappten Werbeagenturen, die die Branche in Mißkredit gebracht hatten, sondern gegen das Fernsehen und gegen den Kollegen, der in dem Interview aus der Schule geplaudert hatte. Den Höhepunkt lieferte die Stellungnahme des 3-W-Werbefachverbandes: »Genausowenig wie man von einer heiratswilligen Frau erwarten kann, daß sie einem Eheaspiranten von ihren Knickfüßen, ihrem umstrittenen Vorleben und ihrem verschuldeten Elternhaus erzählt, kann man von der Werbung erwarten, daß sie die ungünstigen Eigenschaften eines Produktes betont und die guten vernachlässigt.« Und wer behauptet, die Unternehmer seien mehr an Umsatzsteigerung und Gewinnerzielung interessiert als an Hilfen für den Verbraucher, der greife »in die unterste Kiste verworrener Links-Ideologen«.

Werbewirkung als Rechtfertigung für Werbelügen?

Es waren im wesentlichen vier Vorwürfe, die von der Werbeseite erhoben wurden. Erstens hätten nicht die Werber falsch gehandelt, sondern das Fernsehen.

Zweitens habe es die Werbewirtschaft versäumt, die Initiative zur sachlichen Beeinflussung der Journalisten in den Massenmedien zu ergreifen, die gegenüber der Werbung kritisch eingestellt sind. Gegen Fernsehsendungen à la Knotentest könne nur eine offensive und aggressive Öffentlichkeitsarbeit helfen.

Drittens hätte kein kritischer Werbefachmann interviewt werden dürfen, der der Gegenseite Munition liefert. Die zuständigen Verbände, Agenturen und Werbungtreibenden seien aufgerufen, Auftritte von Vertretern zu verhindern, die das »mühsam gezimmerte Bild einer verantwortungsbewußten Werbewirtschaft mit einer schier unglaublichen Dreistigkeit zertrümmern«.[22] Anscheinend sollen nur solche Werber Auftrittsgenehmigung erhalten, die garantiert Loblieder auf die heile Werbewelt singen, damit die Fassade - nur mühsam gezimmert und baufällig - nicht zusammenbricht. Die von ihr verborgene Werbewirklichkeit soll weiterhin unsichtbar bleiben.

Viertens - und hier kommt einer der Grundwidersprüche der Markenartikelwerbung zum Vorschein - habe *Monitor* nicht begriffen, daß ein Unternehmen Gewinne erzielen müsse, weil es sonst weder Steuern noch Gehälter bezahlen könne (3-W-Verband). Gerken sagte es mit anderen Worten: Wenn man unser Wirtschaftsprinzip bejahe, dann müsse man auch »die Kommunikationsprinzipien, die wir nun einmal haben«, in irgendeiner Form akzeptieren.

Genau hier liegt der Punkt, an dem sich die Geister scheiden. In stark zugespitzter Formulierung lautet die Quintessenz: Zur Erreichung wirtschaftlicher Ziele ist jedes Mittel recht. Weil wahre Werbung nicht verkaufswirksam ist, sei man eben gezwungen, zur Unwahrheit zu greifen. Die Fähigkeit der Werbung, Verkäufe auszulösen, rechtfertige alles. Die Stellungnahmen zum Fall *Monitor* und zu ähnlichen, wenn auch weniger spektakulären Enthüllungen sowie das Verhalten der Werber bis zum heutigen Tage lassen nur den Schluß zu, daß die Werbewirtschaft sich ein Recht auf unwahre Werbung anmaßt. Dabei bedient sie sich äußerst fadenscheiniger Begründungen: Der größte Teil der Werbung bleibe unbemerkt, Werbung werde sowieso kaum ernstgenommen, Realitäten seien in der Werbung nur mit größten Schwierigkeiten auszudrücken, und mit wahrer Werbung sei eben nur wenig Wirkung zu erzielen. Ob die Werbung auch dann noch wirksam ist, wenn alle Konkurrenten in gleicher Weise lügen und ihre Werbelügen sich neutralisieren, und ob dann nur noch Werbung mit doppelten oder dreifachen Lügen wirkt und diese Eskalation sich wie eine Spirale immer höher schrauben muß, wurde nicht gefragt. Man sollte sich an die Geschichte von den drei Schneidern erinnern, die in derselben Straße wohnten. Der erste warb mit dem Schild »Der beste Schneider der Stadt«, der zweite mit »Der beste Schneider des Landes«. Der dritte übertrumpfte beide mit dem Text »Der beste Schneider der Straße«.

Welche Existenzberechtigung hat eigentlich ein Wirtschaftszweig, der einem zentralen demokratischen Grundwert wie der Wahrheit fristlos kündigt und einen nicht unbeträchtlichen Teil der von ihm ausgegebenen knapp 39 Milliarden Mark für Übertreibungen einsetzt und sich seine eigene Moral bastelt, in der Unwahrheiten zu symbolischen Wahrheiten oder zu affektiven Mitrepräsentanzen veredelt werden? Warum muß man einem Produkt Eigenschaften und Fähigkeiten andichten, die es nicht hat? Warum kann ein Hersteller keine Gehälter und Steuern mehr bezahlen, wenn er die Leistung seines Motors ehrlich mit 1,5 statt mit 4 PS angibt? Würde er auf 6 PS erhöhen, wenn im Gegenzug ein Konkurrent von seinem 1,5-PS-Motor behauptet, er leiste 5 PS? Wo ziehen Werber die Grenze zwischen zulässigen und unzulässigen Werbeübertreibungen?

Aus dem Werbelager konnte man jedoch auch selbstkritische Stimmen hören: »*Monitor* war nur das Zündholz. Die Zündschnur lag längst bereit. Das Pulverfaß ist noch nicht erreicht . . . Was uns fehlt, ist die Besinnung auf die Zukunft. Wir haben zu lange nur über Schmelzkäse und Seifenschaum nachgedacht und zu wenig über uns selbst . . . Die uneingeschränkten Konsumorgien der Vergangenheit sind nicht mehr die Daten, an welchen sich unsere werbliche Zukunft orientieren kann . . . Werbung darf nicht länger in den gefährlichen Verdacht geraten, ein lästiges volksverdummendes Übel am Rande der Gesellschaft zu sein . . . Laßt uns den Staub wegfegen, ehe andere uns den Besen aus der Hand nehmen.«[23] Ein anderer Werbeberater empfahl: »Wenn in Zukunft nicht alle versuchen, mit der Wahrheit ihr Geschäft zu machen, blüht uns eine Menge Ärger, den ein paar schwache Köpfe gesät haben.«[24]

Gerd Gerken jedoch, der in der *Monitor*-Affäre eine widersprüchliche und schwer nachvollziehbare Rolle gespielt hatte, empfahl der Werbebranche, endlich dafür zu sorgen, daß ihr »Rechtfertigungs-Argument ›Wahrheit und Klarheit‹ verschwindet«. Er hatte dabei allerdings übersehen, daß Wahrheit im Wettbewerbsgesetz verankert ist und nicht er, sondern ein Gericht über die Legitimität unwahrer Werbung zu urteilen hat. Wie nicht anders zu erwarten war, verbot das Landgericht Berlin die Knotentestwerbung und setzte damit den Schlußpunkt unter die ganze Diskussion.

Werber fordern informative und verbrauchergerechte Werbung . . .

Aus ihrer Zwickmühle - legal nur mit wahrer, erfolgreich nur mit unwahrer Werbung - kann sich die Branche nur befreien, wenn sie sich zu ihrer Informationsaufgabe bekennt und ihre Ziele mit dem Konsumenten und nicht gegen ihn zu erreichen sucht. Ende 1973 erklärte die Werbeagentur TEAM/BBDO in großformatigen Anzeigen: Die Werbeagenturen seien »reine Dienstleister der Produzenten« und müßten »von der Position der Produzierenden abrücken«. Ihr Platz sei nicht an der Seite ihrer Auftraggeber, sondern - wie in einer Schemazeichnung dargestellt – in der Mitte zwischen ihnen und den Konsumenten. Die Werbung müsse zwischen den Wünschen der Konsumenten und den Möglichkeiten der Produzenten endlich zum glaubhaften Mittler werden. Damit war gemeint, daß die Werbung nicht mehr wie bisher im Bewußtsein der Verbraucher nach Lücken sucht, die sie mit den Wünschen der Produzenten füllt. Sie dürfe nicht mehr wie bisher um jeden Preis die Forderungen der Produzierenden zu realisieren versuchen. Sie müsse glaubhaft Bedürfnisse erkennen und die Produzierenden beeinflussen, ihre Produktionsmöglichkeiten auf diese Bedürfnisse einzustellen. Sie müsse informieren und nicht manipulieren.

Der renommierte Werbeberater und Herausgeber der *Werbe-Rundschau,* Hans Wündrich-Meißen, hatte sich 1971 darüber beklagt, daß die Werber nicht wissen und auch gar nicht daran interessiert sind, was die Verbraucher von der Werbung erwarten.[25] »Jedenfalls ist der heutige Anzeigenteil mit seinem Durcheinander an langweiligen und nichtssagenden Repräsentationen, mit seinen optischen Schocks und Übersteigerungen, seinen Übertreibungen und billigen Unterhaltungsmätzchen ein erschütternder Beweis dafür, wie sehr Wirtschaft und Werber an den heutigen Interessen der Verbraucher vorbeiproduzieren.«[26] Daran scheint sich jedoch in den letzten zwanzig Jahren nicht viel geändert zu haben. Nach den Erkenntnissen des Nestlé-Managers Bossle haben die Werber auch heute (1990) noch keine Ahnung von den Gefühlen des Verbrauchers.[27]

Damals hörte man von Werbeleuten immer dieselben Sprüche: Die Wahrheit sei ein unverzichtbares Maß (BDW-Präsidium 1975). Oder: »Werbungtreibende wissen, daß eine Anzeige die Vorteile eines Produktes einfach und klar für alle in Frage kommenden Verbraucher darstellen muß ... In jedem Fall sollten Reize immer vom Rationalen ausgehen.« (EAAA 1979) Glaubhafte und informative Werbung solle an die Stelle »allzu emotionaler Werbung« treten und »mehr kritisch-abwägende Informationen vermitteln, den Dialog mit dem Verbraucher führen, ihn als mündigen Bürger endlich mal ernst nehmen und mit ihm Vor- und Nachteile eines Produktes oder einer Dienstleistung diskutieren«. Die Werbung müsse »die Vorteile eines Produktes einfach und klar für alle in Frage kommenden Verbraucher darstellen«.[28]

. . . aber alles bleibt beim alten

Geändert aber hat sich in all den Jahren nichts. Im Gegenteil: Die Produkte sind ähnlicher und austauschbarer als je zuvor, der Informationsgehalt der Werbung hat sich weiter verringert, die Emotionalisierung der Werbeaussagen und die Verdrängung der rationalen Elemente schreiten unaufhaltsam fort. In den neuen GWA-Grundsätzen von 1987 ist von Wahrheit und Klarheit und vom Verbraucher nicht mehr die Rede. Der ZAW-Sprecher meint sogar, die Forderung der Verbraucherverbände nach informativer Werbung sei aus einem »Irrtum« entstanden, weil Konsumentenfunktionäre gegen alles Gefühlsmäßige »aseptisch« sind. Die Werbewirtschaft hat ihren Informationsauftrag ebenso wie ihre Verpflichtung zur Wahrheit wie ein lästig gewordenes und als zu schwer empfundenes Gepäckstück auf einem Parkplatz stehengelassen und tut so, als gehöre es ihr nicht.

Das wetterwendische Verhältnis der Werbewirtschaft zu ihrer Informationsaufgabe und zum Verbraucher dürfte seine Ursachen auch im Auf und Ab der Konjunktur und der politischen Großwetterlage haben. In Krisenzeiten gehen Konsumenten mit ihrem Geld sparsamer und überlegter um, so daß sie eher für Werbung empfänglich sind, die ihnen günstige Einkäufe verheißt. Unter CDU-geführten Bundesregierungen hatte und hat die Werbung einen sehr viel größeren Aktionsradius als zur sozialliberalen Zeit, in der Werbegesetze verschärft und weitergehende Gesetze vorbereitet, wenn auch nicht verwirklicht wurden. Damals stand die Werbebranche mit dem Rücken zur Wand und vertrat die These: »Je aufgeklärter der verbrauchende Bürger ist, desto differenzierter kann eine dialogische Form der Werbung stattfinden.«[29] Daß sie allerdings kein echtes Interesse an aufklärerischer

Werbung hatte, ließ der ZAW damals mit seiner Warnung vor einer »Amerikanisierung« des Werberechts erkennen: »Es wäre verfehlt, den Werbungtreibenden zu zwingen, seine Werbung nicht nur als Mittel seiner Absatzpolitik zu planen, sondern sie auch noch so zu gestalten, daß sie als Informationsvehikel zur Informationsweitergabe an unaufgeklärte Verbraucher dient.«[30] Nachdem die »Wende« von 1982 wieder grünes Licht für die Werbung gegeben hatte, setzt sie erneut voll auf Emotion und Suggestion.

Das Thema »Information und Wahrheit in der Werbung« hat mit dem Zusammenwachsen von BRD und DDR neue Aktualität gewonnen. Dem anfänglichen Jubel über die phänomenalen Kenntnisse von DDR-Bürgern über westdeutsche Markenartikel folgte die Ernüchterung. Daß Markenkenntnis keineswegs zum Kauf motiviert, zeigte sich beim Kaufverhalten. Schnell hatten DDR-Kunden gemerkt, daß auch preisgünstige markenlose Produkte tadellos sind. Ob Marke oder Nichtmarke: In erster Linie soll es Westware sein. Marketingmanager machen sich schon Sorgen wegen der mangelnden Konsumerfahrung der Ostdeutschen, weil sie in Waren- und nicht in Markenkategorien denken.

Zur peinlichen Überraschung wurden die Reaktionen auf die westliche Markenwerbung. Man vermißte sachbezogene Aussagen und Angaben über Qualitäten und Preise, nahm an dem affektierten Werbe-Kauderwelsch Anstoß und fühlte sich von dem ganzen Schickimicki-Gehabe provoziert. Die Markenwerber, die sich im Labyrinth ihrer selbstgeschaffenen illusionären Werbewelt verfangen haben und sie mit der Wirklichkeit verwechseln, waren alles andere als erfreut, daß DDR-Konsumenten Anzeigentexte lesen, beim Wort nehmen und sich über deren Inhaltslosigkeit beklagen. Erste Umfragen ergaben, daß Ostdeutsche zu 68 Prozent die Werbung als aufdringlich und lächerlich empfinden.[31] Sie müssen - schrieb der *SPIEGEL* - »das verquere Wohlbehagen erst lernen, das die kleinen und großen Lügen der Reklamegaukler den westlichen Konsumenten bereiten«.[32] Solange die »Ossis« Markenwerbung westlichen Stils noch nicht verstehen und ablehnen, wollen Westwerber bei ihnen Superlative vermeiden, in moderatem Stil werben und in erster Linie informieren.[33] Um mit Lifestyle und Anglizismen nicht zu viel Verwirrung zu stiften, läßt die Werbeagentur Lintas sogar ihre Werbesprüche von einem DDR-Texter überarbeiten und »auf Ost-Niveau« bringen.[34] In der Werbewirtschaft sieht man jedoch keine Veranlassung, das unechte und protzige Getue zu ändern. Stattdessen wird erwartet, daß die »Ossis« ihre natürliche und unverdorbene Einstellung aufgeben, um möglichst bald für die Markenartikelwerbung reif zu sein und es vor allem mit der Werbewahrheit nicht mehr so genau zu nehmen.

Daß sich trotz *Monitor* und aller Versprechungen am Umgang der Werber mit der Wahrheit nichts geändert hat, zeigt das Beispiel von zwei spektakulären Spots. In dem einen war zu sehen, wie ein Auto eine steile und schneeglatte Sprungschanze hinauffuhr; es war jedoch nicht – wie man als Zuschauer meinte – ein serienmäßig hergestelltes, sondern ein speziell präpariertes Fahrzeug. In einem anderen Spot erbrachte ein Auto einen außergewöhnlichen Leistungsbeweis für eine Benzinmarke, als man es über einen Abgrund »springen« sah. In Wirklichkeit aber wurde es (vermutlich mit leerem Benzintank) durch ein ins Auto eingeschweißtes »Kanonenrohr« mit hohem Kompressionsdruck wie eine Rakete über den Abgrund geschossen. Protestierte der Deutsche Werberat über die Manipulationen, mit denen wie beim Knotentest nicht vorhandene Produktfähigkeiten vorgetäuscht wurden? Empörten sich die Sprecher der Werbung, die gefordert hatten, die Werber dürften ihr Geschäft nur noch mit der Wahrheit betreiben? Nein. Statt dessen wurden beide Spots beim Werbefilmfestival preisgekrönt.

Wo soll man die Grenze zwischen gerade noch erlaubter und unzulässiger Mogelei ziehen? Würde man auch einen Spot als »kreativ« akzeptieren, in dem ein aus dem Flugzeug geworfenes und heil auf dem Boden ankommendes Sofa seine Haltbarkeit sichtbar/symbolisch demonstriert? Werbespots mögen so phantasievoll und witzig sein wie sie wollen: Wenn es sich um erfundene und manipulierte Leistungsbeweise handelt, sind sie irreführend und unlauter.

Nach amerikanischem Werberecht hätte bewiesen werden müssen, daß Omo fest zusammengeknotete Wäsche einwandfrei säubert, daß ein serienmäßig gebauter Audi eine Sprungschanze hinauffährt und daß ein Auto mit Shell-Benzin einen Abgrund überspringt. Werbebehauptungen, für die der Wahrheitsbeweis nicht erbracht werden kann, sind in den USA unzulässig. Eine solche Regelung liegt auch im Interesse derjenigen Unternehmen, die mit wahren Argumenten und echten Leistungen werben, denen man aber keinen Glauben schenkt, wo Werbelügen gang und gäbe sind. Laxer Umgang mit der Wahrheit fördert die Ausbreitung und Eskalation von Werbelügen und vermindert nicht nur die Glaubwürdigkeit wahrer Werbung, sondern schadet auch der Werbung in ihrer Gesamtheit.

In England wären Werbespots à la Knotentest noch nicht einmal produziert worden. Als erstes überprüft dort eine unabhängige Expertenkommission alle im Drehbuch enthaltenen Behauptungen. Kann ein Werbungtreibender ihre Richtigkeit nicht beweisen, kann er sich die Dreharbeiten und Kosten sparen: Der Werbespot hätte keine Chance, gesendet zu werden.

Als das Fernsehen 1988 nach langer Zeit einmal wieder gezeigt hatte, mit welchen Tricks die Macher von Werbefilmen das Publikum täuschen, daß Fernsehwerbung mit der Produkt-Realität nicht das geringste zu tun hat, daß z.B. die so appetitlich erscheinenden Fertiggerichte gar nicht aus der Serienproduktion stammten, sondern eigens für die Filmaufnahmen frisch zubereitet worden waren, und daß die Werbung von der kleinen und auch der großen Lüge lebt, konstatierte *w & v* mit Genugtuung, die Werbebranche habe nicht aufgeregt und empört reagiert. Natürlich war damit keine Empörung über die Kollegen gemeint, die wieder einmal Werbelügen produziert und die Werbung ins Zwielicht gebracht hatten. Gemeint war damit, daß nicht – wie bei früheren Gelegenheiten – eine Medienschelte stattfand. Der Redakteur konnte sich jedoch den Hinweis nicht verkneifen, daß die öffentlich-rechtlichen Sender einen großen Teil ihrer Programmkosten aus Werbeeinnahmen decken: ein deutlicher Wink mit dem Zaunpfahl, daß die Werbewirtschaft als der große Finanzier eigentlich als Gegenleistung erwarten könne, von kritischen Beiträgen verschont zu bleiben. Mit ihren Milliarden hofft sie früher oder später ein derartiges Gewicht zu haben, daß auch das öffentlich-rechtliche Fernsehen auf werbekritische Sendungen verzichtet. (Daß die zu hundert Prozent von Werbung lebenden Privatsender Werbelügen aufdecken werden, ist kaum zu erwarten.) Dann hätte sie endlich denselben Zustand wie bei vielen Zeitungen und Zeitschriften erreicht, die sich hüten, an der Werbung etwas zu beanstanden.

7. Von den kleinen Rücksichtnahmen zu den großen Abhängigkeiten

»Korruption ist der Versuch, gleichzeitig für zwei entgegengesetzte Interessen tätig zu werden«, schrieb 1914 der hochangesehene amerikanische Journalist Walter Lippmann. Er meinte damit Zeitungen, die es sowohl der Regierung als auch »Big Business« recht machen wollten. Später hätte er wohl so den Konflikt zwischen den Interessen der Inserenten und den Ansprüchen der Leser beschreiben können. Heute allerdings sind die Einflüsse von Werbungtreibenden auf Verleger und Redakteure und die Gefahren für die finanzielle wie redaktionelle Unabhängigkeit der Medien größer als je zuvor. Der Leidtragende ist immer der Leser, der von einer solchen Interessenkollision nichts ahnt und sich einbildet, objektiv informiert zu werden.

Wie derartige Konflikte durch bloße Zufälle ausgelöst werden können, zeigen zwei Beispiele. So brachte ein Magazin auf einer linken Seite einen Bericht über die Todesstrafe mit dem Bild einer Guillotine. Auf der gegenüberliegenden Anzeigenseite war das Foto eines lebensfrohen Paares beim Biertrinken zu sehen. Links die Überschrift: »Henker gesucht ...«, rechts: »Für den, der zu genießen weiß«.

Unfreiwillig politisch war das Ensemble von redaktionellem Text und Anzeige in einer anderen Zeitschrift. Dem Bericht über die Hochzeit des betagten hessischen Ministerpräsidenten Zinn war die ganzseitige Anzeige einer Schnapsfirma mit dem Slogan »Zinn 40. Zum Kippen zu schade!« gegenübergestellt.

In solchen Extremfällen, in denen eine Anzeige durch ihre Plazierung einen grotesken oder auch makabren Doppelsinn erhält, verpufft die beabsichtigte Werbewirkung und wird zu einer Negativwerbung (wie auch der redaktionelle Teil durch nebengestellte Anzeigen ins Lächerliche gezogen werden kann). Verärgerte und sich geschädigt fühlende Anzeigenkunden beschweren sich und fordern als Wiedergutmachung mindestens eine Gratisanzeige und am liebsten noch zusätzlich eine redaktionelle Veröffentlichung zum Beispiel über die Gesundheit des Biertrinkens. Der Chefredakteur befürchtet den Verlust von Inseraten, gelobt Besserung und will dafür sorgen, daß sich diese geschäftsschädigenden Peinlichkeiten nicht wiederholen: Also keine Reportage über einen Massenzusammenstoß auf der Autobahn oder auch nur über stundenlangen Stop-and-go-Verkehr neben einer Automobilanzeige, nichts über Taschendiebe an der Costa del Sol oder verschmutzte italienische Strände neben dem Inserat eines Reisebüros, keine Fotos von Bergrutschen, Lawinen und Waldsterben im Hochgebirge neben der Werbung für Alpenmilchschokolade mit dem Bild einer Kuh in idyllischer Alpenwelt, nichts über Wucherzinsen oder Bankpleiten neben der Anzeige einer Sparkasse. Das ist nur ein kleines Entgegenkommen der Redaktion, aber ein großer Schritt zur Korruption.

Ob es der auf Unabhängigkeit bedachte und auf Pressefreiheit pochende Chefredakteur will oder nicht: Um Konflikte und finanzielle Einbußen zu vermeiden, beginnt man auf die Inserenten und ihre Empfindlichkeiten Rücksicht zu nehmen. Wenn Tabakfirmen für das nächste Heft einer Illustrierten zwei oder gar fünf Zigarettenanzeigen disponiert haben: Ist es wirklich nötig, im selben Heft den Artikel eines Arztes über die Zusammenhänge von Rauchen und Lungenkrebs zu veröffentlichen? Soll man ihn auf ein späteres Heft verschieben, in dem keine Zigarettenanzeige erscheint? Muß man ihn überhaupt veröffentlichen, wenn man bedenkt, daß der Verband der Zigarettenindustrie mitgeteilt hat, daß Rauchen keinen Krebs verursacht?

Und wenn man schon auf die Empfindlichkeit der Werbungtreibenden Rücksicht nimmt: Warum nicht auch auf ihre Wünsche? Was spricht dagegen, neben die Anzeige einer Bausparkasse Ratschläge über Hausfinanzierungen zu setzen? Warum soll man die eifrige Anzeigenabteilung daran hindern, auch Hypothekenbanken, Fertighausherstellern und Versicherungen eine Anzeigenwerbung zu empfehlen? Und warum darf man nicht mit Vorbedacht – um zusätzliche Anzeigen aus der Haarpflege- und Kosmetikbranche zu gewinnen - einen Artikel darüber schreiben lassen, welche Produktpalette man braucht, um seine Haare gekonnt zu frisieren und alle »Haarprobleme« zu lösen? Einen Artikel jedoch, in dem die Redaktion darauf verzichtet, die Leser objektiv - also auch über etwaige Schattenseiten der empfohlenen Produkte - zu informieren?

Und wenn man den Anzeigenkunden schon gefällig sein will: Warum nicht konsequent sein und für werbeintensive Branchen Spezialzeitschriften herausgeben, deren Redakteure ihnen zuarbeiten und mit produktbezogenen Themen und konsumstimulierender Grundstimmung ein redaktionelles »Umfeld« schaffen, das in erster Linie die Anzeigenwerbung unterstützen soll? Zeitschriften, die - wie der Chefredakteur von *w & v* schrieb - Schöpfungen des nackten Kommerzes sind und bei denen die Gelder der Werbewirtschaft die einzige Motivation und die Redakteure Helfer beim Füllen der ›Lücken‹ zwischen den Werbeeinschaltungen sind?[1]

Und wenn es nicht genug Leser gibt, die für eine derartige Zeitschrift Geld ausgeben: Warum nicht - wenn sich das Anzeigengeschäft lohnt - die Hefte kostenlos versenden und den Inserenten an Hand der Versandlisten nachweisen, daß die Angehörigen der Zielgruppe fast vollständig erfaßt werden?

Der Todeskuß für die Pressefreiheit

Wo die Werbung eingedrungen ist, erwirkt sie durch ihr bloßes Vorhandensein die kleinen Rücksichtnahmen und Gefälligkeiten, die in winzigen Schritten unmerklich sich vollziehenden Anpassungen und schließlich die großen Abhängigkeiten. Wo sie den kleinen Finger gereicht bekam, will sie bald auch die ganze Hand. Was sie berührt, ist in Gefahr, infiziert, verändert, verformt, seines Kerns beraubt und in etwas Wesensfremdes umgewandelt zu werden. Was die Werbung spendet, wenn sie ihre von den Empfängern heißersehnten Gelder verteilt, ist in Wahrheit der Todeskuß.

Das Bundesverfassungsgericht hat 1967 entschieden, daß auch der Anzeigenteil von Zeitungen unter dem Schutz der Pressefreiheit steht: Auch Anzeigen seien Nachrichten. Im übrigen sei das Anzeigengeschäft eine notwendige Voraussetzung für die Existenz, zumindest aber für die wirtschaftliche Unabhängigkeit des Presseunternehmens. Das bedeutet allerdings, daß das Anzeigengeschäft nicht um seiner selbst willen geschützt ist, sondern nur wegen seines Beitrags zur freiheitlichen Struktur der Presse. Es gehöre zu den typischen Aufgaben der Presse, im Anzeigenteil über bestimmte Sachverhalte zu informieren oder wirtschaftliche Möglichkeiten aufzuzeigen. In diesem Sinne wirken z.B. Stellen- oder Vermietungsangebote als Nachrichten über die Lage auf dem Arbeits- oder Wohnungsmarkt. In seiner Urteilsbegründung hat das Verfassungsgericht - wohl in Erinnerung an die Erfahrungen aus nationalsozialistischer Zeit - die Pressefreiheit als Abwehrrecht gegen einen der Pressefreiheit abgeneigten Staat verstanden, der z.B. verhindern will, daß man aus dem Anzeigenteil Arbeitslosigkeit oder Wohnungsnot herauslesen kann.

Völlig anders steht es jedoch um überregionale Markenartikelanzeigen, deren Verbreitung man keineswegs zu den typischen Aufgaben der Presse zählen kann. Laut Adolf Arndt wird der aus dem Grundgesetz abgeleitete Verfassungsauftrag der Presse gegenstandslos, wenn sie für die Freiheitlichkeit des Gemeinwesens und das Verwirklichen der Demokratie nicht mehr von lebenswichtiger Bedeutung ist. Dieses allerdings läßt sich auch bei bestem Willen von Markenartikelwerbung nicht behaupten. Trotzdem bezieht die Werbewirtschaft wie selbstverständlich die verfassungsgerichtliche Entscheidung auf jede Art von Werbung in Zeitungen, Zeitschriften, Funk und Fernsehen.

Dem Verfassungsgericht ging es darum, den Redakteuren mit Hilfe der Anzeigengelder eine freie Bühne zu zimmern (Dovifat). Dabei hat es fünf Dinge unberücksichtigt gelassen. Erstens können Werbungtreibende Zeitungen und Zeitschriften nicht nur Anzeigenaufträge erteilen und sie dadurch mitfinanzieren, sondern auch durch Nichterteilung von Anzeigenaufträgen die Existenzgrundlage von Medien gefährden. Zweitens können sie Redaktionen durch Hinweise auf möglichen Anzeigenentzug unter Druck setzen und so deren Lesern wichtige Informationen vorenthalten. Drittens kann Werbung den Wettbewerb zwischen Presseunternehmen verzerren, indem ein kapitalkräftiger Verlag mit hohen Anzeigeneinnahmen seine Abonnements so billig verkauft, daß Wettbewerber - die wegen ihres geringen Anzeigengeschäfts auf höhere Vertriebserlöse angewiesen sind - nicht mithalten können. Viertens kann man auch Anzeigen zu Dumpingpreisen anbieten, um ein Konkurrenzblatt kleinzukriegen. Fünftens bevorzugen Werbungtreibende Zeitungen mit hohen Auflagen und sind an Ein-Zeitungskreisen interessiert, um mit möglichst wenig Anzeigen ein Maximum an Lesern zu erreichen. Daß allerdings die Abhängigkeit der Zeitungen vom Anzeigengeschäft ein wesentlicher Faktor für die Konzentration im deutschen Pressewesen war - was in der Publizistikwissenschaft als unbestrittene Tatsache gilt[2] - und die Werbung für das Zeitungssterben und den Verlust an Meinungsvielfalt mitverantwortlich ist, wird von Werbefunktionären bestritten.

Die Werbung als Wohltäter?

Während das Bundesverfassungsgericht nur davon spricht, daß das Anzeigengeschäft für die *wirtschaftliche* Unabhängigkeit der Presse wichtig ist, geht der ZAW einen Schritt weiter: »Anzeigen machen Verlage nicht abhängig, sondern unabhängig. Denn nur finanzielle Unabhängigkeit sichert auch redaktionelle Unabhängigkeit.«[3] Außerdem trage die Werbung zur Meinungsvielfalt bei. Aber ist die Werbung wirklich Hüterin und Beschützerin der Pressefreiheit?

Ohne Anzeigen müßten Zeitungen - wie es heißt - mehr als das Doppelte und Zeitschriften etwa das Dreifache kosten. Auf Grund dieser Zahlen hat der ZAW-Sprecher behauptet, ohne Werbeaufkommen würde unser freiheitliches Kommunikationssystem zusammenbrechen.[4] Anscheinend ist ihm entgangen, daß sich der ZAW damit selbst widerspricht. Wenn das gesamte Kommunikationssystem von Anzeigen abhängig ist, können logischerweise einzelne Verlage nicht von ihren Anzeigenkunden unabhängig sein. Am unabhängigsten wäre der Verleger, der wie jeder andere Fabrikant seine Erzeugnisse zu kostendeckenden Preisen verkauft.

Immer dann, wenn sich die Werbewirtschaft als Wohltäterin aufspielt, sollte man mißtrauisch sein. Es geht ihr keineswegs um die Freiheit der Presse oder um das Wohl der Verleger, sondern - völlig legitim - um die eigenen geschäftlichen Interessen. Zwar behauptet sie, der billigere Verkaufspreis von Zeitungen und Zeitschriften diene der Informationsfreiheit, weil sie dadurch auch von ärmeren Bevölkerungsschichten gekauft werden können. Die Käufer von Medien sparen also angeblich Geld, weil die Werbungtreibenden ihnen einen Teil der Herstellungskosten abnehmen. Daß jedoch kein Unternehmen solche Zuschüsse leistet, damit möglichst viele Menschen zu besser informierten Staatsbürgern werden und die Demokratie funktionsfähig bleibt, weiß jedes Kind. Absicht (und Aufgabe) der Werbung ist es, zum Verkauf von Produkten und Dienstleistungen beizutragen und gleichzeitig die Anzeigenkosten wieder einzuspielen. Sie lohnt sich nur, wenn die Leser beim Kauf der angepriesenen Waren das durch verbilligte Zeitungen und Zeitschriften »gesparte« Geld doppelt und dreifach zurückzahlen. Die Werbewirtschaft hat also ein existentielles Interesse, mit »Werbeträgern« die potentiellen Käufer so vollständig wie möglich zu erfassen. Und dieses Ziel erreicht sie um so sicherer, je billiger ihr Publikum die Medien kaufen kann und je mehr das redaktionelle Umfeld ihren Wünschen angepaßt wird.

Es wäre ein wahrhaft unerträglicher Zustand, wenn unsere freiheitliche Presse - wie vom ZAW befürchtet - ohne den nicht abreißenden Nachschub von Anzeigen und Werbespots zusammenbrechen könnte. Schließlich ist unsere gesamte demokratische Gesellschaftsordnung auf freie Berichterstattung und Meinungsäußerung, Meinungsvielfalt, geistige Auseinandersetzung und eine sich in Freiheit bildende öffentliche Meinung aufgebaut und darum ohne Medien nicht lebensfähig. Nähme man die vom ZAW behauptete Gefahr eines Zusammenbruchs des freiheitlichen Kommunikationssystems ernst, wäre es höchste Zeit, dafür zu sorgen, daß Anzeigenkunden nicht weiterhin über Gedeih und Verderb einer freien Presse entscheiden können. Der Bundestag müßte unverzüglich über Maßnahmen beraten, wie Zeitungen auch ohne Anzeigen und ohne staatliche Einflußnahme überleben können.

Angesichts derart katastrophaler, an die Wand gemalter Folgen muß man die für Presse und Leser angeblich so segensreichen Auswirkungen der Werbung genau unter die Lupe nehmen. Ist es ein unabänderliches Naturgesetz, daß Tageszeitungen nicht lebensfähig sind, wenn ihr Werbeaufkommen nicht mindestens 60 Prozent der Herstellungskosten deckt? Warum sind Abonnenten nicht bereit, mehr zu bezahlen? Ist die »Ware« Zeitung so wenig wert? Müßte sie dann nicht besser, interessanter und lesbarer gemacht werden? Zum Beispiel auch durch größere redaktionelle Unabhängigkeit, indem sie mehr auf die Informationsbedürfnisse der Leser Rücksicht nimmt und sich kritischer mit bestimmten Mißständen und auch mit mangelhaften Waren und Produkten auseinandersetzen würde? Daß es auch anders geht, zeigt das Beispiel der *Tageszeitung (taz),* die nicht teurer als die anderen überregionalen Zeitungen ist, obwohl sie mit sehr wenig Anzeigen auskommen muß, sich überwiegend aus Vertriebserlösen finanziert und eine erheblich niedrigere Auflage hat. Man merkt es ihr an, daß sie sich unbefangener und kritischer mit heißen Eisen befassen kann und keine Rücksicht auf Inserenten nehmen muß. Die eigentliche Gefahr für Presse- und Meinungsfreiheit, für die Unabhängigkeit der Medien und für die möglichst vollständige Information der Leser erwächst weniger aus dem Fehlen als dem Vorhandensein der Werbung.

»Zeitungen werden auf die Rückseiten von Anzeigen gedruckt«

Der durch sein Buch »Ist die Werbung noch zu retten?« auch bei uns bekanntgewordene amerikanische Werbeberater Howard Luck Gossage hat geschrieben: »In diesem Jahrhundert haben wir erlebt, daß die wirkliche Gewalt über unsere Presse von der Leserschaft (für die sie angeblich besteht) auf den Werbungtreibenden übergegangen ist ... An dem Tag, an dem der Leser zum erstenmal ein Blatt unter dem Herstellungspreis kaufte, gab er seinen Anteil an der Pressefreiheit auf ... Die Werbung wird immer zunehmend den ganzen Gehalt eines jeden Kommunikationsträgers bestimmen, den sie wirtschaftlich beherrscht ... mehr als die Hälfte unserer Großstadtzeitungen sind eingegangen, nicht weil die Leser sie nicht haben wollten, sondern weil die Werbungtreibenden sie nicht wollten. Daß die Werbung diese furchterregende, wenn auch ungewollte Macht über unsere Pressefreiheit besitzt, scheint mir unwiderlegbar.«[5] Dieses alles hat ein amerikanischer Werbemann auf die kurze Formel gebracht: Zeitungen werden auf die Rückseiten von Anzeigen gedruckt.

Ähnliche Gedanken hat auch der deutsche Zeitungswissenschaftler Karl Bücher schon 1921 geäußert (»Zur Frage der Preßreform«): Der redaktionelle Teil sei nur ein lästiges, kostensteigerndes Element des Betriebes und werde nur deshalb mitgeführt, weil ohne ihn Abonnenten und in deren Gefolge Inserenten überhaupt nicht zu haben wären. Nach Büchers Meinung werde die Zeitung dadurch zweckentfremdet, weil sie nur private Interessen verfolge. Die Ursache für diese Schwierigkeiten sieht *DIE ZEIT*-Herausgeberin Gräfin Dönhoff darin, daß die *Existenz* der Presse marktbezogen und damit von wirtschaftlicher Macht abhängig ist, während die *Aufgabe* der Presse öffentlichkeitsbezogen ist.[6]

Mit unterschiedlichen Methoden versuchen Werbungtreibende die Verleger und ihre Redakteure spüren zu lassen, wer am längeren Hebel sitzt. Ob die Anzeigen stillschweigend gestrichen werden, ein Anzeigenboykott angedroht wird, Redaktionen direkt unter Druck gesetzt werden oder gar die Entlassung eines mißliebigen Redakteurs gefordert wird: Immer ist es das Ziel, unangenehme Meldungen zu unterdrücken oder den eigenen Standpunkt in den redaktionellen Teil einzuschleusen. Von Jungblut wissen wir, wie der Markenverband »unbotmäßige Presseorgane« durch mehr oder weniger diskrete Hinweise auf mögliche Anzeigenverluste einzuschüchtern versucht hat: weil sie es gewagt hatten, überhöhte Markenartikelpreise kritisch zu beleuchten.[7]

Wegen der Bemerkung eines *ZEIT*-Redakteurs, es sei hohe Zeit gewesen, daß das VW-Werk die handgestrickte Werbung aufgegeben und endlich Fachleute beauftragt habe, strich das Volkswagenwerk *DIE ZEIT* aus ihren Werbeplänen (was für *DIE ZEIT* ein Umsatzminus von einer viertel Million DM ausmachte).[8] Fotos von hungernden afrikanischen Kindern neben einer Sektanzeige veranlaßten eine Firma, wegen des zu riskant gewordenen Umfeldes in dieser Zeitung nicht mehr zu inserieren.[9] Als bei anderer Gelegenheit ein Kriegsfoto erscheinen sollte (ein Vater, der sich über sein schwer verwundetes Kind beugt), schaltete sich die Anzeigenabteilung ein und fragte Coca-Cola, ob dieses Foto neben der geplanten Anzeige erscheinen dürfe. Die Firma lehnte ab, das Foto entfiel.[10] Als ein Redakteur der *Rheinischen Post* anläßlich der Neuvermählung des Kaufhauskönigs Horten den Selbstmord von dessen Frau erwähnte, verlangte Horten die unverzügliche Entlassung des verantwortlichen Redakteurs. Als die Zeitung zögerte, bestrafte Horten sie mit einem Anzeigenboykott.[11] Stefan Heym verdanken wir den Hinweis, daß die meisten der rund 110 deutschsprachigen Zeitungen, die 1942 in den USA erschienen, unter Nazi-Einfluß standen, der durch organisatorischen Druck und eine von Berlin aus gesteuerte Anzeigenpolitik sowie den Transocean-Pressedienst ausgeübt wurde.[12] Sogar die DDR nutzte Anzeigen als Zuckerbrot und Peitsche: Als die *Roten Blätter* des Westberliner marxistischen Studentenbundes *Spartakus* sich kritisch über das Verbot der sowjetischen Zeitung *Sputnik* in der DDR geäußert hatten, reagierte der ›sozialistische Bruder‹ mit sofortigem Anzeigenstopp.[13] Aber auch kleine Gewerbetreibende spielen ihre Anzeigenmacht aus wie etwa ein Drogist, der sich bei dem Anzeigenleiter der Lokalzeitung beschwerte, weil der Journalist, der über die Geschäftseröffnung berichten wollte, sich von ihm nicht den Text diktieren ließ. Nach erfolgloser Intervention beim Chefredakteur stattete der Anzeigenleiter dem Drogisten einen Besuch ab und entschuldigte sich für das »Fehlverhalten« des jungen Redakteurs mit einem Blumenstrauß.[14] Es wird kaum einen Verleger oder Chefredakteur geben, der diese Liste nicht mit eigenen Erlebnissen anreichern kann.

Die neueste Methode der Werbewirtschaft zur Einschränkung der redaktionellen Unabhängigkeit will der 1990 gegründete »Arbeitskreis Werbungtreibende und Agenturen zur Bewertung der Leistung von Werbeträgern« (WAW) praktizieren. Mit ihrer ganzen Einkaufsmacht wollen die Werber Qualitätskriterien für die gewünschte Leistung vorgeben, die die »Lieferanten« (Medien) erfüllen müssen. Sie fordern nicht mehr und nicht weniger als ein »Umdenken im deutschen Mediengeschäft«. Damit ist gemeint, daß die Medien dafür zu sorgen haben und auch beweisen müssen, daß Leser oder Zuschauer gute Markenartikelkunden sind, die die Anzeigen sorgfältig studieren und Werbespots aufmerksam betrachten. Während die Medien früher nichts als Anzeigenraum zur Verfügung stellten, soll in Zukunft ein Arbeitskreis (laut *w & v* »Media-Zentralkomitee«) darüber wachen, ob sie auch redaktionell der Werbung in gewünschter Weise zuarbeiten und für ihre Werbekunden genug leisten.[15]

Die Schweigezonen der Presse

Wenn Redakteure dem Druck von Anzeigenkunden nachgeben oder durch eine freiwillige Selbstzensur deren Wünschen entgegenkommen, können sie sich entweder aktiv in ihren Dienst stellen oder passiv bestimmte Themen meiden. Sie können sich zum Beispiel für die Interessen eines Industrieverbandes einspannen lassen und sich dessen Sprachregelung zu eigen machen: indem sie nur über »Wettbewerbsgangster« schreiben und dem Leser die einzige für ihn interessante und nützliche Information vorenthalten: daß damit eine Handelskette gemeint ist, die Markenwaschpulver weit unter dem üblichen Preis verkauft.[16] Die vielen Gefälligkeitsmeldungen ohne Informationswert über einzelne Produkte - oft mit Foto -, die wohlwollende Nennung von (treu inserierenden) Sponsoren und der ganze »Fluff«, worunter man in Amerika die »weichen Nicht-Nachrichten« aus der Grauzone zwischen Redaktion und Werbung versteht, brauchen hier nicht erwähnt zu werden. Es genügt, einige Zeitungen durchzublättern.

Der Zeitungswissenschaftler Roegele hatte schon 1958 von den »Schweigezonen« geschrieben, die aus Rücksichtnahme auf mögliche oder wirkliche, vermutete oder ausdrücklich erklärte Empfindlichkeiten der wirtschaftlichen Interessenten entstehen und sich zu einem System weißer Flecken auf der Landkarte der in den Zeitungen behandelten Themen auswachsen.[17] »Warum läßt die Presse dieses weite Feld brachliegen?« fragten Glotz und Langenbucher und gaben selbst die Antwort: »Natürlich pfeifen es die Spatzen von den Dächern, daß es harte ökonomische Gründe sind, die die Tageszeitung mit der Produzentenseite und nicht mit der Konsumentenseite (der Mehrzahl der Leser) paktieren läßt.«[18] Statt dessen liest man das Lob der Markenartikelideologie und der Werbung als Hüterin des Wettbewerbs, der Pressefreiheit und der Meinungsvielfalt.

Schon dem amerikanischen »Verbraucheranwalt« Ralph Nader, der gegen den erbitterten Widerstand der Industrie für die Verbraucher Rechte erkämpft hat, von denen wir nur träumen können, hat beobachtet, daß die deutsche Presse weniger als die anderer Länder dazu neigt, für den Verbraucher nachteilige Mißstände zu geißeln.[19] Es dürfte an der Parteinahme von Zeitungen zugunsten der Industrie liegen, daß sich die deutschen Verbraucher ihrer Macht nicht - wie in den USA, Großbritannien, Frankreich, Schweden, Holland und Japan - bewußt geworden sind. Dort sind die geradezu sensationellen und auch für deutsche Leser höchst interessanten Verbraucherschutzvorschriften, die Nader gegen die Industrie und besonders gegen die Werbungtreibenden erreicht hat, regelmäßig veröffentlicht worden, nicht aber in der Bundesrepublik.

Die Instrumentalisierung von Anzeigen zur Belohnung »gehorsamer« und zur Bestrafung »ungehorsamer« Medien gilt in der Werbebranche nicht als ein Fehlverhalten schwarzer Schafe, sondern wird - ein besonders bedrükkender Vorgang - in der Werbefachpresse und bei Werbefunktionären als eine völlig normale Maßnahme beurteilt. Sogar in *w & v* (wo man heute anders zu denken scheint) war zu lesen: »Und ist es deshalb nicht unser gutes Recht, ihre redaktionellen Entgleisungen zu rüffeln, indem wir ihnen die Werbeaufträge entziehen? Schließlich lohnen wir dafür immer häufiger redaktionelles Wohlverhalten selbst dann, wenn das Medium von mediatechnischen Gesichtspunkten aus gesehen eigentlich nicht in Frage käme.«[20] Sehr deutlich kam Adolf Wirz, Inhaber einer bedeutenden Schweizer Werbeagentur, zur Sache: Ein Unternehmer, der von »seinem« Insertionsorgan kritisiert wird, empfinde redaktionelle Kritik als einen Dolchstoß. Wenn sein Inseratenträger Informationen und Meinungen verbreitet, die seine Interessen tangieren, ja diesen total zuwiderlaufen und ihn schädigen, sei es begreiflich, wenn der Inserent von seiner Macht Gebrauch mache und das Blatt von der Zeitungsliste streiche.[21] Sicherlich ist es begreiflich. Aber wer von der Presse erwartet, daß sie mit Rücksicht auf Inserenten bestimmte Themen meidet, erweist sich nicht als Verteidiger, sondern als Gegner einer freien Presse. Wie man wirklich zur Presse- und Informationsfreiheit steht, zeigt sich nicht, wenn man mit den Meinungen der Medien zufrieden ist, sondern sich an ihnen reibt oder sich womöglich zu Unrecht kritisiert fühlt. In diesem Panorama darf auch der Kündigungsgrund für den Chefredakteur der Zeitschrift *Chancen* nicht fehlen: Ein Artikel über Chemie in Lebensmitteln habe die Konzerne Nestlé, Unilever und Hoechst zu heftigen Protesten veranlaßt, und Inserenten hätten Anzeigen-Akquisiteuren gegenüber Klagen geäußert. In Zukunft solle die Zeitschrift auf negative Darstellungen verzichten und das Positive stärker herausarbeiten . . .[22]

Der vergessene Zeitschriftenleser

Bei Zeitschriften decken Anzeigen einen noch größeren Anteil der Kosten, während die durchschnittlichen Vertriebserlöse einen geringeren Prozentsatz als bei Tageszeitungen einbringen. Daraus ergeben sich größere Abhängigkeiten der Verlage, mehr Schweigezonen und höhere Erwartungen der Werbungtreibenden hinsichtlich Anpassung des »Umfeldes« und »redaktioneller Unterstützung«. Die Verlegerzeitschrift *ZV + ZV* hat die Rolle der Zeitschriftenredakteure deutlich beschrieben: Die Presse bereite den Leser durch den redaktionellen Teil auf die Anzeigen vor. Sie sei stets bemüht, gerade die Anzeigen in das rechte Licht zu rücken, denn sie wisse, was von den Anzeigen für den redaktionellen Teil abhängt.[23] Der Gnade oder Ungnade von Werbungtreibenden ausgeliefert, sehen viele Zeitschriftenverleger ihre Hauptaufgabe darin, diesen zu Diensten zu sein und ein »realitätsentlastendes« redaktionelles Umfeld zu schaffen.

Über den »zusätzlichen Nutzen«, den Redakteure ihren Anzeigenkunden verschaffen können, hat der Mediaplaner einer Werbeagentur geschrieben: »Ist es nicht besser, wenn in einer Frauenzeitschrift demonstriert wird, wie wichtig es ist, zur Hautpflege besonders milde Badezusätze zu verwenden und in diesem Heft meine Anzeige sagt, daß ABC ein besonders milder Badezusatz ist? Ist es nicht besser, der Umworbene liest in einer Automobilzeitschrift, wie wichtig eine vielfach gelagerte Nockenwelle ist, und es steht in meiner dort plazierten Anzeige, daß der Pkw DEF eine genauso oft gelagerte Nockenwelle hat? Ist es nicht besser, wenn in einer Elternzeitschrift steht, daß Kindernahrung viel Vitamin Z enthalten soll, und meine dort plazierte Anzeige preist Kindernahrung mit viel Vitamin an?«[24]

Keine Frage: Für den Inserenten ist es besser. Aber auch für den Leser, der objektive Information und keine Verdoppelung der Anzeigenwerbung erwartet? Der sich darauf verläßt, daß der Redakteur kompetent ist, seine Empfehlungen nur nach gewissenhaften Recherchen abgibt und sich nicht scheut, auch die eventuellen Nachteile einer vielfach gelagerten Nockenwelle zu erwähnen oder einen Mediziner zu Wort kommen zu lassen, der zuviel Vitamin Z für schädlich hält? Der erwartet, daß Fachaufsätze von anerkannten Experten verfaßt werden und nicht aus der Werbeabteilung eines Anzeigenkunden stammen?

Was sich alles hinter den Kulissen des Anzeigengeschäftes abspielen kann, wissen wir am genauesten aus Amerika. Zu Anfang dieses Jahrhunderts hatten dort Journalisten nach sorgfältigen Recherchen viele skandalöse Tatsachen über Konzerne und Politiker enthüllt. Präsident Theodore Roosevelt hielt derartige Veröffentlichungen für unangebracht und beschimpfte die Reporter als »muckrakers«, als Leute also, die im Schmutz herumrühren. Zu den profiliertesten »muckraking magazines« gehörte *Cosmopolitan* mit einer Serie über korrupte Senatoren. Senator Dryden, der zugleich Präsident der Prudential-Versicherung war, erreichte im Oktober 1906 durch Androhung eines Anzeigenboykotts und den Köder einer zusätzlichen 5000-Dollar-Anzeige, daß einige für ihn und sein Unternehmen äußerst peinliche Tatsachen nicht veröffentlicht, sondern durch einige Freundlichkeiten ersetzt wurden. »Damit hatte ökonomische Nützlichkeit über journalistische Integrität die Oberhand gewonnen.«[25] Die Bemühungen der muckraking magazines um nationale Reformen verschafften ihnen zwar Ruhm, besiegelten aber auch ihren Untergang: Entweder wurden sie durch Anzeigenentzug aus dem Markt gedrängt oder von ihnen feindlich gesinnten Interessenten aufgekauft.[26]

In Amerika wurden zahlreiche besonders beschämende Episoden über die Einflußnahme von Werbungtreibenden dokumentiert. Daß auch bei uns tendenziell vergleichbare Fälle vorkommen, steht außer Zweifel. Auf sie scheint die deutsche Publizistikwissenschaft jedoch bisher noch kein besonderes Augenmerk gerichtet zu haben, so daß meist nur Einzelfälle bekanntgeworden sind. Darum bietet das »Land der unbegrenzten Möglichkeiten« das beste Anschauungsmaterial über die in diesem Bereich zusammenwirkenden und ineinandergreifenden Kräfte.

Die Anzeigenmacht der amerikanischen Zigarettenindustrie

Die Unterdrückung von Veröffentlichungen über die Gesundheitsschädlichkeit des Rauchens hat Bagdikian als die schändlichste mit Geld ausgeübte Zensur in amerikanischen Medien bezeichnet. Jährlich geben die US-Tabakkonzerne - die dort zu den größten Inserenten gehören - weit über eine Milliarde Dollar für Werbung aus. Berücksichtigt man weiter, daß auch große und werbeintensive Nahrungsmittel- und Getränkehersteller Tochtergesellschaften von Tabakkonzernen sind, die nicht nur Zigarettenanzeigen, sondern auch Anzeigen aus anderen Branchen sperren können, beginnt man die Macht zu ahnen, die amerikanische Zeitschriften aus dieser Richtung bedroht.

R. C. Smith spricht von einer »furchtbaren Bilanz« in den Zeitschriften, die Zigarettenanzeigen annehmen. Für diese Aussage bringt er viele eindeutige Belege. In sieben Jahrgängen von Zeitschriften, die Zigarettenanzeigen veröffentlichten, konnte er keinen einzigen Artikel finden, der die Leser über medizinische oder soziale Folgen des Rauchens aufgeklärt hätte.[27] *Reader's Digest* und *Good Housekeeping* hingegen, die keine Zigarettenanzeigen annehmen, machten in 34,4 bzw. 22,1 Prozent ihrer Aufsätze über Gesundheitsthemen auf die Gefahren des Rauchens aufmerksam.[28]

Besonders schwerwiegend ist die Tatsache, daß auch die meisten Frauenzeitschriften es versäumt haben, ihre Leserinnen vor den frauenspezifischen Gefahren des Rauchens - z.B. für ungeborene Kinder - zu warnen. Die Herausgeberin der Zeitschrift *Ms.* gab zu, daß diese Unterlassung mit der starken Abhängigkeit von Zigarettenanzeigen zusammenhängt.[29] Auf Veranlassung von *Harper's Bazaar* hatte die Direktorin des American Council on Science and Health einen Artikel »Schützen Sie Ihren Mann vor Krebs« geschrieben; er wurde jedoch nicht veröffentlicht, weil er zuviel Aufmerksamkeit auf Tabak lenkte und für dasselbe Heft drei ganzseitige Zigarettenanzeigen disponiert waren.[30] Nachdem sich die Zeitschrift

Mother Jones zweimal kritisch über Tabak geäußert hatte, erklärten Zigarettenhersteller dem Chefredakteur, die Zeitschrift werde nie wieder Zigarettenanzeigen erhalten.[31]

Die Werbungtreibenden brauchen jedoch nur selten selbst einzugreifen und sich die Hände schmutzig zu machen. Der Musikkritiker des *Twin Cities Reader* hatte 1982 in seinem Bericht über das von einer Tabakfirma des BAT-Konzerns gesponserte »Kool Jazz Festival« sehr drastisch über die Zusammenhänge von Rauchen und Lungenkrebs, Herzkrankheiten und Raucherbein geschrieben. Wegen »der seltsamen Abneigung der amerikanischen Bevölkerung gegen Lungenkrebs« seien die Zigarettenumsätze zurückgegangen. »Zigaretten und Jazz sind eigenartige Bettgenossen. Duke Ellington starb 1974 an Lungenkrebs.« Der Kritiker hatte nichts von der Übereinkunft mit der Zigarettenindustrie gewußt, nach der sie über jeden kritischen Artikel vor seiner Veröffentlichung zu informieren ist. Obwohl die Tabakfirma keinerlei Druck ausübte, sagte der Verleger zu dem Redakteur: »Und wenn wir auf unseren Knien zu der Firma kriechen und sie bitten müssen, uns ihre Anzeigen nicht zu entziehen, werde ich es tun. Sie sind entlassen!«[32]

Aber die amerikanischen Zigarettenfirmen kennen noch subtilere Methoden, um Verlage unter Druck zu setzen und sich an ihnen zu rächen. Sie brachten zum Beispiel das erfolgreich gestartete Magazin *Ken* – dessen liberale Linie ihnen mißfiel – zu Fall, indem sie für den im gleichen Verlag erscheinenden *Esquire* einen Anzeigenboykott ankündigten.[33] Als die *New York Times* eine Serie über ärztliche Kunstfehler veröffentlichte, konnten die medizintechnische und die pharmazeutische Industrie zwar nichts direkt gegen die Zeitung unternehmen, da sie kaum medizinische Anzeigen hatte. Statt dessen drohten sie wie Geiselnehmer damit, der im gleichen Verlag erscheinenden Zeitschrift *Modern Medicine* 260 Anzeigenseiten im Wert von einer halben Million Dollar zu entziehen, woraufhin die *New York Times Company* die Zeitschrift verkaufte.[34] Auch ein Buchverlag kann zur Achillesferse werden. So hatte ein zur *Reader's Digest*-Gruppe gehörender

Verlag ein kritisches Buch über die Werbeindustrie (»Die erlaubte Lüge«) angekündigt. Auf Weisung der um jährlich 50 Millionen Dollar Anzeigeneinnahmen bangenden Konzernleitung durfte das Buch nicht erscheinen.[35] Mit Sicherheit werden nur die wenigsten Pressionen bekannt. Man kann nur ahnen, was ans Licht käme, würden Werbungtreibende und Verleger aller Welt ihre Leichenkeller öffnen.

Freiwillige Selbstzensur

Auch bei uns weiß man von genügend Fällen, in denen der Einfluß von Inserenten auf Verleger oder Redakteure Wirkung gezeigt hat. Sehr viel verbreiteter aber scheint die freiwillige Selbstzensur zu sein: der Verzicht auf Berichte (oder sogar auf Anzeigen z.B. einer Anti-Raucher-Initiative[36]), die das Mißfallen von Werbungtreibenden erregen könnten, die vorsorgliche Herstellung von redaktionellem Material, das Anzeigenkunden anlockt und erfreut, das Einschleusen von Schleichwerbung, die Anpassung an Inserenteninteressen. Diese Tendenz kommt in der Eigenwerbung von Zeitschriften sehr deutlich zum Ausdruck, in der sie sich Werbungtreibenden andienen. So hieß es beispielsweise: »Bei *Burda-Moden* werden die Anzeigen inhaltlich und thematisch so als in den redaktionellen Teil eingegliedert erlebt, daß die unterschiedliche Funktion der Parzellen von Frauen oft kaum bemerkt und beide Bereiche – Werbung und redaktioneller Teil – als zusammengehörig und als organisch übergreifende Einheit erlebt werden.« *Männer Vogue* verkaufte ihre Leser an die Inserenten mit den folgenden Worten: »›Welche Cognacs gibt es nochmal, und vor allem: Welchen mag mein Schwiegervater?‹ Das ist mal wieder so eine Frage, mit der sich unsere Leser beschäftigen. Wenn man so um die 30 ist und ca. 5000 Mark im Monat verdient, sucht man eben immer neue Möglichkeiten, das Geld auszugeben . . . Unsere Leser haben dabei eine enorme Fähigkeit entwickelt. Ihr oberstes Gebot lautet, nicht auf den Preis, sondern auf die Marke zu achten.« *Penthouse/Lui* rühmte sich, keine andere Zeitschriftengattung behandle bestimmte Themen so konsumorientiert wie sie.

Es würde zu weit führen, diese Vorgänge im einzelnen darzustellen. Interessanter sind die vielen Varianten, mit denen Anzeigen als Druckmittel eingesetzt werden. Schon Bundeskanzler Adenauer meinte erkannt zu haben, wo der als Ärgernis empfundene *SPIEGEL* am verwundbarsten ist. Seine Bemerkung »Die Leute stehen nicht sehr hoch in meiner Achtung, die ihm soviel Annoncen gegeben haben« war eine unmißverständliche, wenn auch ziemlich wirkungslose Aufforderung an die Industrie zum Anzeigenboykott. Größeren Erfolg hatte 1972 der aus dem Hintergrund operierende »Kronberger Kreis«, in dem »Wirtschafts- und Verbandsscharfmacher« und führende CDU-Politiker mit einer abgestimmten Aktion politisch mißliebige Zeitschriften bekämpften. Die Anzeigenstatistik des *SPIEGEL* weist für 1972 ein Minus von 575 Anzeigenseiten (12,7 Prozent) auf,[37] das jedoch weder seine wirtschaftliche Existenz entscheidend schwächen noch die redaktionelle Linie beeinflussen konnte. Das traf auf das von Hans Habe geleitete *Echo der Woche* nicht zu. In seiner Eröffnungsansprache zum Kongreß der Werbung 1977 hat er enthüllt, eine mit dem Rechtsradikalismus kokettierende Industriellenvereinigung habe diese Zeitschrift 1951 durch den Entzug jeglicher Insertion ruiniert.

Einen guten Einblick in die Gepflogenheiten des Anzeigenwesens ermöglichte 1989 das Togal-Werk, ein mit 40 Millionen Mark Umsatz relativ unbedeutendes Pharma--Unternehmen. Daß es 22 Zeitschriften mitteilte, in ihnen nicht mehr zu inserieren, falls sie über die Pharma-Branche unfair und imageschädigend berichten sollten, ist kaum erwähnenswert. Interessanter ist schon, daß es an die Anzeigenabteilungen - die (angeblich) keinen Einfluß auf die Redaktion haben - »sechs Forderungen an die Laienpresse zur Berichterstattung über Arzneimittel« richtete. Trostlos aber ist es, daß zwölf Anzeigenleiter - auch von Großverlagen - diesen unglaublichen Eingriff in die redaktionelle Unabhängigkeit schriftlich akzeptierten.[38] Wenn schon ein kleiner Inserent solchen Einfluß hat: Was hätten wir zu erwarten, wenn ein milliardenschwerer Multi ähnliche Forderungen präsentieren würde?

Als sich die satirische Zeitschrift *pardon* eine Parodie auf die »Jägermeister«-Werbung erlaubt hatte (»Ich trinke Jägermeister, weil mein Dealer im Knast sitzt«), wurde sie von dem Hersteller auf eine Million DM Schadenersatz verklagt und in erster Instanz zu 500000 DM verurteilt. Vor der Revisionsverhandlung zog der Hersteller jedoch seine Klage zurück.[39] Offensichtlich hatte er die Welle von Protesten nicht erwartet, die von jenen kamen, die die Jägermeister-Sprüche für witzig und das Unternehmen für humorvoll gehalten hatten. Diese Episode zeigt jedoch, daß es tödlich sein kann, den Zorn von Werbungtreibenden zu erregen. Sie verstehen keinen Spaß.

Über den Einfluß der Zigarettenindustrie auf die deutsche Presse liegen - soweit bekannt - bisher noch keine Veröffentlichungen vor. Man kann sich aber leicht ausmalen, wie positive Veröffentlichungen über das Rauchen zustande kommen. Der Tabakkonzern Reynolds z.B. sponsert einen Pressedienst *Themen,* in dem das Rauchen als verantwortbarer und vernünftiger Weg zur Meisterung bestimmter Lebenssituationen empfohlen wird.[40] Journalisten werden auch zu Reisen nach den interessantesten Tabakanbaugebieten der USA eingeladen.[41] Es macht jedoch stutzig, wenn ein Zigarettenhersteller wie Philip Morris (»Marlboro«) eine eigene Seminarreihe veranstaltet, um junge DDR-Journalisten in Zeitungsmarketing, Unternehmens-PR und anderen Bereichen zu trainieren.[42] Für Publizistikwissenschaftler dürfte es eine lohnende Aufgabe sein, den Einfluß der Zigarettenindustrie auf die Presse zu untersuchen. Viele Anzeichen sprechen dafür, daß Forscher hier fündig werden können. Da die Zigarettenindustrie allerdings ihre Werbeausgaben in den achtziger Jahren von 208 auf 144 Millionen DM - also um fast ein Drittel - vermindert hat[43] und dieser Abwärtstrend sich fortzusetzen scheint, könnte auch die Furcht vor Anzeigenentzug geringer geworden sein.

Ein besonders gravierendes Beispiel für die weitreichenden Nebenwirkungen der Werbung bietet die Medizinpublizistik. Inserierende Pharmahersteller ziehen sich mehr und mehr aus den wissenschaftlichen und Original-Forschungsarbeiten veröffentlichenden Ärztezeitschriften zurück, die nur kleine Auflagen haben und deren Leser nicht zu den »Meistverordnern« gehören. Diese massiv umworbene Zielgruppe der rund 40000 niedergelassenen praktischen Ärzte, Allgemeinmediziner und Internisten wird von der Werbung eher mit den gratis abgegebenen pharmaorientierten ärztlichen »Anzeigenblättern« erreicht: Zeitungen oder Zeitschriften, die nur noch als Vehikel für Anzeigen dienen und deren medizinische Berichterstattung zum blanken Lückenfüller überquellender Anzeigenumfänge und konsumorientierter Beiträge beschränkt wurde.[44] Rund 90 Prozent der medizinischen Fachzeitschriften werden inzwischen kostenlos verteilt, worunter die werbungsfreie Information der Ärzte ebenso wie ein verantwortungsbewußter Medizinjournalismus leidet.[45] Selbst vom *Deutschen Ärzteblatt* mit einem vorsichtig geschätzten Anzeigenaufkommen von 36 Millionen DM könne sicherlich niemand bedingungslose Objektivität erwarten.[46] Man wird kaum überrascht sein, daß es anzeigenfreie Ärztezeitschriften für eine Illusion hält.[47] Gehören Ärzte etwa auch zu jenen ärmeren Bevölkerungsschichten, deren Informationsfreiheit angeblich nur durch verbilligte oder gar kostenlose Zeitschriften zu ihrem Recht kommen kann?

Jede Werbemark kann mehrfache Wirkung entfalten. Mit ihr kauft man nicht nur Anzeigenraum, sondern gewinnt auch Einfluß auf die Redaktionen. Aber auch für die Werber fällt dabei eine Menge ab. Die Werbung mit all ihren Fragwürdigkeiten und Nebenwirkungen wird von den meisten Medien geschont und in der öffentlichen Diskussion weitgehend ausgespart.

Wie das bloße Quantum von Werbegeldern ausreicht, um für die Interessen der Werbewirtschaft Druck zu machen, zeigt ihre Lobbytätigkeit bei den öffentlich-rechtlichen Fernsehsendern.

8. Welchen Preis Zuschauer für Fernsehwerbung bezahlen müssen

Ein Sinfoniekonzert.

Die Besucher haben ihre Plätze eingenommen und warten auf das Orchester. Da verdunkelt sich der Saal, im Hintergrund wird eine große weiße Leinwand entrollt, und es folgen zehn Minuten Werbung: für Hammondorgeln und Gitarren, für Schallplatten, Musikliteratur und ein Konzertabonnement, durchmischt mit Spots für Champagner, Mode, Eiscreme, Autos, Restaurants und eine Bank.

Das Publikum wird unruhig, Pfiffe ertönen, es kommt zu lautstarkem Protest, man fordert »Aufhören«. Da betritt der Veranstalter das Podium und bittet um Verständnis: Ohne Werbung hätte jede Konzertkarte fünf Mark mehr gekostet. Er bedanke sich bei den Werbungtreibenden für ihre großzügige Unterstützung . . .

Endlich beginnt das Konzert. Aber was ist das? Beim Adagio wird die Musik immer leiser, ist kaum noch zu hören. Eine Geisterstimme ertönt: »So leise läuft der Motor unseres neuen XY-Automodells!« Dann kehrt das Orchester allmählich wieder zu normaler Lautstärke zurück.

Zukunftsmusik?

Was von Kinobesuchern längst als Selbstverständlichkeit hingenommen wird, mag für die Ohren von Musikfreunden noch unerhört klingen. Im öffentlich-rechtlichen Fernsehen wird die Werbung damit gerechtfertigt, daß sie die Monatsgebühr um sieben Mark verbilligt. Daß der Zuschauer eines Spielfilms plötzlich von Werbespots überfallen wird, gehört im Kommerzfernsehen zur Alltagspraxis. Und die Einbettung einer Werbedurchsage in ein Musikstück wäre nur eine der »kreativen« neuen Werbesonderformen, mit denen das Programm für die Werbung geöffnet wird. In den Anzeigen der Privatsender, mit denen sie Werbungtreibende anlocken wollen, sprechen sie selbst von ein paar Feuerstößen, mit denen man die Verbraucher erwischen kann. Die Werbung bezahlt die Musik und gibt den Ton an.

Wo liegt der Endpunkt einer öffentlich kaum noch diskutierten Entwicklung, gegen die auch die - von den Politikern finanziell kurzgehaltenen und dadurch noch stärker auf Werbung angewiesenen - öffentlich-rechtlichen Rundfunkanstalten keine grundsätzlichen Einwände mehr erheben? Wann wird eine Fernsehübertragung in jener Szene für eine Seifenreklame unterbrochen, in der Lady Macbeth vergeblich ihre Hände zu reinigen versucht? Wäre die Zusammenkunft der Taschendiebe in der »Dreigroschenoper« nicht das ideale Umfeld für die Werbung einer Diebstahlversicherung? Als es im amerikanischen Fernsehen noch keine Werbespots gab, wurde ein Film über Lady Hamilton von der Werbedurchsage unterbrochen, sie wäre eine glücklichere Frau gewesen, wenn sie das X-Deodorant benutzt hätte.[1] Aber was ist, wenn ein dreistündiges Schauspiel *nicht* für Werbung unterbrochen werden darf: Wäre das für einen kommerziellen - und in vergleichbarer Lage auch für einen öffentlich-rechtlichen - Sender nicht gleichbedeutend mit verschenkter Werbezeit im Wert von über einer Million Mark, die man mit einer statt dessen gesendeten Unterhaltungsshow hereinholen könnte?

Fernsehen - das ideale Werbemedium

Das Fernsehen ist ein Medium wie kein anderes. Es unterscheidet sich grundlegend von jeder anderen Form der Informationsverbreitung und -aufnahme. Vier Besonderheiten machen es auch und gerade zu einem Werbemedium eigener Art.

Erstens ist Fernsehen ein Zeitmedium, dessen Botschaften man nur jetzt oder überhaupt nicht empfangen kann. Alles Gesendete ist sofort verflogen und nicht mehr vorhanden. Jedes unverstandene Wort ist verloren. Fernsehen kann nur ein einziges Bild zur Zeit aussenden, so daß es alle anderen Bilder ausschließt. Wenn Millionen Menschen als Hauptfreizeitbeschäftigung und zur Unterhaltung fernsehen, ist das so, als würden sie alle gleichzeitig dieselben Krimis, Konsaliks, Comics und Illustrierten einschließlich Anzeigen lesen. Mit einem einzigen Werbespot kann man unter Umständen schlagartig ein Viertel der Bevölkerung erreichen. Und wenn ein Werbespot auf der Bildfläche erscheint, muß der Zuschauer - wenn er nicht umschaltet oder abschaltet - abwarten und sich Zeit stehlen lassen. Er ist abhängig vom Fernsehapparat, der die Zeit kontrolliert und verteilt. (In Verbindung mit einem Videorecorder verwandelt sich das Fernsehen in ein anderes Medium.)

Völlig anders steht es um Printmedien. Gedrucktes ist jederzeit greifbar und rückholbar. Schwierige Texte kann man mehrmals lesen und in Ruhe darüber nachdenken, bevor man weiterliest. Man kann die Lektüre unterbrechen, ein paar Seiten überschlagen und sich auf die wichtigsten Passagen beschränken, man kann Anzeigen beachten oder überblättern. Der Leser ist von der Zeit und dem Umfang unabhängig. Er selbst und nicht die Zeitung oder das Buch gibt den Takt an. Ähnlich läßt sich auch ein Videorecorder nutzen.

Warum Werbefreiheit im Fernsehen limitiert ist, während in der Presse Werbefreiheit herrscht, fragte der ZAW-Sprecher.[2] Die Antwort fällt nicht schwer: weil Zeit nicht vermehrbar ist. Eine Ausweitung der Fernsehwerbung ist nur auf Kosten werbefreier Zeiten möglich. Und da die Werbewirtschaft vor allem das Abendprogramm der öffentlich-rechtlichen Anstalten im Visier hat und ihre Spots in ein ihr genehmes Programmumfeld einspeisen will, bedeutet die Forderung nach mehr Werbezeit im Klartext: immer stärkere Vermischung von Programm und Werbung zu genau jenen Zeiten, wenn die Menschen in ihrer Freizeit ein *Programm* sehen wollen und keine Werbung. Auch Werber müssen begreifen, daß für ein Zeitmedium andere Gesetze gelten. Daß die heutigen Werbezeiten schon vor 25 Jahren eingeführt worden sind und ausgeweitet werden müssen, weil sich das Bruttosozialprodukt seitdem vervielfacht hat, das Anzeigenvolumen stark angewachsen ist, mehr Werbezeit gebraucht wird und es auch im Printbereich »keine Detailregelungen über prozentuale Anteile der Werbung« gibt,[3] reicht als Begründung für die Forderungen der Werbelobby nicht aus. Nach dieser Logik könnte sie ebensogut eine Verlängerung des Tages auf 26 oder 30 Stunden fordern.

Zweitens stößt die Fernsehübertragung von Farbe, Helligkeit, Tiefenschärfe und Ton - anders als beim Kinofilm - auf technische Grenzen. Grobkörnigkeit und Verschwommenheit beeinträchtigen die Bildqualität. Auf dem kleinen Bildschirm wird ein Gesicht besser als eine Menschenmenge, ein Gegenstand besser als ein Genrebild sichtbar. Bevorzugt wird das Vordergründige, Offensichtliche, leicht Erkennbare, Bildhafte und Kontrastreiche, während die Vielschichtigkeit von Gesehenem undurchschaubar bleibt. Diese Eigenschaften aber machen das Fernsehen zum idealen Überbringer für die primitiven Botschaften aus der Konsumwelt. Auf dem Bildschirm kann man Produkte und ihre Anwendung gut zeigen, das Vorher und das Nachher eindrucksvoll gegenüberstellen, einprägsame Symbole verbreiten, Emotionen erzeugen und mit bildhaften Assoziationen verknüpfen. Gesprochenes und Bedenkenswertes wird schnell vergessen, Bildhaftes und Emotionales bleibt eher haften, auch wenn es nur flüchtig aufgenommen wurde.

Drittens beeinflußt Fernsehen die gehirnphysiologischen Vorgänge in erheblichem Maße. Den Beobachtungen von Emery, Krugman, Peper und anderen Forschern zufolge zerstört es das Aufmerksamkeitspotential und unterbindet das Lernen.[4] Die vom Bildschirm ausgehenden Reize erzeugten zwar Erregungszustände und bereiteten den Körper auf sofortiges Reagieren vor, müßten aber unterdrückt werden. Dadurch bleibe der Fernsehende in passiver, zugleich aber auch frustrierter Haltung zurück. Er reagiere mehr auf das Medium als auf seine Inhalte: mit verlangsamten Gehirnwellen, fehlenden Augenbewegungen bei andauerndem Starren auf die helle Bildscheibe, Unfähigkeit zum Definieren seiner Situation, Untätigkeit und allgemeiner Trägheit. In diesem Zustand sei kein organisiertes Denken möglich.[5] Das beim Fernsehen gewonnene »Wissen« durchlaufe unverarbeitet die Bewußtseinsregionen. Diese Trägheit bewirkt auch, daß viele Zuschauer die Werbung apathisch über sich ergehen lassen, ohne darauf zu reagieren. Die Bilder dringen ins Gehirn ein und versickern irgendwo im Gedächtnis. »Wenn Sie fernsehen, gewöhnen Sie sich daran, nicht zu reagieren, und irgendwann später tun Sie Dinge, ohne zu wissen, warum Sie sie tun.«[6] Das klingt wie eine Beschreibung der emotionalen Konditionierung und des »Sleeper effects« der Werbung.

Viertens gilt das Fernsehen als ein Medium von größter Realitätsnähe und Glaubwürdigkeit. Weil es Handgreifliches abbildet oder abzubilden scheint und die Zuschauer meinen, sich durch Augenschein von der Wirklichkeit überzeugen zu können, nehmen sie alles Gezeigte - ohne darüber nachzudenken - als gegeben hin. Die Wirkung der Massenmedien auf die Beeinflussung von Wissen und Einstellungen ist von der früheren Kommunikationsforschung überschätzt worden. Anders aber steht es um die suggestiven Wirkungen des Fernsehens, das die kognitive Schranke unterlaufen und direkt in den emotionalen Bereich einwirken kann. Die Macher der Fernsehwerbung haben es gelernt, die von einer »Tendenz zur prägnanten Gestalt« gekennzeichnete menschliche Wahrnehmung - durch die die Außenwelt als sinnvoll, geschlossen und »rund« erlebt wird[7] - systematisch auszunutzen und ihre Botschaften unter Verzicht auf kognitive Elemente suggestiv wirken zu lassen. In Worte gefaßte Behauptungen lassen sich in Frage stellen, über ihre Richtigkeit kann man streiten, man kann auch »lügen wie gedruckt«, aber das Vorhandensein von realen Bildern läßt sich nicht anzweifeln. In einem Achtzeiler hat Goethe die Ohnmacht des Geistes gegenüber dem Bild so beschrieben, als habe er dabei an das Fernsehen gedacht (»Zahme Xenien«):

»Dummes Zeug kann man viel reden,
kann es auch schreiben,
wird weder Leib noch Seele töten,
es wird alles beim alten bleiben.
Dummes aber, vors Auge gestellt,
hat ein magisches Recht:
Weil es die Sinne gefesselt hält,
bleibt der Geist ein Knecht.«

Werbeleute haben sich die spezifischen Wirkungen und die Macht der flüchtigen Fernsehbilder systematisch dienstbar gemacht. Sie stellen die Produkte in den Mittelpunkt einer um sie herum inszenierten und für sie erfundenen Scheinwelt. Jedes Problemchen kommt innerhalb von 30 Sekunden zum Happy-End. Durch das Tempo häufiger Schnitte und Bildwechsel kommt es zu einem »Verlust der inneren Verbalisierung«.[8] Aufgrund der fehlenden Halbsekunden bleibt keine Zeit, um über die Produktwirklichkeit und die Werbung nachzudenken, sie zu bewerten und einzuordnen. Je schneller sich die Bilder ablösen und wieder verschwinden, desto leichter können werbliche Appelle im Unbewußten Fuß fassen.

Die Besetzung des Fernsehens durch die Werbung

Gerade weil die der Werbung eigene Natur den Besonderheiten des Fernsehens so nahekommt, kann sie es stärker als andere Medien ihrem Ebenbild angleichen und verformen. In Ländern wie den USA und Italien ist ihr dieses weitgehend gelungen. Wir sind - zumindest im öffentlich-rechtlichen Sektor - von ähnlichen Zuständen noch relativ weit entfernt. Aber wir befinden uns auf dem Wege und kommen ihnen immer näher. Der Verteilungskampf ist voll entbrannt, um Werbespots und mehr oder weniger getarnten Mischformen von Programm und Werbung im öffentlichen Bewußtsein einen größeren »Marktanteil« zu verschaffen. Nach einem Gutachten der Infratest-Kommunikationsforschung wurde mit der Einführung privater, werbefinanzierter Programme »ein Anfang gesetzt, daß aus dem - was Werbefernsehen betrifft - ›Entwicklungsland‹ Bundesrepublik ein ›normales‹ Werbeland werden wird mit Strukturen, die nicht allzuweit von denen der USA und Großbritanniens entfernt sein dürften«.[9] Nach der Zustimmung der Bundesregierung zur EG-Fernsehrichtlinie sind die Weichen in Richtung einer weitergehenden Auslieferung der Programme an die Werbung gestellt. Der Werbe-Expreß rollt ungebremst weiter und kommt seinem Endziel immer näher.

Mit großen Worten hatte die Bundesregierung das kommerzielle Fernsehen auf den Weg gebracht. Von dem Einstieg in eine freie Kommunikationsgesellschaft mit hohem Demokratie- und Freiheitsanspruch, vom souveränen Medienbürger und neuem Raum zur Selbstentfaltung war die Rede gewesen. Bundespostminister Schwarz-Schilling wollte, daß Rundfunk und Fernsehen weiter zur Kultursphäre gehören und nicht allein nach dem Markt schielen.[10] Eine größere Meinungsvielfalt, mehr Kommunikation und Information zwischen den Menschen und neue Chancen, Kultur an breite Bevölkerungsschichten heranzubringen, sollten durch Verkabelung und kommerzielles Fernsehen ermöglicht werden.[11]
Viele Anzeichen sprechen dafür, daß den »Neuen Medien« eine ganz andere Funktion zugedacht war. Das ließ sich schon aus dem Satz heraushören, diese neue Meinungsvielfalt sei »der beste und einzige Weg gegen verfälschte Berichterstattung und manipulierte Meinungsmache«. Damit deutete sich an, daß der wegen kritischer Beiträge ungeliebte »Rotfunk« in die Zange genommen und die öffentlich-rechtlichen Strukturen entscheidend geschwächt werden sollten. Von kommerziellen Sendern konnte man erwarten, daß sie kontroverse Themen meiden, keine ruhestörenden Meinungen äußern und den Status quo nicht in Frage stellen würden.

Anfänglich scheint die Bundesregierung noch die Absicht gehabt zu haben, die Fernsehwerbung in Grenzen zu halten und Ausuferungen zu vermeiden. Sie verkündete, an »bewährten Grundsätzen« wie Blockwerbung und Ausschluß von Unterbrecherwerbung festhalten zu wollen.[12]
Der unstillbare Drang der Werbewirtschaft, sich auszudehnen, neu erschlossene Gebiete unter ihre Kontrolle zu bringen und Grauzonen in Besitz zu nehmen, durfte jedoch keinen Zweifel daran lassen, was eine Verkabelung und ein rein werbefinanziertes privates Fernsehen im Endeffekt bedeuten. Jeder mußte wissen, daß es nicht um Fernsehkultur und Wohltaten für die Zuschauer, sondern um die Durchsetzung massiver finanzieller Interessen ging. Man brauchte nur die Erfahrungen aus anderen Ländern zur Kenntnis zu nehmen, wo es – wie Clark beobachtet hat –

meistens mit der Ankündigung besserer Programme und größerer Meinungsvielfalt bei maßvollem Werbeanteil begann. Zwar wurde davor gewarnt, daß die Werbung früher oder später das Programm infizieren und seine Qualität mindern werde. Aber obwohl sich solche Vorhersagen meist bewahrheiten, können sie kommerzielles Fernsehen nicht verhindern. Die Entwicklung endet bei schlechteren Programmen, einem verengten Meinungsspektrum und einer nicht einzudämmenden Werbeüberflutung.[13]

»Freier Informationsfluß« - und welche Ideologie dahintersteckt

Der Motor zur Durchsetzung dieser Interessen ist die »Free-flow-Doktrin«, die zum Ziel hat, den freien und grenzüberschreitenden Fluß von Informationen und Meinungen zu fördern. Unter dem gleichen Motto soll auch die EG-Fernsehrichtlinie den freien Verkehr des Fernsehens gewährleisten. Diese harmlos anmutende Formulierung klingt sehr liberal, selbstverständlich und unterstützenswert. Sie verschleiert jedoch, daß damit ein ganz bestimmter Informations- und Werbefluß *amerikanischer Prägung* gemeint ist und sich dahinter - wie Herbert I. Schiller ausführlich dargestellt hat - eine Ideologie mit unübersehbaren schädlichen Konsequenzen verbirgt.[14] Hier wurde ein Begriff besetzt und sein Sinn ins Gegenteil verkehrt, um zu verschleiern, daß unter seinem Schutz geschäftliche Interessen durchgeboxt werden sollen.

Es geht um die als »Recht auf freie Meinungsäußerung« getarnte sogenannte »commercial speech« oder »corporate speech«, womit primär die weltweite Verbreitung der Werbung amerikanischer Unternehmen sowie der Filme amerikanischer Produzenten gemeint ist. In der Auseinandersetzung um »commercial speech« stehen auf der einen Seite Big Business und die Werbeindustrie, die die Kommunikationsnetze anderer Länder in die Hand bekommen wollen, um ihre aggressiven Marketingstrategien ohne Rücksicht auf gewachsene Strukturen, kulturelle Traditionen und soziale Verpflichtungen global durchzusetzen. Auf der anderen Seite stehen jene Kräfte, die das Rundfunkwesen nicht den Marktmechanismen ausgeliefert und zum Träger kommerzieller Botschaften degradiert sehen wollen. Für sie hat Kommunikation immer eine starke gesellschaftliche, soziale und kulturelle Dimension und soll der demokratischen Meinungsbildung dienen. Während corporate speech von Konzernen als Kollektivrecht betrachtet wird, ist die freie Meinungsäußerung ein individuelles Persönlichkeitsrecht. Aber seit in den USA Kritik am kommerziellen Informationswesen als ein gegen die Freiheit schlechthin gerichteter Angriff diffamiert wird, hat corporate speech an Gewicht gewonnen, während sich die Chancen für persönliche Meinungsäußerungen verschlechtert haben und die Bürgerrechte geschwächt worden sind.[15]

Welche Interessen durch corporate speech mit aller Härte durchgesetzt werden sollen, zeigte sich an dem Skandal um eine Nestlé-Werbekampagne in Dritte-Welt-Ländern. Durch die Werbung für das »fortschrittliche« Milchpulver wurden die Mütter systematisch verunsichert: »Muttermilch reicht manchmal nicht für den gesamten Nahrungsbedarf eines Kindes aus.« Stillen wurde als veraltet und minderwertig dargestellt. In Krankenhäusern verteilten als Kinderschwestern verkleidete Verkäuferinnen Milchpulverproben. Nestlé wurde beschuldigt, in Gebieten mit Analphabetentum und großer Armut Babys geschädigt und sogar getötet zu haben. Mütter gaben Geld für Milchpulver aus, obwohl sie es sich nicht leisten konnten, verdünnten es übermäßig, um Kosten zu sparen, und verursachten so die Unterernährung ihrer Kinder. Hinzu kamen Infektionen durch unsauberes Wasser und unsterilisierte Flaschen.[16]

Weltweite Proteste führten 1981 dazu, daß ein internationaler Kodex der Weltgesundheitsorganisation angenommen wurde, der das souveräne Recht der Staaten feststellte, selbst über ihre Volksgesundheit zu wachen. Als einziges Land unter hundert Staaten stimmten die USA gegen diesen Kodex. Ihnen ging es nicht allein um den freien Fluß von Werbebotschaften. Ihr Ziel ist es vielmehr, den gesamten Bereich der Information und Kultur den nationalen Gestaltungsmöglichkeiten zu entziehen und anderen Staaten das souveräne Recht auf ihre eigene Telekommunikationspolitik zu nehmen. Mit ihrem Abstimmungsverhalten bestätigten die USA den »freien Informationsfluß« als offizielles Motto der amerikanischen Regierungen, die den Export amerikanischer Medienprodukte unterstützten.[17] Bei dieser Affäre fühlt man sich äußerst unangenehm an den Opiumkrieg zwischen England und China im vorigen Jahrhundert erinnert. Anlaß waren die Beschlagnahme englischer Opiumladungen und Gesetze gegen Import und Verbrauch von Opium. Die Ursache aber war, daß die Engländer sich ihre Handelsfreiheit nicht beschneiden lassen wollten und den chinesischen Markt als ihren Besitzstand betrachteten.

Heute kämpfen amerikanische Konzerne und Werbegesellschaften um das Recht, mit ihren Marketingstrategien über alle nationalen Grenzen hinweg ihre Produkte – seien sie gesundheitsschädlich oder nicht – unbehindert zu verkaufen. Vielfältige politische, ökonomische und soziale Barrieren machten es bisher unmöglich, die ganze Welt über das Fernsehen mit kommerziellen Botschaften zu versorgen. »Nun werden diese Hindernisse durch nicht rückgängig zu machende technische Innovationen überwunden, und Veränderungen sozialer, politischer und ökonomischer Art werden folgen« (International Advertising Association). Daß solche Veränderungen dem Bürger nichts Gutes verheißen, ist vorhersehbar. Immer wieder muß man betroffen feststellen, in welch schlechter Gesellschaft sich die Werbeindustrie befindet und wie wenig wählerisch sie bei der Wahl ihrer Bundesgenossen ist. So hat sich auch der deutsche Markenverband die Forderung nach »free flow« zu eigen gemacht, der »den Wettbewerb zwischen Medien fördern« soll. Dazu gehöre »in vernünftigem Maß« auch die Unterbrecherwerbung.[18]

Die »Sprachregelung« vom freien Informationsfluß verschleiert, daß die Vereinnahmung der Öffentlichkeit durch die Großunternehmen und ein ungeheurer Prozeß kultureller Indoktrination dahinterstecken: die beinahe totale Besetzung des US-Fernsehens durch die Werbung und die tagtägliche ideologische Beeinflussung der Zuschauer durch die unablässige Gleichsetzung von Konsum und Demokratie.[19]

Mit ähnlichen Sprachregelungen operiert auch die deutsche Werbelobby. Um ihr Ziel einer totalen Entfesselung der Fernsehwerbung zu erreichen, hat sie ein ganzes Wörterbuch von Begriffen besetzt und umfunktioniert:

- Bessere Informationen über Produkte und Dienstleistungen = mehr Werbung und effektivere Formen von Schleichwerbung im Fernsehen
- Bessere Programme = Unterhaltungssendungen mit günstigem Umfeld für Werbespots und für Einschübe von möglichst vielen Markenartikeln
- Deregulierung = Zerschlagung der öffentlich-rechtlichen Strukturen
- Freiheit für die Kräfte des Marktes = Fernsehen im Dienste von Werbungtreibenden und nicht zum Nutzen des Gemeinwohls
- Freier Fluß von Informationen und Meinungen = keinerlei Beschränkungen für Werbung und amerikanische Filme
- Information = ständige Wiederholung nichtssagender Werbespots oder Vorzeigen von Markenartikeln in Sendungen aller Art
- Informationsfreiheit = Recht (oder sogar Menschenrecht) auf Werbung, das heißt – da »Werbung zu den Informationen gehört, die der Öffentlichkeit nicht vorenthalten werden dürfen« – die Pflicht der Zuschauer, Werbung über sich ergehen zu lassen
- Liberalisierung = Kommerzialisierung
- Meinungsfreiheit = Werbefreiheit ohne Grenzen und Beschränkungen bei gleichzeitiger Verdrängung von gesellschaftlich relevanten Themen
- Meinungsvielfalt = Werbung und Schleichwerbung in allen denkbaren Varianten
- Pluralismus = häufige Wiederholung von Werbespots in allen Sendern
- Werbespot = wichtige wirtschaftliche Informationssendung
- Wertewandel = Ignorierung sozialer und kultureller Werte zugunsten kommerzieller Inhalte

Wirtschaftlicher oder publizistischer Wettbewerb?

Die hinter dieser Ideologie vom »free flow« stehenden Kräfte verstehen unter Kommunikation ein Wirtschaftsgut. In ihren Augen ist das gesamte Rundfunk- und Fernsehwesen nur ein Speditionsunternehmen, das dieses Wirtschaftsgut zu den Zielgruppen zu transportieren hat. Das war schon in der Diskussion über die »Neuen Medien« deutlich geworden. Zwar hatte die Bundesregierung von einer verbesserten Programmqualität und erweiterter Meinungsvielfalt gesprochen, womit jedoch nur die Kommerzialisierungsziele bemäntelt und Skeptiker ruhiggestellt werden sollten. Die Interessenten benutzten ausschließlich technische Begriffe wie »Verkabelung«, »Satelliten« und »neue Frequenzen«. Über neue Inhalte konnte man nur etwas hören, wenn von neuen Schleichwerbeformen die Rede war.

Kern der Diskussion ist die Frage, ob Rundfunk und Fernsehen zur wirtschaftlichen oder zur - in weitestem Sinne und keineswegs elitär verstandenen - kulturellen Sphäre gehören. Diese Frage aber hat das Bundesverfassungsgericht schon 1961 beantwortet und Rundfunk als ein kulturelles Phänomen und einen eminenten Faktor der öffentlichen Meinungsbildung bezeichnet. Der Streit gipfelt in dem unterschiedlich benutzten Wettbewerbsbegriff. Indem Politiker und Werbefunktionäre undifferenziert von »mehr Wettbewerb« sprechen, verwischen sie die Frontlinie. Da Wettbewerb - als das marktwirtschaftliche Prinzip an sich - breiter öffentlicher Zustimmung sicher sein kann, bedeutet dieses gleichzeitig eine Herabsetzung der kulturellen Alternative. Das Motto »Konkurrenz belebt das Geschäft« traf den Nagel auf den Kopf: In der Tat belebt sie das *Geschäft,* zerstört aber alles, was jenseits von Angebot und Nachfrage liegt.

Es geht also um den Gegensatz zwischen wirtschaftlichem und publizistischem Wettbewerb. Wirtschaftlicher Wettbewerb zielt auf Quantität, also auf maximale Einschaltquoten und Werbeeinnahmen. Publizistischer Wettbewerb gilt der Qualität, also den besseren Programmen und vielfältigeren Informationen.

Es verwundert, wie es überhaupt zu dieser Kontroverse hat kommen können. Die ausschließlich von Werbung lebenden Kommerzsender sind schon wegen ihrer Finanzierungsform dem wirtschaftlichen Sektor zuzuordnen. Die öffentlich-rechtlichen Medien hingegen haben – ungeachtet ihrer Mischfinanzierung aus Gebühren und Werbung – einen Programmauftrag, der sie auch zu Minderheitenprogrammen verpflichtet und ihren Platz außerhalb der wirtschaftlichen Sphäre definiert. Diesen Unterschied hat das Bundesverfassungsgericht unmißverständlich herausgearbeitet. Marktchancen seien eine Frage der wirtschaftlichen Freiheit, nicht aber der Meinungsfreiheit. Das Verfassungsgebot der Rundfunkfreiheit könne nicht gewährleistet werden, wenn man den öffentlich-rechtlichen Rundfunk dem freien Spiel der (Markt-)Kräfte überlassen würde. Aus Sicht des Bundesverfassungsgerichtes beruht sogar das gesamte duale Rundfunksystem mit seinem Nebeneinander von öffentlich-rechtlichen und privaten Sendern auf der Erwartung, daß der *publizistische* Wettbewerb das Gesamtangebot belebt und die Meinungsvielfalt erweitert. Übrigens entspräche es auch dem Geist einer Sozialen Marktwirtschaft, den Informations-, Bildungs-, Kultur- und Unterhaltungsauftrag des öffentlich-rechtlichen Rundfunkwesens als einen nichtwirtschaftlichen Faktor zu verstehen. Die Entwicklung ist jedoch in genau die entgegengesetzte Richtung gegangen und hat – wie von der Werbewirtschaft und anscheinend auch von politischer Seite gewollt – zu einem Wettbewerb um die massenwirksamsten Programme und die höchsten Werbeeinnahmen geführt. CSU-Minister Tandler hat sogar den Vorschlag gemacht, die Rundfunkgebühren an öffentlich-rechtliche und private Sender entsprechend ihrer Einschaltquoten aufzuteilen![20]

Die Verabschiedung der Fernsehrichtlinie bedeutet, daß sich die EG für das »free flow«-Prinzip und gegen den publizistischen Wettbewerb entschieden hat. Daß damit in erster Linie die europäischen Grenzen geöffnet (und durch eine Quotenregelung den europäischen Filmherstellern ein gewisser Schutz vor amerikanischer Konkurrenz geboten) werden sollen, ändert nichts an dieser

Grundsatzentscheidung, durch die das Rundfunk- und Fernsehwesen der europäischen Industriepolitik zugeordnet und zu einer wirtschaftlichen Dienstleistung und einem Konsumgut wie Hosenträger, Schokolade, Möbel und Automobile wird. So sehen auch weder Werner Klatten von SAT 1 noch die Sprecher der Werbelobby zwischen »der Dienstleistung Media« und anderen Dienstleistungen einer Marktwirtschaft irgendwelche Unterschiede.[21]

Diese Tendenz zugunsten der Werbung läßt sich auch daran ablesen, daß der Entwurf zur EG-Richtlinie noch die »Erwägung« enthalten hatte, den Umfang der Rundfunkwerbung so zu begrenzen, daß er die Funktion von Rundfunk und Fernsehen als Medium der Information, Bildung, Kultur und Unterhaltung nicht beeinträchtigt. Nach erfolgreicher Einflußnahme der Werbelobby sucht man diesen Passus in der Endfassung vergebens. Die Richtlinie unterstellt, die EG müsse im Rahmen ihrer wirtschaftlichen Zuständigkeit die »Dienstleistung Fernsehen« regeln. Wie jedoch die bayerische Staatsregierung in ihrer Verfassungsklage ausführt, besteht zwischen den Sendern und den Zuschauern gar kein *wirtschaftliches* Dienstleistungsverhältnis im Sinne des EG-Vertrages, sondern allenfalls zwischen den Sendern und den Auftraggebern von Werbesendungen. Ein solches Dienstleistungsverhältnis aber regele die Richtlinie gerade nicht.

Angesichts dieser Entwicklung sollte man zwischendurch einmal innehalten und sich vergegenwärtigen, warum das öffentlich-rechtliche Fernsehen so abgewertet und denaturiert wird. Die Antwort lautet: weil der Zuschauer möglichst oft mit Konsumartikeln konfrontiert werden soll, die für die meisten Menschen nur nebensächlich sind und an die man nicht ständig erinnert werden will, wenn man auf die Handlung und Atmosphäre eines Films eingestimmt ist oder Nachrichten erwartet.

Dem Verständnis des Fernsehens als einer marktwirtschaftlichen, nach ausschließlich kapitalistischen Regeln zu organisierenden Veranstaltung entsprechen die Vorstellungen, die die Werber vom Wettbewerb zwischen den öffentlich-rechtlichen und den privaten Sendern haben und die sich auf sechs Fragen zuspitzen: Wer bietet die attraktivsten Plazierungsmöglichkeiten (also abends und in Form von Mini-Werbeinseln)? Das konsumfreundlichste Programmumfeld? Die höchsten Einschaltquoten? Die interessantesten Zielgruppen? Das kaufwilligste Publikum? Das günstigste Preis-Leistungs-Verhältnis? Aus dem erhofften reichlichen Angebot - »Marktwirtschaft herrscht nur, wo Überkapazitäten bestehen« - wollen sich die Werbestrategen die Rosinen herauspicken. Das aber bedeutet im Klartext: Bei weiter steigenden Zuschauerzahlen der Privatsender wären die heutigen Angebote der öffentlich-rechtlichen Sender (Werbung nur im Vorabendprogramm und nur in Blöcken) nicht mehr »wettbewerbsfähig«, weil zuviele Werbungtreibende dann zu jenen abwandern.

Zu diesem Ergebnis kommt auch ein im Auftrage der ARD erstelltes Gutachten der Infratest-Kommunikationsforschung vom August 1989. Danach würde der Marktanteil des ARD-Werbefernsehens von über 50 Prozent (1988) bis zum Jahre 2000 auf etwa zehn Prozent sinken und dann rund 250 Millionen DM pro Jahr weniger einbringen (Werbeeinnahmen 1989: knapp 1,2 Milliarden DM). Um den finanziellen Bestand zu erhalten und wettbewerbsfähig zu bleiben, müsse also der ARD zugestanden werden, mehr Werbung und insbesondere auch nach 20 Uhr zu senden. Dabei wird bemängelt, daß die gegenwärtige Regelung mit einem Werbeanteil von 13,3 Prozent vor 20 Uhr an die Grenze einer Übersättigung des Publikums, zum Umschalten (»Zapping«) und zur Neutralisierung der Werbebotschaften führt.[22] (Demgegenüber hält die Werbelobby 20 Prozent Werbung pro Stunde noch für zu wenig.)

Die Sendezeit zwischen 17 und 20 Uhr wird als »Werberahmenprogramm« bezeichnet. In den ARD-Wirtschaftsdaten werden seine Kosten als Aufwendungen der ARD-Werbegesellschaften ausgewiesen und durch Werbeeinnahmen gedeckt. Dadurch nimmt das Vorabendprogramm in der Sendestruktur eine Sonderstellung ein. Es ist auch - anders als im Abendprogramm - das erklärte Ziel, den Werbungtreibenden zuliebe in dieser Zeit möglichst hohe Einschaltquoten zu erreichen und möglichst viele Zuschauer zu binden. In einem die Werbeblöcke garnierenden Umfeld ist auch eine Nachrichtensendung nichts anderes als ein Störfaktor. Darum hat die ARD-Führung beschlossen, daß es zwischen 17.04 und 20.00 Uhr überhaupt keine Tagesschau mehr geben soll. Daß das Erste Programm dadurch seinen Vorsprung als Informationskanal Nummer 1 verliert,[23] scheint - wo die Interessen der Werbewirtschaft berührt sind - keine Rolle zu spielen. Ob man nach dem Fall der 20-Uhr-Grenze auch Teile des Abendprogramms als »Werberahmenprogramm« definiert oder nicht: »Die damit verbundene Kommerzialisierung der öffentlich-rechtlichen Hauptabendprogramme«[24] ließe sich nicht mehr aufhalten.

Die ARD hat sich die Auffassungen des Infratest-Gutachtens zu eigen gemacht und mehr Werbung, Werbung nach 20 Uhr, Werbung an Sonn- und Feiertagen und sogar Unterbrecherwerbung gefordert.[25] Daß nur 17 Prozent der Zuschauer Werbung nach 20 Uhr akzeptieren würden und nur fünf Prozent mit Fernsehwerbung an Sonntagen einverstanden wären,[26] nimmt der ARD-Vorsitzende Kelm bewußt in Kauf.[27] Auch der ARD-Werbechef Stolberg ignoriert die Zuschauerinteressen und begnügt sich damit, daß »der Markt« - also die Werbewirtschaft - die Aufhebung der 20-Uhr-Grenze will.[28]

Im Wettbewerb um Einschaltquoten

Die öffentlich-rechtlichen Sender mit ihrem Auftrag zur Grundversorgung, ihren Programmstrukturen und ihren Werberegelungen sind zwar in einem publizistischen Wettbewerb klar überlegen, einem wirtschaftlichen Wettbewerb aber auf Dauer nicht gewachsen. Insofern haben sie sich von den Werbern aufs Glatteis führen lassen, als sie den selbstmörderischen Konkurrenzkampf um die höchsten Einschaltquoten angenommen haben. Wenn der ARD-Vorsitzende Kelm davon spricht, Einschaltquoten dürften für die ARD »auf lange Sicht kein *ausschließlicher* Maßstab sein«,[29] kann man daraus schließen, welch großen Stellenwert er hohen Einschaltquoten beimißt. So haben die öffentlich-rechtlichen Sender ihre Stärken vernachlässigt und bevorzugt in den Unterhaltungsbereich investiert. Mit teureren Autoren, teureren Regisseuren und teureren Schauspielern erreichte das ZDF in seinem die Werbung einrahmenden Vorabendprogramm zwar eine hohe Sehbeteiligung mit teilweise verdoppelten Zuschauerzahlen; aber »leider wirkt sich die hohe Sehbeteiligung der Rahmenprogramme nicht so ohne weiteres analog auch auf die Werbeblöcke aus«,[30] wie der ZDF-Werbechef Buckwitz enttäuscht feststellte. Auch durch diese List lassen sich die Zuschauer nicht verleiten, die ungeliebte Werbung anzuschauen.

Sogar Fernsehredakteure haben sich in einem Akt der Selbstkommerzialisierung die Denk- und Sprechweisen der Werbebranche zu eigen gemacht. Der Begriff »Marktanteil« gehört schon zum alltäglichen Wortschatz. Für Siegfried Dörfer, als Redakteur beim Hessischen Rundfunk für die Produktion und Gestaltung der Unterhaltungsprogramme in der Abteilung »Vor Acht im Ersten« verantwortlich, gilt die Prämisse: Schaffung eines optimalen Produktumfeldes für die eingestreute Werbung en bloc, die so integriert Zuschauer bindet und Reichweiten erhöht.[31]

Als sich wegen der verschobenen Gebührenerhöhung eine Finanzierungslücke auftat und Eigenproduktionen gekürzt werden mußten, versicherte ZDF-Intendant Stolte: »Das Werbe-Rahmenprogramm wird von den Kostendämpfungs-Maßnahmen nicht betroffen sein. Dieses müssen wir besonders leistungsfähig gestalten.«[32] Ähnlich verhielten sich auch die ARD-Sender und gaben den Programmen Priorität, mit denen die Zuschauer zum Stillsitzen vor den Werbespots veranlaßt werden sollen.

Den einzigen zuschauergerechten und systemgemäßen Ausweg hat die Monopolkommission gewiesen: ein voll gebührenfinanziertes (teureres), werbefreies, öffentlich-rechtliches Fernsehen auf der einen und ein werbefinanziertes Fernsehen auf der anderen Seite.[33] Dadurch würde sich der für die bisherige negative Entwicklung verantwortliche unwürdige und selbstzerstörerische Wettbewerb um Einschaltquoten erübrigen, bei dem sich ARD und ZDF von der Werbung die Spielregeln diktieren lassen. Eine solche Trennung ergibt sich als logische Konsequenz auch aus dem dualen System mit unterschiedlichen Aufgaben für die beiden Systeme, wie sie das Bundesverfassungsgericht in seinem vierten Rundfunkurteil beschrieben hat: Für die öffentlich-rechtlichen Sender gilt der »klassische« Rundfunkauftrag, der neben Information, Meinungs- und politischer Willensbildung und Unterhaltung auch die kulturelle Verantwortung umfaßt. In seiner ganzen Breite muß er - und nur darum wird ihm das Gebührenprivileg zugestanden - eine umfassende und ausgewogene Grundversorgung der Bevölkerung sicherstellen. Gerade in der Finanzierung aus Gebühren findet das öffentlich-rechtliche Fernsehen seine »besondere Eigenart« (Bundesverfassungsgericht). Der Verzicht auf Werbung - die nicht Bestandteil der Grundversorgung ist - könnte für die öffentlich-rechtlichen im Wettbewerb mit den kommerziellen Sendern ein wichtiges Unterscheidungsmerkmal sein und ihre unverwechselbare Identität prägen. WDR-Intendant Nowottny hat den Verzicht auf Werbung sogar als »ein Stück Programmqualität an sich« bezeichnet.[34] Wenn alle Sender dieselben Werbespots zeigen, gleichen sie sich - je mehr Werbung sie senden - immer mehr an und werden austauschbar. Aus der einst so vollmundig angekündigten Programmvielfalt würde ein werbliches Einheits-Einerlei und das Gegenteil des angekündigten Pluralismus.

ARD und ZDF haben versucht, sich durch die Mischfinanzierung aus Gebühren und Werbeeinnahmen von der willkürlichen Gebührenpolitik der Parteien wenigstens teilweise unabhängig zu machen. Statt dessen sind sie in eine doppelte Abhängigkeit geraten. Politiker erwarten von ihnen, daß sie mehr Geld aus der Werbung heranschaffen, weil sie Gebührenerhöhungen vermeiden wollen. Werber fordern ein konsumfreundlich eingestimmtes Umfeld, wodurch sie auf die Programme indirekt Einfluß nehmen und die redaktionelle Unabhängigkeit gefährden. So blieb die preisgekrönte, für das Vorabendprogramm für 6,5 Millionen DM produzierte sechsteilige Serie »Ekkehard« ungesendet, weil sie »zu gut« war: Ein zu hohes Niveau drücke die Einschaltquote, wie die aktuelle Faustformel bei der ARD lautet, und mindere das Werbeaufkommen.[35] Wohin man auch blickt, zeigen sich Symptome einer unaufhaltsam vordringenden »Basarhändler-Mentalität«. Kommunikation wird zum Markt, zur Handelsware, zum Geschäft; Waren und Geld rücken in den Vordergrund und verdrängen, was auf diesem Basar nicht gewinnbringend verkauft werden kann.

Werbung ruiniert das Fernsehprogramm

Daß die Rundfunk- und Fernsehgebühren nicht die vollen Kosten decken und die fehlenden sieben Mark von der Werbewirtschaft aufgebracht werden, gilt mittlerweile als eine Art Naturgesetz. Daß dieselben Kräfte jedoch, die das gesamte Rundfunkwesen marktwirtschaftlich organisieren wollen, ausgerechnet beim wichtigsten marktwirtschaftlichen Steuerungsinstrument - dem kostendeckenden Preis - ihre Prinzipien verraten und für Preisunehrlichkeit eintreten, gehört zu den vielen Widersprüchlichkeiten dieser Branche. Für Politiker ist dieser von Werbefunktionären gepriesene »Verbilligungseffekt« längst zu einer heiligen Kuh geworden. Ihre Scheu, die Gebührenzahler mit den echten Kosten zu belasten, erinnert an die aus Ostblockstaaten bekannte künstliche Verbilligung von Grundnahrungsmitteln, die ganze Volkswirtschaften destabilisiert hat.

Nur weil man systematisch bei den Zuschauern eine Subventionsmentalität gezüchtet hat, ist es angeblich unzumutbar und geradezu utopisch, die Werbung bei den öffentlich-rechtlichen Anstalten abzuschaffen und als Ausgleich die Gebühren angemessen anzuheben. Wegen dieses eingeschläferten Kostenbewußtseins kommt auch kein öffentlicher Druck auf die Sendeanstalten zustande, der sie zu Einsparungen zwingt. Steigen die Kosten, soll eben lieber an der Werbeschraube gedreht werden.

In Wirklichkeit scheint die Verbilligung um sieben Mark - die bei konsequenten Kostensenkungen in den

Verwaltungen der Sender um einiges geringer ausfallen dürfte - ziemlich bedeutungslos zu sein. Man braucht nur daran zu denken, daß die von der Bundespost erhobene Monatsgebühr pro Kabelanschluß am 1. 1. 1989 ohne viel Gerede und hörbaren Protest mit einem Federstrich des Postministers von 9 auf 12,90 DM erhöht wurde, daß die Kunden der Regionalen Kabelgesellschaft (RKS) monatlich sogar 27,30 DM zahlen und daß für Anschlußgeräte, Antennen und Zusatzgeräte teure Vorleistungen erbracht werden müssen, von den der Allgemeinheit aufgebürdeten Kosten für das Kabelnetz ganz zu schweigen. Zusätzlich 34 DM monatlich zahlen die Mitglieder des Pay-TV »Teleclub«. Als höchst problematisch aber erweist sich der Verbilligungseffekt um sieben Mark, wenn man dagegen aufrechnet, daß das öffentlich-rechtliche Fernsehen dadurch in Gefahr geraten ist, an die Werbung angepaßt und von ihr ruiniert zu werden. Die Entwicklung in den USA gibt einen drastischen Anschauungsunterricht dafür, wie Programme »zu Füllseln geworden sind, die die Zeit zwischen den Werbeblocks überbrücken«.[36] Die amerikanischen Sender verkaufen der Werbeindustrie Zuschauer, und wenn die Einschaltquote zu niedrig ist, wird das betreffende Programm gestrichen.

Das betrifft nicht nur die Struktur und Inhalte von Programmen, sondern auch - besonders bei zulässiger Unterbrecherwerbung - die Fernsehdramaturgie. Wenn Werbungtreibende ein Drehbuch für ungeeignet halten, weil es keine Szene enthält, die zu ihren Marketingzielen und ihren Produkten paßt, muß es eben - damit das Geld nicht verlorengeht - umgeschrieben werden. So sollte in der Fernsehserie »Uhlandstraße 4« ein Zimmer tapeziert werden, das eine alte Frau im Streit mit Verwandten verlassen hatte. Ein heimlicher Sponsor aus der Tapetenbranche fand das Drehbuch negativ - der Koproduzent schrieb es ohne Wissen der Redaktion kurzerhand um: Aus der Stube der alten Dame wurde ein Jugendzimmer, das mit fröhlichen Tapeten belebt wurde.[37] Als in den »Guldenburgs« ein erfundener Werbemanager als unsympathische Negativfigur agierte, verlangte ein echter Werbemanager öffentlich eine Drehbuchänderung und wies darauf hin,

»daß wir doch weiß Gott Einfluß genug haben, diese Karikatur einen unauffälligen Drehbuchtod sterben zu lassen«.[38] Ein Manager von General Electric hat sogar zum Ausdruck gebracht, daß es ihm nicht genügt, wenn ein Programm nur die Werbung *nicht stört,* sondern daß er ein Programm *verlangt,* das die Unternehmensbotschaft *verstärkt.*[39]

Wenn ein Film nicht mehr allein nach künstlerischen Gesichtspunkten gedreht wird, sondern vorrangig die Zuschauer binden und für Werbung empfänglich machen soll, ändern sich zwangläufig auch die Handlung, der szenische Ablauf, die Regie und die Besetzung. Die Werbebosse werden nur zahlen, wenn der publikumswirksamste Star und nicht der fähigste Schauspieler die Hauptrolle bekommt. Noch schlimmer wird es, wenn »Product Placement« praktiziert wird, um Markenartikel in die Handlung einzufügen und bestens ins Bild zu bringen.

Die Zwänge der Werbung haben Drehbuchautoren und Regisseuren eine völlig andere Aufgabe zugewiesen: dafür zu sorgen, daß die Einschaltquote nicht abbröckelt. Außerdem müssen sie die Filmhandlung auf die erwarteten Werbeunterbrechungen zuschneiden. Dementsprechend nimmt die Handlung amerikanischer Serien von Anfang an Rücksicht auf die später einzufügenden Werbespots. Wenn die Handlung im Sechs-Minuten-Takt einem Höhepunkt zusteuert, erscheint in der Filmkopie der Hinweis »Place commercial here«. Auch bei uns ist die werbegeprägte neue Filmdramaturgie schon Wirklichkeit geworden. »Wir haben unsere gesamten neuen Produktionen bereits dramaturgisch so angelegt, daß eine solche Unterbrechung möglich ist«, bekannte ZDF-Intendant Stolte.[40]

Wenn Politiker, Werber, öffentlich-rechtliche und kommerzielle Sender vom Werbefernsehen sprechen, ist von der Hauptperson nie die Rede: von dem Fernsehzuschauer (der mit schwarzem Humor als »souveräner Medienbürger« bezeichnet wurde), der die Programme und vor allem die Werbung konsumieren und die Kosten für den Fernsehempfang bezahlen soll. Erst als er nur wenig Interesse am Kabelanschluß zeigte, begann man sich an ihn zu erinnern: »Richtig, der ist ja auch noch da, der

Verbraucher. Da staunen viele Experten, die in den letzten Jahren ganz so taten, als bestünde die Kommunikationswelt nur aus den Medien und deren Verteilungskämpfen um den Werbekuchen. Der Verbraucher wurde zum medienkonsumierenden Anonymus deklariert, zum schwachsinnigen obendrein, dessen Begeisterung für abgestandene Serien aus Opas Fernsehen keine Grenzen kennt.«[41] Schon Gossage hatte darüber geklagt, die Werbung sei die einzige Kommunikationsform, die ihre Grundpflicht, nämlich dem Publikum zu gefallen, weitgehend vernachlässige.[42]

Bei der Bewertung des Kommerzfernsehens ist inzwischen eine merkbare Ernüchterung eingetreten. Der Werbebranche hat es außer einer Zersplitterung ihrer Zielgruppen und stark erhöhten Kosten nur wenig gebracht. Den Privatsendern geht die Ausrichtung der Programme nach Werbegesichtspunkten noch lange nicht weit genug. Sie sind auch darüber erschrocken, was sie mit ihrer Preistreiberei um Senderechte angerichtet haben.[43] Und die ihnen an sich wohlgesonnenen Politiker beobachten mit Mißfallen die politische Enthaltsamkeit und das Fehlen regierungsfreundlicher Kommentare. Die geringe Anschlußbereitschaft an das vor die Haustüren gelegte Kabel macht schließlich auch das gesamte Kabelprojekt zu einer peinlichen Fehlinvestition.

Die deutschen Kommerzsender haben auf eine geradezu beklemmende Weise Marshall McLuhans These »Das Medium ist die Botschaft« wahr gemacht. Das Medium - also die technische Installation für den Sendebetrieb und für den Empfang - ist sich selbst genug. Programme und Inhalte sind nur ärgerliches Beiwerk, auf das ein Kommerzsender leider nicht verzichten kann, weil niemand ein zu 100 Prozent aus Werbung bestehendes Programm sehen will. Selbstverständlich spricht auch keiner der neuen Fernsehveranstalter mehr von der vollmundig angekündigten politischen Unabhängigkeit. Gerhard Naeher, früherer Geschäftsführer von SAT 1, hat über die zunehmenden Versuche politischer Einflußnahme berichtet. So wurde ihm von dem gleichrangigen Geschäftsführer (einem früheren stellvertretenden CDU-Regierungssprecher in Rheinland Pfalz) nahegelegt, die Unionsparteien mehr zu berücksichtigen und Kohl besser darzustellen. Die Ablösung des Chefredakteurs Halle (»der SPD verbunden«) wurde betrieben, und man empfahl Naeher, das Gerücht zu dementieren, er sei SPD-Mitglied.[44] Der Chefredakteur Lesche von RTL plus (früher Radio Bremen) fühlte sich an parteipolitische Versuche erinnert, über die Aufsichtsgremien das öffentlich-rechtliche Fernsehen disziplinieren.[45] Auch im Privatfernsehen sind also Kräfte am Werk, die darauf achten, daß an den Schalthebeln Mitarbeiter mit dem »richtigen« Parteibuch sitzen.

Selten haben sich Prognosen so genau bestätigt wie beim Kommerzfernsehen: Serien- und Unterhaltungseinerlei, Meinungs- und Kulturlosigkeit, Anpassung der Inhalte an die Werbung, Nivellierung auf niedrigem Niveau, Minimierung der Programmkosten und Orientierung an einem Menschenbild, bei dem sich der Zuschauer das Fernsehgebräu widerspruchslos einverleibt. Und wenn Zuschauer - wie bei der »Anpfiff«-Erstsendung und den ersten großen Tennisübertragungen - tatsächlich einmal gegen die übermäßige Anhäufung von Werbespots protestieren, weicht man etwas zurück, um später, wenn das Publikum mürbe geworden und abgestumpft ist, den Werbedruck wieder zu verstärken. Dazwischen von morgens bis abends Gleiches und Austauschbares: pro Tag bis zu zwölf meist uralte US-Serien und abgespielte Filme von zweit- oder drittklassiger Qualität. Sogar der bayerische Innenminister Stoiber fand, Massenprogramme könnten nicht der Sinn des Privatfernsehens sein, und die Hintergrundberichte seien geradezu jämmerlich. Helmut Thoma von RTL plus hat mit wünschenswerter Klarheit die Katze aus dem Sack gelassen: Wer an das Schöne, Gute und Wahre glaube, dürfe nicht ins Fernsehen gehen.[46] Nach den allgemeinen Grundsätzen von RTL plus soll der Sender keinem Programmauftrag dienen, sondern »ausschließlich dem Unternehmensziel«, nämlich »der Akzeptanz durch die Werbewirtschaft und durch die Zuschauer«[47] (wobei die Werbewirtschaft nicht zufällig an erster Stelle genannt ist). Die Programme werden eben der Werbung untergeordnet und haben die Aufgabe, die Zeit bis zur nächsten Werbeeinblendung ohne Zuschauerverluste zu überbrücken.

Daß Spielfilme und Serien besseren Niveaus ein knappes Gut sind und die Kapazitäten der Filmindustrie bei weitem nicht ausreichen, um ständig Neues und Vielfältiges eigener Art zu produzieren, war bekannt. Zu erwarten war auch, daß die steigende Nachfrage die Preise für Archivfilme verteuern würde. So hatte man eigentlich damit gerechnet, Kommerzsender würden die verfügbaren Gelder für Eigenproduktionen verwenden. Statt dessen haben sie es vorgezogen, für Fußball- und Tennis-Senderechte jeden Preis zu bezahlen, um die öffentlich-rechtlichen Anstalten zu überbieten. Schließlich kann man die vielen Tennispausen und die Intervalle zwischen Bundesliga-Kurzberichten mit Werbespots füllen. Aber warum soll man Geld in Eigenproduktionen stecken, wenn man Programme durch »Bartering« auf billigste Weise bekommen kann?

Werbungtreibende als Filmproduzenten

Procter & Gamble ist nicht nur der zweitgrößte Werbungtreibende der Welt, sondern auch ein geschäftstüchtiger Filmproduzent mit rund 400 Drehbuchautoren, Regisseuren, Kameramännern und anderem Hilfspersonal, die täglich drei Programmstunden produzieren. P & G hat Filme für 5000 bis 6000 Programmstunden auf Lager. Auch Gillette, McDonalds, Coca Cola, Pepsi Cola, Rank Xerox, Unilever und andere produzieren Filme. Allerdings geht es ihnen nicht darum, Filmkunst in die Kinos zu bringen. Sie wollen Gegengeschäfte zu günstigen Bedingungen machen. In Amerika ist es üblich, für die kostenlose Ausstrahlung z.B. der Fernsehserie eines Waschmittelkonzerns (daher der Name »Seifenoper«) Werbezeit gratis zu geben. Bei diesem »Bartering« spart das Unternehmen bares Geld und bekommt günstig plazierte Werbeminuten unter Tarif, wobei es das werbefreundliche Umfeld gleich mitliefert. So bringt es ganze Programmteile unter seine

Kontrolle, mit denen es die Zuschauer für Werbebotschaften empfänglich macht. Eine amerikanische Untersuchung hat sich mit den Wirkungen des Umfeldes beschäftigt und ermittelt, daß die von einem Film verbreitete Stimmung auf die Werbespots abfärbt. Bei fröhlichen Filmen äußerten sich Zuschauer eher positiv über die Werbung, konnten sich an die Werbeaussagen besser erinnern und ließen eine höhere Kaufbereitschaft erkennen.[48] Identische Werbespots können daher – je nach ihrer Plazierung im Programmkontext – unterschiedliche Wirkungen erzielen.

Dank Bartering können Werbungtreibende ihre Werbespots in dem von ihnen selbstgeschaffenen »realitätsentlastenden« Umfeld erscheinen lassen. Wie empfindlich demgegenüber Firmen auf ein ihnen nicht genehmes Umfeld reagieren können, haben Coca Cola und Florida Fruit gezeigt, als sie nach dem Film »Wanderer« – dessen Sendung sie vergeblich zu verhindern versucht hatten – NBC boykottierten und mit ihrer gesamten Funk- und Fernsehwerbung zu ABC und CBS abwanderten.[49] »Wanderer« war eine Dokumentation über die sozialen Konflikte der von Ort zu Ort wandernden Obstpflücker in Florida und über die dortigen ausbeuterischen Praktiken.

Wenn man bedenkt, daß das amerikanische Bartering-Geschäft für 1990 auf eine Milliarde Dollar geschätzt wird, beginnt man zu ahnen, in welchem Ausmaß Kommerzsender von ihren Werbekunden abhängig werden können und was den Zuschauern noch alles bevorsteht. Bartering hat inzwischen auch in Deutschland Fuß gefaßt. Auch Werbeagenturen sind schon in dieses Geschäft eingestiegen, um nicht nur Sendungen, sondern auch Werbekunden zu liefern und den Medien die »Last der Vorfinanzierung« zu nehmen. Erklärtes Ziel ist es, den Einfluß der Werbung auf die Medien zu verstärken.

So wurde das private Fernsehen erwartungsgemäß den Werbungtreibenden ausgeliefert, obwohl man durch amerikanische Erfahrungen gewarnt sein mußte. Es gab genug Möglichkeiten, sich über die unaufhaltsame Zwangsläufigkeit zu informieren, mit der sich die Werbung im Fernsehen ausbreitet und die Programme unter ihre Kontrolle bringt. Unverrückbares Ziel ist es, die Welt der Waren, des Anpreisens, des Kaufens, Besitzens und Genießens mit der Programmwelt zu verschmelzen und alle Themen zu verdrängen, die die heile Werbe- und Konsumwelt stören könnten. Dabei werden die Zuschauer mit Werbespots in der Erwartung überfüttert, daß sie - wie in Amerika - schnell abstumpfen, eine immer höhere Werbedosis schlucken und Werbung so ähnlich wie ein Kaugummi konsumieren, bis sie »selbst jene Erscheinungsformen als selbstverständlich erachten, die andere als unerträgliche Exzesse bewerten«.[50]

Mit der Einführung privater Fernsehsender und damit einer Vervielfachung verfügbarer Werbezeiten hätte sich eigentlich auch die Produktion von Werbefilmen mindestens verdrei- oder verfünffachen müssen. Schon als nur zwei Sender Werbung verbreiteten und pro Woche 240 Werbeminuten auszufüllen waren, konnte diese Zeit nur durch ständige Wiederholungen von Werbespots genutzt werden. Mit dem Kommerzfernsehen ist alles noch schlimmer geworden. Die vielen zusätzlichen Werbestunden werden ad infinitum mit denselben, schon unzählige Male gezeigten Spots gefüllt, die - nach der Werbelogik - sehr viel öfter geschaltet werden müssen, damit sie bei einem nennenswerten Prozentsatz der Zuschauer ins Gedächtnis eindringen können: die Märchen von der Freude des Ehemannes über das weiße Oberhemd, von dem Kuchen, der immer gelingt, oder von der Schwiegermutter, die den vorzüglichen Kaffee lobt.

Diese vorhersehbare Misere hat fünf Ursachen. Erstens ist die Herstellung erstklassiger Werbespots sehr teuer. Zweitens sind die Werbungtreibenden kaum bereit, ihre Etats für die Produktion von Spots stark zu erhöhen. Drittens - und hier besteht eine ausgesprochene Mangelsituation - fehlt es an talentierten Werbefilmern mit guten Ideen. Viertens ist auch ein origineller, witziger, unterhaltender und gut gemachter Werbespot nach dem zweiten oder dritten Sehen abgedroschen, langweilig und nichtssagend. Und fünftens haben Werbepsychologen starke Zweifel, ob phantasievolle und andersartige Werbung wirklich die von den Werbungtreibenden erwartete Wirkung bringt: Der Zuschauer soll sich schließlich nicht amüsieren, sondern die Produktbotschaft lernen und sich das Markenbild einprägen. Eine pfiffige Idee kann leicht von dem Produkt ablenken, das im Mittelpunkt zu stehen hat. Die angestrebte Wiedererkennbarkeit ist eher durch Kontinuität als durch Abwechslung zu erreichen. Es gilt als empirisch gesicherte Erkenntnis, daß alle großen werblichen Erfolge über Jahre hinweg eine banale Botschaft modifiziert haben. Markenartikler, die sich diese Erkenntnis zu eigen machen, bleiben stur bei ihrer Linie und lassen sich nicht aus dem Konzept bringen. Aus dem Rahmen fallende »kreative« und unterhaltende Werbung halten sie für unberechenbar und riskant: Ein origineller oder gar witziger Werbespot sei dem »Ernst« der Werbebotschaft nicht angemessen und könne die Vorstellung von einem klar umrissenen Markenbild verwischen. »Die Werbezahlenden sind immer weniger bereit, den Konsumentenunterhalter zu spielen.«[51] Die Werbewirtschaft ist daher nicht in der Lage, die bei den Kommerzsendern in Hülle und Fülle bereitstehenden Werbezeiten in einer Weise zu gestalten, die den Zuschauer nicht bis zum Überdruß langweilt und ärgert. Der Grundwiderspruch bleibt bestehen: Das Medium Fernsehen lebt vom Aktuellen, Neuen, Originellen, Verschiedenen, Unerwarteten und Vielfältigen. Die Werbung aber braucht Homogenisierung, Einerlei, ritualisierte Lebensstile, typisierte Leitfiguren und Kontinuität (und auch die Wiederholung unterhaltsamer Spots). Diese Unvereinbarkeit und die Werbedominanz verhunzen das Fernsehen und sind ein fast tödlicher Angriff auf die dem öffentlich-rechtlichen Fernsehen zugrundeliegende Idee vom gesellschaftlichen Diskurs.[52]

Für die sieben Mark Kostenersparnis durch die Werbung wird der Zuschauer des öffentlich-rechtlichen Fernsehens noch teuer bezahlen müssen.

9. Der Fernsehzuschauer hat das Nachsehen

Der Sohn des amerikanischen Werbefachmanns Martin Mayer sah zusammen mit seinem Vater einen Werbespot, in dem zwei riesige Ringer miteinander kämpften. Der Dress des einen war mit »Schmerz«, der des anderen »Normale Schmerztablette« beschriftet. Nach wenigen Augenblicken hatte der »Schmerz« gesiegt. Dann erschien ein neuer Ringer - mit dem Schriftzug eines Markennamens auf dem Rücken - und warf den »Schmerz« aus dem Ring. Das Kind fragte: »Stimmt es, daß sich erwachsene Menschen zusammengesetzt und gesagt haben ›Das ist eine gute Idee‹, und daß andere erwachsene Menschen sich all die Arbeit gemacht haben, diesen Film zu drehen?«[1] Diese kleine Begebenheit erinnert stark an das Märchen von des Kaisers neuen Kleidern und das Kind, das als einziges das Truggebilde durchschaut. Nur entpuppt sich das Kleid, das die Werber dem Fernsehen und den Zuschauern verpaßt haben, als eine Zwangsjacke.

Ernüchternde Zwischenbilanz

Auf die Einführung des kommerziellen Fernsehens hatte die deutsche Werbewirtschaft große Hoffnungen gesetzt. Während bei ARD und ZDF die Werbezeiten auf je 120 Minuten pro Woche begrenzt und damit Mangelware waren, darf ein Kommerzsender 20 Prozent seiner Sendezeit mit Werbung ausfüllen, kann also bei einem 24-Stunden-Programm wöchentlich 2016 Werbeminuten anbieten. Aber die Werber versprachen sich nicht nur mehr, sondern auch attraktivere Werbezeiten. Vor allem jüngere und kaufkräftige Berufstätige wollten sie vor den Bildschirm bekommen, die mit den öffentlich-rechtlichen Vorabendprogrammen und Werbeblöcken nicht zu erreichen waren. Weiter erwarteten sie, der Durchschnittszuschauer werde wegen des ausgeweiteten Programmangebotes viel mehr Zeit vor dem Fernsehapparat verbringen und entsprechend erheblich mehr Werbung aufnehmen.

Verärgert müssen die Werbeleute jetzt feststellen, daß ihre Rechnung nicht aufgegangen ist. Zwar können sie bei den Privaten ihre Spots wunschgemäß nicht nur - wie bei ARD und ZDF - zwischen 17 und 20 Uhr, sondern zu jeder Tages- und Nachtzeit verbreiten und sogar mitten in Spielfilmen plazieren. Auch bei der Verwischung der Grenzen zwischen Programm und Werbung zeigen die Privaten größeres Entgegenkommen. Trotzdem sind die Werber aus zehn Gründen unzufrieden.

Erstens mißfallen den Werbern die kommerziellen Programme, weil deren »erbärmliche Qualität« weit weniger Zuschauer als erwartet anlockt. Zweitens hat sich die durchschnittliche Sehdauer kaum verlängert. Das aber bedeutet drittens, daß sich die Zuschauer nur auf mehrere Sender verteilt haben und man weit mehr Werbespots und rund 60 Prozent mehr Geld braucht, wenn man sie in gleicher Zahl erreichen will. Viertens ist auch der Versuch gescheitert, mit Hilfe der Kommerzsender neue Zielgruppen zu erschließen. Das Hauptkontingent besteht nach wie vor aus den älteren und freizeitpassiven Leuten der Unterschicht, die neuerdings zwischen den privaten und den öffentlich-rechtlichen Sendern hin- und herpendeln, während die begehrten 14- bis 29jährigen nur wenig fernsehen.

Fünftens hat sich auch das Fernsehverhalten stark verändert. Nur noch 35 Prozent (meist Rentner) geben an, sich voll auf das Programm - aber wohl kaum auf die Werbespots - zu konzentrieren; die überwiegende Mehrheit wendet sich vom Bildschirm ab und liest Zeitung, ißt, handarbeitet, telefoniert, macht Schularbeiten, unterhält sich oder schläft.[2] Und wer tatsächlich die Werbung beachtet, tut es nur gezwungenermaßen: Weil es sich nicht lohnt, zwischendurch den Apparat um- oder auszuschalten. In der Konkurrenz mit anderen Freizeitbeschäftigungen hat Fernsehen nur noch eine »Nebenbei-Funktion«.

Sechstens steht den Werbungtreibenden zwar massenhaft zusätzliche Werbezeit zur Verfügung. Trotzdem konzentriert sich ihre Nachfrage auf die Hauptsendezeit zwischen 19 und 22 Uhr, so daß die Sendezeiten mit hohen Reichweiten nach wie vor knapp sind. Siebtens hatten die Werber jahrelang über die »unerträglich langen« 5-Minuten-Werbeblöcke gestöhnt. Tests hatten gezeigt, daß bei wachsender Blocklänge nicht nur immer mehr Zuschauer abwandern, sondern daß auch die Erinnerung an Einzelheiten eines Werbespots rapide abnimmt. Aber auch die Ankündigung der Privaten, kleine Werbeinseln mit zwei oder drei Spots zu senden, erwies sich als trügerisch. Seit das Werbegeschäft richtig läuft, enthalten manche Werbeinseln mehr als 20 Spots und dauern bis zu neun oder gar zehn Minuten. Daneben wirkt ein öffentlich-rechtlicher 4- oder 5-Minuten-Block fast wie ein Kurzprogramm.

Woran - achtens - die Werber ebenfalls nicht gedacht hatten: Je mehr Programme zur Auswahl stehen, desto mehr Möglichkeiten haben die Zuschauer, sich der Werbung zu entziehen und mit Hilfe der Fernbedienung auf einen anderen Sender umzuschalten (»Zapping«). Dies erklärt auch, warum in verkabelten Haushalten - die rund 20 Programme zur Auswahl haben - die wenigsten Werbespots gesehen werden. Manch einer bewegt sich in einer Art Slalom durch die verschiedenen Unterhaltungsprogramme. Diese Werbeflucht paßt genau zu dem veränderten Fernsehverhalten, »daß die meisten Zuschauer primär fernsehen (und) nicht gezielt ausgewählte Sendungen anschauen«.[3] Wenn »Fernsehen an sich« - von den Inhalten und Handlungszusammenhängen losgelöst - zum Zeitvertreib und zu einer Freizeitbeschäftigung wird, macht sogar Zapping Sinn. Fernsehen hat dann nur noch die Funktion, Auge und Ohr besetzt zu halten. Egal, welches Programmfragment man sieht und ob man dessen Sinn versteht - daß man so der Werbung entwischt, gilt schon als Erfolgserlebnis.

Neuntens besitzen gerade viele der jüngeren und finanzkräftigeren Konsumenten einen Videorecorder, mit dem sie zwischengeschaltete Werbespots im Schnelldurchlauf überspielen und »töten« können. Demgegenüber sind Videorecorder bei den »werbetreuen«, für die Werbungtreibenden aber weniger interessanten Rentnern nur dünn gesät. Und zehntens hielt es die Werbewirtschaft für eine zwangsläufige Folge der veränderten »Marktverhältnisse«, daß von politischer Seite den öffentlich-rechtlichen Anstalten zugestanden werden würde, ebenfalls abends und sonntags (also mehr) Werbung auszustrahlen. Statt jedoch – wie erhofft – auf diese Weise deren »Wettbewerbsfähigkeit« zu sichern, machen sich die Politiker ganz andere Sorgen: Um die Kommerzsender wettbewerbsfähig zu halten, verweigern sie ARD und ZDF eine Ausweitung der Werbezeiten.

Das große Ärgernis Fernsehwerbung

Dieser Enttäuschung der Werbewirtschaft liegt eine sehr simple Tatsache zugrunde, vor der sie krampfhaft die Augen verschließt: die Unbeliebtheit der Werbung. Röper hatte schon 1952 das aufdringliche und unaufgeforderte Sich-Einmischen der Reklame in den Alltag jedes Menschen als Fehlentwicklung bezeichnet,[4] zu einer Zeit also, als es noch keine Fernsehwerbung gab und die Werbung von ihren heutigen Exzessen noch weit entfernt war.

Für diese weitverbreitete pauschale Ablehnung gibt es vielerlei Gründe. Da man der Werbung jedoch – wenn sie nicht gerade die Landschaft oder ein Stadtbild verschandelt oder den Beginn eines Kinofilms verzögert – meist ausweichen konnte, rief sie eher Teilnahmslosigkeit als Unmut hervor. Stärker ausgeprägte Werbefeindschaft hielt sich in Grenzen. Wer Werbung nicht grundsätzlich mißbilligte und sich von ihr bestenfalls belästigt oder gelangweilt fühlte, begegnete ihr mit mehr oder weniger nachsichtiger Gleichgültigkeit.

Mit der Fernsehwerbung aber hat die Werbebranche die Grenzen der Zumutbarkeit überschritten und eine völlig veränderte Situation geschaffen. Ihre Aufdringlichkeit löst mehr und mehr Erbitterung, Zorn, Aggressionen und das Gefühl von Wehrlosigkeit aus. Besonders bei der überfallartigen Unterbrecherwerbung fühlen sich Fernsehzuschauer als die Dummen. Warum sollen sie ihre Köpfe hinhalten, damit andere sie als Einschaltquote und Werbemittelkontakt verkaufen können? Warum müssen sie ihre Zeit beim Betrachten nichtssagender Werbespots vertrödeln und geduldig abwarten, bis sie den Kanarienvogelfutter-Spot zum 28. und der Kaffee-Spot zum 47. Mal gesehen haben? So wehren sie sich gegen diese Art von »Freiheitsberaubung« mit ihrer einzigen Waffe: der Fernbedienung.

Zwar behaupten die Werbegesellschaften der deutschen Sender, das »große Zapping« finde nicht statt: 95 Prozent der Zuschauer sähen sich einen 30-Sekunden-Spot auch 30 Sekunden lang an. Aber das wirkliche Ausmaß des Zapping läßt sich mit den Methoden der GfK-Zuschauermessung gar nicht erfassen. Laut *SPIEGEL* produziert die GfK ganze Heere von Geisterzuschauern.[5] So konnte das IfD Allensbach nachweisen, daß die angegebenen Zahlen bis zum Dreifachen zu hoch waren und 42 Prozent der »echten« Zuschauer höchstens ein bis zwei Minuten Werbespots anschauten.[6] RTL plus mußte feststellen, daß 850000 Zuschauer den mitten in eine Show eingepflanzten Werbeblock zum Anlaß nahmen, auf ein anderes Programm umzuschalten.[7]

Da das BAT-Freizeitforschungsinstitut ermittelt hat, daß die Lust auf Fernsehen mehr und mehr nachläßt und die Bundesbürger in den neunziger Jahren ihren Fernsehkonsum drastisch reduzieren wollen,[8] kann man die folgende Prognose wagen: Es werden mehr Werbespots gesendet und weniger Spots gesehen werden. Mit einer solchen Entwicklung würden wir nur den dramatischen Zuschauerverlusten um ein paar Jahre hinterherhinken, von denen die drei großen werbefinanzierten US-Networks am stärksten betroffen sind.[9] Könnte die Ursache auch darin zu suchen sein, daß sie die Werbung pro Sendestunde weiter ausgedehnt und den Programmanteil eingeschränkt haben? Immerhin gewinnt dort das werbefreie Fernsehen an Boden, obwohl es gebührenpflichtig ist. Der Ölkonzern »Mobil« hat sich sogar die Unbeliebtheit der Werbung zunutze gemacht und damit geworben, daß die von ihm finanzierten Fernsehsendungen nicht von Werbung unterbrochen werden.

Wie es heißt, bemühen sich die Werber gemeinsam mit Marktforschern, noch unbewußte Konsumentenbedürfnisse herauszufinden. Daß es sich dabei jedoch nur um vermarktungsfähige Bedürfnisse handelt, wird verschwiegen. Beim Fernsehen aber haben sie noch nie zu erforschen versucht, ob das Betrachten von Werbespots ein Verbraucherbedürfnis ist. Hierzu bedarf es jedoch keiner Marktforschung, vielmehr würde es genügen, wenn die Werber Äußerungen ihrer Kollegen zur Kenntnis nehmen würden, die auf Kongressen zu Worte kommen oder in Werbefachzeitschriften zitiert werden.

Schon 1971 hatte die Marktforscherin Carmen Lakaschus beim Werbefilmforum auf »deutliche Anti-Einstellungen« zur Fernsehwerbung aufmerksam gemacht. Seitdem ist zunehmend davon die Rede, daß die Zuschauer – schon lange vor den Wucherungen der Privatsender – wegen der Überfütterung mit Werbung zu streiken beginnen und eine »televisionäre Absetzbewegung« im Gange ist, sich niemand Werbung »freiwillig reinzieht« und schon aus Selbstschutz vor ihrer »Zwangsberieselung« flüchtet. »Fassungslos« berichtete vor einigen Jahren ein Marketingchef, man müsse rund tausend Haushalte anrufen, um wenigstens 17 Leute zu finden, die am Abend vorher Fernsehwerbung gesehen haben.[10] Ein anderer sprach vom »Widerwillen« der Verbraucher gegenüber der Fernsehwerbung. Der bekannte Werbetexter Siemes meinte sogar ironisch, Untersuchungshäftlinge würden die Vorführung einer Endlosrolle von Werbespots als Folter empfinden und spätestens nach vier Stunden jedes Geständnis unterschreiben.[11]

Sollten Werber dennoch der Meinung sein, Fernsehwerbung werde von den Konsumenten als Information oder Unterhaltung geschätzt, ist es höchste Zeit für Befragungen: Wollen die Zuschauer – also nahezu die gesamte Bevölkerung – Werbespots und Schleichwerbung wirklich sehen? Hier könnte die Werbebranche endlich einmal ihre angebliche Menschenfreundlichkeit und ihr Eingehen auf Verbraucherbedürfnisse unter Beweis stellen. Schließlich geht es nicht um das gelegentliche Einkaufen eines Stücks Seife, einer Tüte Nüsse, einer Kaffeepackung oder einer Dosensuppe, sondern um über 800 Stunden Freizeitbeschäftigung im Jahr. Von einer sich an den Wünschen der Verbraucher orientierenden Branche könnte man erwarten, daß sie die Einstellung der Bevölkerung zur Fernsehwerbung wissenschaftlich erforschen läßt. Dabei ginge es um eindeutige Alternativen: Will man Werbung im Fernsehen - ja oder nein? Fernsehwerbung auch sonntags und zu Weihnachten? Ist man einverstanden, daß Spielfilme von Werbung unterbrochen werden? Sieht man Sportübertragungen lieber mit oder ohne Werbeeinblendungen? Will man mehr oder weniger Fernsehwerbung? Aber an Antworten auf Fragen dieser Art hat die Werbewirtschaft keinerlei Interesse. Sie begnügt sich lieber mit Scheinbefragungen: Ob Fernsehwerbung gelegentlich eine nützliche Anregung gibt? Welcher Werbespot gut gefallen hat? Ob man unterhaltende Werbung mag?

Hier scheint sich zu bestätigen, daß manche aktuelle Kardinalfragen nur deshalb nicht untersucht werden, weil alle Beteiligten Angst vor den zu erwartenden katastrophalen Ergebnissen haben.[12] Zu diesen Fragen, mit denen keine schlafenden Hunde geweckt werden sollen, gehört auch die nach der Akzeptanz der Fernsehwerbung. Mediaforschung wird nach Auffassung des GWA-Geschäftsführers Schweickhardt ohnehin nicht forschungsneutral, sondern forschungspolitisch betrieben.[13] Untersuchungen werden von vornherein so angelegt, daß keine unangenehmen Tatsachen zutage treten, sondern daß man mit den Ergebnissen den eigenen Interessen stärkeren Nachdruck verleihen kann.

Fernsehwerbung und Meinungsforschung

Obwohl eine methodisch sehr anfechtbare und »überaus gefällige«[14] (Haseloff) Medienforschung am Werke ist, deren Befragungstechniken mehr zustimmende als ablehnende Antworten herbeischaffen, gibt es einige unparteiische, nicht im Auftrage der Werbeseite entstandene Untersuchungen über die »Beliebtheit« der Fernsehwerbung.

Eine Studie »Jugendliche über Werbung« hatte 1983 katastrophale Zahlen erbracht: Bei den 12- bis 14jährigen urteilten 35 Prozent positiv und 65 Prozent negativ über die Werbung. Bei den 18- bis 21jährigen gefiel nur noch 19 Prozent »die Werbung im allgemeinen«, 81 Prozent gefiel sie nicht. Sie fühlen sich von ihr belästigt, wenn sie fernsehen oder Radio hören.[15] Eine GfK-Untersuchung von 1988 hat ergeben, daß der »neue Verbraucher« zunehmend resistent gegenüber der Werbung geworden ist; er stehe ihr zwar »nicht unbedingt feindschaftlich« (!), sondern »eher mit Distanz« und »zunehmend resistent« gegenüber. Gleichzeitig habe auch die Glaubwürdigkeit der Werbung gelitten.[16]

Nur auf den ersten Blick scheinen zwei neuere Untersuchungen solchen Ergebnissen zu widersprechen. So hatte das IfD Allensbach Fernsehzuschauer ab 16 Jahren gefragt: »Stellen Sie sich vor, es gäbe nur zwei Möglichkeiten, um das Fernsehprogramm von ARD und ZDF aufrechtzuerhalten. Die eine Möglichkeit sei, die Zuschauergebühren zu erhöhen, die andere Möglichkeit, mehr Werbung bei ARD und ZDF zu senden. Was würden Sie eher in Kauf nehmen: Höhere Gebühren oder mehr Werbefernsehen?« Für »mehr Werbung« sprachen sich 60 Prozent aus.[17] Es gibt jedoch Grund zu der Annahme, daß die überwiegende Mehrzahl dieser 60 Prozent jene sind, die nicht oder nur selten das Vorabendprogramm einschließlich Werbung sehen und die sich durch mehr Werbung *vor* 20 Uhr nicht belästigt fühlen.

Ähnlich kritisch ist auch eine im Auftrag des Bundesinnenministeriums durchgeführte Umfrage zu hinterfragen, nach der sich 28,3 Prozent von Werbung in ARD und ZDF gestört und 71,7 Prozent nicht gestört fühlten.[18] Dabei wurde jedoch kein Unterschied zwischen Zuschauern gemacht, die des öfteren oder nur sehr selten Werbesendungen sehen. Bedenkt man, daß die ARD- und ZDF-Werbeblöcke im 2. Quartal 1990 zusammen nur 11 Prozent der Zuschauer erreichten, kann gar kein Zweifel daran bestehen, daß es sich bei den 71,7 Prozent hauptsächlich um Nicht-Werbefernsehzuschauer handelte. Warum soll sich jemand von Werbung gestört fühlen, die er gar nicht sieht?

Bei der Fernsehwerbung zeigt sich, daß Schizophrenie eine unter Werbern und Marketing-Experten weitverbreitete Berufskrankheit zu sein scheint. David Ogilvy gestand: »Aus der Praxis weiß ich, daß Fernsehen das wichtigste Medium ist, und ich lebe ja auch zu einem großen Teil davon. Aber als Privatperson würde ich für den Vorzug, Fernsehen ohne Werbespots sehen zu können, gerne etwas bezahlen. Moralisch gerate ich da zwischen zwei Mühlsteine.«[19] Auch ein deutscher Werbemanager bekannte, er habe zwei Seelen in seiner Brust: Als Geschäftsmann wünschte er sich ein kommerzielles Fernsehen, als Privatmann aber packe ihn schieres Entsetzen davor.[20] Von 199 englischen Marketingdirektoren und Verkaufsleitern sprach sich die Mehrheit aus beruflichen Gründen für Werbung in den Programmen der BBC aus; als Mitglieder der Öffentlichkeit und als Fernsehzuschauer jedoch reagierten die meisten sehr ablehnend.[21]

Trotzdem erzählen Werbefunktionäre das Märchen von der beliebten Fernsehwerbung. Als rettender Strohhalm dient ihnen die sogenannte »Cannes-Rolle«, eine Zusammenfassung der bei den Filmfestspielen in Cannes preisgekrönten Werbespots, die als Hauptprogramm in Kinos gezeigt wird und bei jungen Leuten viel Zulauf hat. Nun bestreitet niemand, daß es - namentlich im Ausland - ausgezeichnet gemachte, amüsante und sehenswerte Werbespots gibt. Die Abneigung gegen Fernsehwerbung aber hat ganz andere Ursachen: Erstens die Belästigung in einer Situation, in der man von Werbung nichts sehen und hören will, zweitens die Häufung einer Vielzahl schlechter, einfallsloser und als öde empfundener Spots und drittens die ständige Wiederholung derselben, schon zigmal gesehenen Spots. Sonst könnten nicht 65 Prozent der Aussage zustimmen: »Es gibt nichts Nervtötenderes als Werbefernsehen.«[22]

Ziehen die Werber, deren ganzes Streben es angeblich ist, den Verbrauchern die Wünsche von den Lippen abzulesen und zu erfüllen, aus dem hörbar gewordenen Unmut die Konsequenzen und verringern wenigstens dem Zuschauer zuliebe die Fernsehwerbung? Das Gegenteil ist der Fall. Trotz unmißverständlicher Befunde will eine straff organisierte Lobby den Werbedruck weiter verstärken und den Werbeanteil in den Programmen noch weiter ausdehnen. Da in den USA der Anteil der elektronischen Medien am Werbemarkt 45 und in Italien sogar 55 Prozent beträgt, sieht man in der Bundesrepublik mit 16 Prozent noch einen großen Nachholbedarf.[23] Nach dem Willen der Interessenten sollen die Print-Medien zurückgedrängt und die elektronischen Medien in den Vordergrund geboxt werden. Sollte das prognostizierte überdurchschnittliche Wachstum tatsächlich stattfinden, müßten sich die Aufwendungen für Fernsehwerbung - um den »Nachholbedarf« zu decken und einen ähnlich hohen Anteil zu erreichen - bis Mitte der neunziger Jahre vervielfachen!

In den Augen der Werbemanager ist Fernsehen nichts anderes als ein für ihren Gebrauch geschaffenes Marketinginstrument. Sie klagen darüber, daß sie »nicht in der Lage sind, dieses Medium so einzusetzen, wie es die Marketingstrategie grundsätzlich für nötig halten würde«.[24] Sie beanspruchen einen maximalen Anteil an der Sendezeit und vor allem an den Hauptsendezeiten, um sie mit möglichst viel Werbung vollzustopfen. Programmdirektoren und Zuschauer haben sich gefälligst den Werbeinteressen unterzuordnen. Als der Markenverband forderte, »daß in Zukunft mehr und stärker die Interessen derjenigen zu berücksichtigen sind, die die ökonomische Basis darstellen«,[25] und damit unmißverständlich die Werbeindustrie meinte, muß ihm entgangen sein, daß der Hauptfinanzier des öffentlich-rechtlichen Fernsehens nach wie vor der gebührenzahlende Zuschauer ist.

Ben Hurs Sprung in die Knabberschüssel

Da bei freiwilligem Werbekonsum ein großer Teil der Werbespots ins Leere geht, versucht es die Werbebranche mit Zwang. Um der bisher noch der Fernsehwerbung entwischten Zuschauer endlich habhaft zu werden, will man jedes verbliebene Schlupfloch verstopfen, um sie zu überlisten, zu verfolgen und zu überfallen. Eine Eigenanzeige von RTL plus demonstrierte mit nicht zu überbietender Geschmacklosigkeit die Absicht dieser Überrumpelungsstrategie: mit einem Bild von Hitchcock als Henker, mit dem Galgenstrick in der Hand und den Worten »Früher oder später erwischen wir sie alle«. Die Rede ist von der sogenannten Unterbrecherwerbung, die überfallartig mitten in Filme und sonstige Programme hineinplatzt. Im amerikanischen Fernsehen war es nichts Außergewöhnliches, als bei der Übertragung der Olympischen Spiele 1988 zwischen dem Start zum 1500-Meter-Lauf und dem Endspurt nur Werbung zu sehen war. Wie weit wir uns schon amerikanischen Zuständen angenähert haben, demonstrierte das ZDF bei der Eröffnung der Fußball-Weltmeisterschaft 1990: Auf dem Höhepunkt der Feier blendete es sich aus und brachte Werbespots.

Bei der zur Zeit von den Kommerzsendern und auch von ARD und ZDF praktizierten Regelung dürfen Filme von über 60 Minuten Dauer einmal von Werbung unterbrochen werden. Wenn das deutsche Recht den Zielen der EG-Richtlinie angeglichen worden ist - Termin 3. 10. 1991 -, dürfen Filme von mindestens 45 Minuten Spieldauer einmal, von mindestens 90 Minuten zweimal und von mindestens 110 Minuten dreimal von Werbung unterbrochen werden. Unterbrechungen sollen jedoch - wogegen die Werbelobby Sturm läuft - nur zulässig sein, wenn »die Integrität der Programme und ihr Wert oder ihr natürlicher Ablauf nicht beeinträchtigt wird« oder wenn der Charakter eines Programms von längerer Dauer eine Werbeunterbrechung erlaubt. Solch dehnbare Begriffe eröffnen neue Grauzonen. Nachrichten, Magazine über das aktuelle Zeitgeschehen, Dokumentarfilme, Sendungen religiösen Inhalts und Kinderprogramme dürfen durch Werbung unterbrochen werden, wenn die Sendezeit mehr als 30 Minuten beträgt. Die einzige Sendeform, die überhaupt nicht durch Werbung unterbrochen werden darf, ist die Übertragung von Gottesdiensten.[26]

Mit der EG-Richtlinie ist die Werbewirtschaft zwar einen großen Schritt weitergekommen, aber noch lange nicht zufrieden. Es paßt ihr nicht, daß »nur« 15 Prozent der täglichen Sendezeit (unter Einbeziehung »direkter Angebote« wie Teleshopping bis zu 20 Prozent) und maximal 20 Prozent pro Stunde mit Werbespots ausgefüllt werden dürfen. Der Markenverband ist insbesondere mit der vorgesehenen Handhabung der Unterbrecherwerbung nicht einverstanden. Als erstes fordert er eine Verkürzung der Intervalle und mehr Unterbrechungen, damit die Werbeblöcke nicht zu lange dauern. Der AKW sieht die Fernsehwerber in einer Zwickmühle: Bei häufigeren und kürzeren Werbeblöcken »entsteht ein Programm mit viel Durcheinander, das zum Umschalten veranlaßt«, während weniger und längere Werbeblöcke »ebenfalls das Umschalten fördern«.[27] *w & v* spricht von einem Ohnmachtsempfinden der Verbraucher gegenüber der Fernsehwerbung, von schneller Gereiztheit und Abwehrmechanismen.[28] Das alles aber kann die Fernsehwerbelobby nicht davon abbringen, unbeirrbar an ihren Zielen festzuhalten. Sie meint den Zuschauerwiderstand am ehesten brechen zu können, wenn die Spots überfallartig auftauchen und schnell wieder verschwinden. Dann soll auch die für jeden Werbeeinbruch vorgeschriebene optische und akustische Trennung vom Programm entfallen - wie in Amerika, wo Ben Hur blitzartig in eine Knabberschüssel springt (Clark). Wie aber sähe diese »Entzerrung der Werbeblöcke« - die laut Markenverband im Interesse des Zuschauers liegt - in der Fernsehpraxis aus? Bei 20 Prozent Werbung pro Stunde müßten Spielfilme alle vier Minuten für eine Minute Werbung oder alle acht Minuten für zwei Minuten Werbung zerhackt werden!

Aus Sicht der Werbewirtschaft soll die Zuordnung des Fernsehens zu einer »freien« Marktwirtschaft noch eine weitere von ihr sehnlich gewünschte Konsequenz haben: die Freistellung von jeder Beschränkung. Der Werbeberater Damm hat auf der AKW-Fachtagung 1988 die Forderungen präzisiert: Mehr als 20 Prozent der täglichen Sendezeit für Werbung, Aufhebung des Zwangs zur Sendung von Werbeblöcken, Unterbrecherwerbung so oft wie möglich, kein Trennungsgebot zwischen Programm und Werbung mehr, keine Einschränkung von Product Placement, Abschaffung der Bestimmungen zur Regelung der an Kinder gerichteten Werbung.[29] Die Forderungen nach »freier Marktwirtschaft« im Fernsehen sind jedoch einseitig, da die Werbelobby dem Zuschauer das Recht verweigert, sich marktwirtschaftlich zu verhalten. Denn Marktwirtschaft bedeutet, daß ein vom Verbraucher nicht gewolltes Produkt - z.B. Unterbrecherwerbung - vom Markt verschwindet.

Die Werbelobby beklagt, daß im deutschen Fernsehen

»nur« für 1500, im amerikanischen aber für 10000 und im englischen für 4000 verschiedene Produkte Werbung gemacht wird.[30] Wer fragt noch nach dem Zuschauer, der mit immer mehr Werbung bombardiert wird und immer mehr Marken in seinem Kopf (ist es eigentlich noch »sein« Kopf?) speichern soll? Die Zahl der in der Bundesrepublik beworbenen Marken hat sich von 25000 (1975) bis 1989 auf 43877 erhöht![31]

Ein Übermaß an Fernsehwerbung werde es nicht geben, meint man beim Markenverband, weil nicht der Gesetzgeber, sondern der Zuschauer die Grenzen setzt. Auch in Ländern wie Italien oder den USA, in denen Werbebegrenzungen kaum noch vorhanden sind, werde das Medium Fernsehen nach wie vor uneingeschränkt genutzt. Aber gerade die dort geübte Freizügigkeit ist ein abschreckendes Beispiel für die Rücksichtslosigkeit, mit der die Werbeindustrie die Zuschauer vergewaltigt.

Das italienische »Werbe-Spotpourri«

Im italienischen Fernsehen ist es vorgekommen, daß die Sendezeit von Filmen durch eingestreute Werbespots um 50 Prozent verlängert wurde! Der Film »Romeo und Julia« von Franco Zeffirelli wurde 18mal für Werbung unterbrochen! Sogar Gavino Sanna, der wohl bekannteste Kreative der italienischen Werbebranche, findet dieses »Werbe-Spotpourri« und »affollamento« - die Überfüllung mit Werbung - unerträglich. Im italienischen Fernsehen wurden 1989 im Tagesdurchschnitt 2361 Werbespots, im Kommerzsender Canale 5 allein 413 pro Tag (bei einem durchschnittlichen Werbeanteil von rund 19 Prozent je Sendestunde) gesendet. Diese Werbeexplosion ist sogar zum nationalen Reizthema geworden.

Auf dem ARD-Werbetreff '89 zog ein Kenner der italienischen Zustände ein Resümee: »Es ist für uns alle klar, daß in Italien etwas nicht funktioniert. Wir haben ohne Zweifel Probleme mit einer zu großen Masse von Spots... Die einzige Lösung ist wahrscheinlich, einen korrekten Weg zu finden, die Spots in die Programme einzugliedern und somit zu vermeiden, daß der Zuschauer irritiert wird. Das heißt nicht nur, daß alle Networks darauf achten müssen, die Grenzwerte der Werbeaggression nicht zu überschreiten (Verträglichkeit für den Zuschauer), sondern auch die Unterbrechungen der Programme in einer organischen und logischen Weise zum Programm zu planen.« Auf die einzig logische Konsequenz der erstmals von einem Werbemann so genannten »Werbeaggression« scheint dort niemand gekommen zu sein: die Aggression wenigstens zu mildern, das Werbequantum zu reduzieren und die Unterbrecherwerbung abzuschaffen.

Schon die Idee, einen Film zu zerstückeln und Werbesendungen einzuschieben und den Handlungsfaden zu zerreißen, ist so aberwitzig und von einer Dreistigkeit und Unverschämtheit ohnegleichen, daß man - nähme man den Fernsehzuschauer und seine Wünsche wirklich ernst - sie nicht für möglich halten sollte. Aber auch Politiker scheinen die aus Amerika importierte Unterbrecherwerbung inzwischen als eine völlig normale, vielleicht sogar förderungswürdige Praxis anzusehen. Daß die Zuschauer für Werber und Kommerzsender keine Menschen, sondern nur Werbekontakte sind, beweist die Begründung für diese menschenverachtende Werbeform: »Die Forderungen der Wirtschaft nach hohen Werbekontaktzahlen einerseits und einer möglichst genauen Ansprache von bestimmten Zielgruppen machen es notwendig, . . . auch direkt in definierten Sendungen werben zu können.«[32] Notwendig. Punktum. Vom Zuschauer ist nicht die Rede. Er ist der Dumme, seine Empörung läßt Werber und Sender kalt - sie bauen auf eine nachwachsende Generation, die sich gar nicht mehr vorstellen kann, daß es früher einmal Filme ohne Werbeunterbrechungen gegeben haben soll.

Auch Federico Fellini hat seiner Verbitterung über die Unterbrecherwerbung Luft gemacht:[33] Sie sei ein Willkürakt nicht nur dem Autor und seinem Werk, sondern auch dem Zuschauer gegenüber. Man gewöhne sich an Unterbrechungen der Geistestätigkeit, an ein so häufiges Aussetzen der Aufmerksamkeit, daß der Zuschauer schließlich zu einem ungeduldigen Kretin werde, der sich nicht mehr konzentrieren, nicht nachdenken und keine geistigen Zusammenhänge erfassen könne. Das Auseinanderreißen jedes syntaktischen Gefüges zeitige nur ein Ergebnis: Es lasse ein Publikum von Analphabeten entstehen, das bereit ist zu lachen und sich zu erregen und allem zu applaudieren, was schnell, sinnlos und wiederholbar ist: »Die privaten Fernsehsender behaupten, sie bräuchten Werbung, um überleben zu können. Aber warum in aller Welt sollen wir uns um das Schicksal von Fernsehsendern sorgen, die rund um die Uhr schwachsinnige Shows in die Wohnungen der Italiener schwemmen, mit Schmierenkomödianten, die nicht mal die schäbigste Varietébühne von Anno dazumal engagiert hätte, und alten Filmen, die ständig von brutzelnden Pfannengerichten, Saucenströmen und mit Deosprays besprühten Achselhöhlen unterbrochen werden? Die Zuschauer mit Werbung zu überfluten ist ein unlauterer Akt der Anmaßung und Gewalt.« Die Sender hätten kein Recht, Werke zu mißachten und zu verunstalten, in die andere so viel an Schöpferkraft und Arbeit hineingelegt hätten. »Auch Übeltäter können behaupten, ihre Übeltaten um des Überlebens willen begehen zu müssen.« Der an Werbegeldern interessierte ARD-Vorsitzende Kelm allerdings ist nicht der Meinung, ein Film von Fellini werde durch Werbeunterbrechung*en* künstlerisch weniger wertvoll.[34]

Protest insbesondere gegen Unterbrecherwerbung haben 250 Künstler und Kulturschaffende aus ganz Europa erhoben. Im September 1988 wandten sie sich mit einer europäischen Charta für den audiovisuellen Bereich (»Erklärung von Delphi«) an die für Massenmedien zuständigen Minister der 21 Mitgliedsstaaten des Europarates: »Lassen Sie nicht mehr zu, daß kommerzielle Fernsehanstalten unter Herausforderung der Rechte sowohl der Öffentlichkeit als auch der Urheber Werke der Kultur als Werbeträger zweckentfremden. Dulden Sie nicht mehr, daß man sie zerstückelt, verstümmelt und völlig entstellt. Tolerieren Sie nicht mehr, daß solche Sender unter dem Vorwand, Programme für die Zuschauer zu bieten, die Zuschauer den Werbefachleuten ausliefern.«[35]

Unterbrecherwerbung als »Körperverletzung«

Franco Zeffirelli hat vergeblich gegen den römischen Sender geklagt, der seinen Film »Romeo und Julia« durch Werbung »ruiniert hat«. Der Sohn des verstorbenen Regisseurs Pietro Germi allerdings hat mit seiner Klage gegen die Zerstückelung des Films »Serafino« recht bekommen. Nach dem Urteil des römischen Appellationsgerichts grenzt Unterbrecherwerbung an Körperverletzung. Schon ein einziger Werbespot deformiere und verstümmele den Charakter des Films, verletze das Autorenrecht und sei deshalb verboten.[36] Die Werbefachzeitschrift *Horizont* kommentierte dieses Urteil, es sei zu erwarten, daß die Werbung in der Revision »wieder zu ihrem Recht« kommen werde.[37]

Ein im März 1990 vom italienischen Senat angenommener Gesetzentwurf sollte den Wildwuchs der Fernsehwerbung beschneiden und der Medienkonzentration Einhalt gebieten. Bei Filmen sollte Werbung nur noch während der im italienischen Fernsehen üblichen Pause erlaubt sein. Diese Entscheidung hätte Berlusconi, den Besitzer der drei größten Kommerzsender, einen beträchtlichen Teil seiner Werbeeinnahmen gekostet.

Der Gesetzentwurf löste erbitterte parlamentarische Auseinandersetzungen aus und eskalierte im Juli 1990 zu einer der dramatischsten italienischen Regierungskrisen. Sowohl der christdemokratische Ministerpräsident Andreotti als auch sein sozialistischer Koalitionspartner Craxi wollten – offensichtlich in der Erwartung wohlwollender publizistischer Behandlung – Berlusconi sein lukratives Werbegeschäft so wenig wie möglich schmälern. Andreotti gewann die entscheidende Abstimmung, obwohl fünf christdemokratische Minister und elf Staatssekretäre vom linken Flügel seiner Partei aus Protest zurückgetreten waren. Das neue Gesetz garantiert Berlusconi seine Milliardeneinnahmen zunächst bis Ende 1992, gestattet ihm zusätzlich die – bisher ausschließlich dem Staatsfernsehen vorbehaltene – Übertragung sportlicher Großveranstaltungen und sichert vor allem seine Monopolstellung im Kommerzfernsehen. Ab 1993 sollen »nur«

noch drei Unterbrechungen pro Film zulässig sein, doch dürfen die Privatsender dann 15 Prozent der täglichen Sendezeit und maximal 18 Prozent pro Stunde mit Werbung ausfüllen.

Fellini, Zeffirelli und Germi haben sich auf die Freiheit der Kunst und das Urheberrecht berufen. Wie würde das Bundesverfassungsgericht entscheiden, wenn gegen die Unterbrecherwerbung Verfassungsbeschwerde eingelegt würde? Ein Urteil des OLG Frankfurt, das der Bundesgerichtshof bestätigt hat, könnte vielleicht für die Gesamtproblematik wegweisend sein: Dem Interesse einer Firma »an Werbung zur Absatzsteigerung und dem Interesse der potentiellen Kunden an Informationen über das Leistungsangebot des Werbenden steht im Widerspruchsfall das allgemeine Persönlichkeitsrecht des von der Werbung Betroffenen gegenüber, das gebietet, daß der einzelne in seiner Individualsphäre und in seinem Recht auf Selbstbestimmung geschützt wird«.[38] Es ist sogar fraglich, ob die Rundfunk- und Fernsehfreiheit auch für Werbesendungen im öffentlich-rechtlichen Fernsehen gilt. Grundgesetzkommentatoren vertreten die Auffassung, daß ein Verbot von Werbesendungen zulässig ist, wenn die Finanzierung der Rundfunksender auf andere Weise gesichert ist (von Münch) bzw. daß der Grundrechtsschutz nur besteht, wenn Werbung unverzichtbare ökonomische Basis des Mediums ist (Hoffmann-Riem). Mit dem vierten Rundfunkurteil hat das Bundesverfassungsgericht am 4. 11. 1986 insofern Klarheit geschaffen, indem es der Werbung keine Funktion der »Grundversorgung« zugewiesen hat.

Je weiter jedoch der Zuschauer in die Enge getrieben wird, desto stärker wehrt er sich seiner Haut. So hat er nach dem »Zapping« das »Zipping« als neue Methode entdeckt, um der Werbung zu entgehen und sich von ihr keine Zeit stehlen zu lassen. Dabei wird die mit einem Videorecorder aufgezeichnete Unterbrecherwerbung im Schnelldurchlauf übersprungen. Die Hochkonjunktur bei Videorecordern führt man vor allem auf die Möglichkeit des »Zipping« zurück. Nach einer amerikanischen Untersuchung von 1986 sagten 78 Prozent derjenigen, die Unterhaltungssendungen mit Video aufnehmen, daß sie die Werbespots wegzippen. Dort gibt es sogenannte »Event Timer« oder »Commercial Cutters«, die bei Videoaufnahmen die Werbespots sofort erkennen und gar nicht erst aufnehmen. Sogar das ZDF bietet seit Juni 1990 die Möglichkeit, durch einen speziellen VPS-Sendecode die zwischen zweiteiligen Sendungen eingestreuten Werbeblöcke automatisch auszublenden.[39] Kein Wunder, daß sich die Gegenseite wiederum neue Tricks ausdenkt, um die verhaßten Werbespots doch noch an den Mann zu bringen – zum Beispiel mit Videokassetten, in die Werbespots hineingemogelt sind.

Selbstverständlich gäbe es auch zum Thema »Werbung und Hörfunk« eine Menge zu sagen. Da es sich jedoch prinzipiell um dieselbe Tendenz einer fortschreitenden Kommerzialisierung und Besetzung durch die Werbung handelt, wird hier auf eine Analyse dieses Mediums verzichtet. Auch im Privatfunk geht es primär um Schaffung eines konsumfreundlichen Umfelds, das den Werbeeinschaltungen zuarbeiten soll. Für die richtige Stimmung sorgen seichte Musikteppiche und Mini-Wortbeiträge mit möglichst großem Unterhaltungswert. Als Beispiel für eine besonders gut geeignete Meldung aus dem kirchlichen Bereich nannte der Redakteur eines Kommerzsenders das Platzen eines Bierfasses während einer Konfirmationsfeier.[40] Auch im Kommerzfunk hat sich die Schleichwerbung fest etabliert. Denn durch Vermischung von Werbung und Programm kann man am ehesten Hörern und Sehern Werbung unterschieben. Sogar ein Informationsdienst für die Werbewirtschaft schrieb über den Hörfunk: »Die bislang gängige Spotwerbung und die vor allem von den kommerziellen Anbietern angebotenen Sonderwerbeformen überschreiten gelegentlich die Grenze zum Zynismus gegenüber dem als ›mündig‹ deklarierten Bürger.«[41]

Die Werbefunk- und -fernsehlobby fordert freie Bahn für Schleichwerbung in jeder nur denkbaren Form. Am liebsten sind ihr die Spielshows, bei denen Markenartikel im Mittelpunkt stehen: in der ARD-Sendung »Die größte Flasche des Jahrhunderts« über hundert Jahre Coca-Cola mit Ausschnitten aus Coca-Cola-Werbespots oder in der Mercedes Benz-Jubiläumssendung. Für SAT 1 war eine Show »Marken merken - ich hab's« vorgesehen, in der Studiokandidaten aus kurzen Ausschnitten aktueller Werbespots die zugehörige Marke erraten sollten. Nach jeder Raterunde sollte dann der vollständige Spot gezeigt werden. Da nicht genug werbungtreibende Firmen zum Mitmachen bereit waren, scheiterte dieses Projekt. Statt dessen sollen SAT 1-Zuschauer, die Nachrichten sehen wollen und frühzeitig ihr Gerät einschalten, eine fünfminütige »Slogan-Show« über sich ergehen lassen. Dabei sind abgefragte Teilslogans zu vervollständigen und - während im Hintergrund die Marken und Logos leuchten - dem richtigen Produkt oder Unternehmen zuzuordnen. Daß solche »Werbesonderformen« wie auch »Glücksrad« oder »Der Preis ist heiß« nach den Vorstellungen des AKW nicht auf die zulässige Werbezeit angerechnet, sondern als echtes Programm gewertet werden sollen, ist nur ein weiteres Indiz für die Unersättlichkeit der Werbelobby und für ihr Ziel, sich in jeder nur möglichen Grauzone einzunisten.

10. Die Werbung in der Grauzone

In seiner Eröffnungsrede zum Kongreß der Werbung 1974 hatte der damalige Bundeswirtschaftsminister Friderichs die Werber davor gewarnt, den Bereich des Zulässigen oder gerade noch Zulässigen voll auszuschöpfen. Die Problemzone liege immer schon in der Nähe des Verbots. Werde diese Grauzone mit letzter Spitzfindigkeit ausgeschöpft, werde der Gesetzgeber ermuntert, in einen Bereich einzugreifen, aus dem er sich nach Friderichs' Meinung tunlichst heraushalten sollte. Mit jedem »Extensivvorgehen« provoziere die Werbung Forderungen gesellschaftlicher Gruppen nach gesetzlichen Eingriffen.

Seit dieser in den Wind gesprochenen Ermahnung hat die Werbung viele neue Nischen entdeckt und erschlossen. Auch weiterhin versuchen erfindungsreiche und spitzfindige Werber neue Grauzonen aufzuspüren und bis an die äußerste Grenze zu besetzen. Kompromißlos beansprucht die Werbewirtschaft für jede Grauzone volles Besitzrecht und uneingeschränkte Nutzung. Ihr Expansionsdrang läßt sich auch von gesetzlich gezogenen Grenzen nicht stoppen. Sie versucht vollendete Tatsachen zu schaffen und sich in den von ihr eroberten Zonen so festzusetzen, daß man sie nicht mehr vertreiben kann. Der Werbemanager Jens Putze, dem die verbotene, von den Kommerzsendern dennoch praktizierte Vermischung von Werbung und Programm noch lange nicht weit genug ging, hat in der *ZEIT* beschrieben, wie die Werbung sich Neuland einverleibt: Durch gemeinsames Herantasten an die Elastizität der Landesmediengesetze solle die noch bestehende Rechtsunsicherheit positiv genutzt werden.[1]

Weil die Fernsehzuschauer die ständigen Werbebelästigungen leid sind, konzentriert sich das Interesse der Werbebranche auf überfallartige und nicht wegzuzappende Werbeformen. Die Rede ist von »Product Placement« (PP): das gegen Bezahlung gewährte Einfügen eines Markenartikels in einen Spielfilm oder in eine Unterhaltungssendung. Ziel dieser sogenannten »Requisitenreklame« ist es, bestimmte Produkte in das Programm einzuschleusen. Dabei soll das Markensymbol lange genug zu sehen sein, um bemerkt zu werden und zu »wirken«, aber nur so kurz, daß es bei den Zuschauern keine Abwehrreaktion hervorruft. Beabsichtigt ist also eine mehr oder weniger unbewußt wirkende Form von unterschwelliger Werbung, die »in der Gehirnhaut des Verbrauchers ein paar zusätzliche Ablagerungen hinterläßt«.[2] Damit die Absicht nicht auffällt, müsse man ein gewisses Fingerspitzengefühl für Formen entwickeln, die keinen unbewußten Widerwillen hervorrufen. Obwohl die Werber genau wissen, wie allergisch Zuschauer auf jede Art von Schleichwerbung reagieren, nehmen sie keinerlei Rücksicht.

Man muß zwischen dem »klassischen« PP und dem »Sponsoring« - von dem noch die Rede sein wird - unterscheiden. Neben dem PP für eine spezielle Marke gibt es noch das »Generic Placement« für eine Warengruppe (wenn z.B. alle sympathischen Darsteller rauchen) und das »Image Placement« (wenn ein bestimmtes Unternehmen in bestem Licht erscheint).

In Kinofilmen ist PP inzwischen so alltäglich, daß es nur noch erwähnt wird, wenn ein mit Werbung vollgestopfter Film für das (öffentlich-rechtliche) Fernsehen nicht mehr sendefähig ist oder wenn Markenartikel auf besonders plumpe und penetrante Weise ins Bild gebracht werden. Der neueste Bogner-Film »Feuer, Eis und Dynamit« brachte Ende Oktober 1990 das Faß zum Überlaufen. Die Kinobesitzer sahen sich »arglistig getäuscht«, weil ihnen »statt der groß angekündigten Non-Stop-Action-Komödie eine reine Sportreklame-Revue geliefert wurde.« Auch viele Zuschauer waren empört über das »unverschämte Werbespektakel.« Dieser »frechste Sponsorfilm, den das Kino je gesehen hat« und der 70 Minuten Werbung enthält, gehe »eindeutig über die Schmerzgrenze.«[3] Vermutlich gibt es für mindestens 90 Prozent der in Filmen erscheinenden Markenprodukte keinerlei dramaturgische Notwendigkeit. Sie sind für die Handlung vollkommen überflüssig und lenken nur von ihr ab.

Philip Morris ließ es sich 350000 Dollar kosten, daß James Bond in »Lizenz zum Töten« immer wieder zu »Lark«-Zigaretten greift. In »Superman« tauchte die

Marke »Marlboro« bei 22 verschiedenen Gelegenheiten auf. Auch in der deutschen Filmbranche gehören die Tabakfirmen zu den besten Kunden. Als im Film »Paris, Texas« vertragswidrig und ohne Wissen des an den Produktionskosten beteiligten WDR »Marlboro«-Zigaretten mehrmals zu sehen waren, erfuhr die Öffentlichkeit erstmals Genaueres über die im Verborgenen arbeitende PP-Branche. Die Produktionsgesellschaft hatte ein doppeltes Spiel getrieben: Dem WDR gegenüber hatte sie sich verpflichtet, keine direkte oder indirekte Werbung, keine Firmennamen oder Warenzeichen zuzulassen. Einer Werbeagentur jedoch garantierte sie, die »Marlboro« so zu präsentieren, daß der Markenname in »handlungsbezogenen Einstellungen« von mindestens 2 Sekunden und insgesamt 45 Sekunden voll und deutlich sichtbar werden sollte. Für diese Schleichwerbung war ein Honorar von 60000 Mark vereinbart worden, das die Zigarettenfirma bei der Abrechnung »auf Grund der verminderten Markenpräsentation« auf 41000 Mark kürzte. Diese Affäre wurde im Frühjahr 1987 bekannt und veranlaßte den WDR, aus der geplanten Fernsehfassung »die penetrantesten Marlboro-Szenen« herauszuschneiden.[4]

Plazieren, zahlen und schweigen

Beim PP handelt es sich um ein äußerst diskretes Gewerbe, in dem man plaziert, zahlt und schweigt. Da PP-Mittler und Berater normalerweise nichts über ihre Partner, Konditionen und Summen verlauten lassen, kann man sich von ihren Geschäften nur ein ungefähres Bild machen. Es sei denn, ein PP-Agent sei bei seiner Akquisitionstätigkeit unvorsichtig und versende aufs Geratewohl Angebotsbriefe an Markenartikelfirmen.

w & v veröffentlichte einen solchen Originalbrief einer PP-Agentur, mit dem Firmen »absolut vertraulich« angeboten wurde, ihre Produkte »logisch und effektiv« in 13 verschiedenen ZDF-Filmen oder -Sendungen zu plazieren. Der Preis: 80000 Mark für 40 Sekunden oder 2000 Mark pro Sekunde (»Die Produktion wird die entsprechenden Produkte insgesamt mindestens 40 Sekunden klar und deutlich als solche erkennbar im Bild plazieren«).[5] ZDF-Intendant Stolte versicherte daraufhin, ein solches Angebot sei absolut undenkbar[6] und weder mit Wissen noch mit Billigung des ZDF oder des Produzenten abgefaßt worden.[7] Trotzdem kam Stolte nicht umhin, ZDF-Mitarbeitern eine gewisse Laxheit im Umgang mit Schleichwerbung vorzuwerfen, und er stoppte Sendungen mit zu geringem Informationscharakter und unangemessen hohem »werblichen Informationsanteil«.[8]

Hier zeigt sich ein weiteres Mal, daß und wie die Werbung alles verdirbt, was sie berührt, und daß sie im Zweifelsfall gegen Verbraucher und Zuschauer Front macht. Sie hat es geschafft, Teile der Fernsehlandschaft in einen schmutzigen Sumpf zu verwandeln, in dem die Korruption einen fruchtbaren Nährboden findet. Mit einer ironisch gemeinten Definition von PP traf *w & v* den Nagel auf den Kopf: »Verbotene Form der Schleichwerbung, bei der Produzenten, Kameraleute, Requisiteure und Schauspieler durch Gelder bestochen werden, damit sie die Produkte eines bestimmten Herstellers in die Spielhandlung von Filmen und TV-Sendungen einbauen, so daß der ahnungslose Zuschauer überrumpelt und unterschwellig mit dem Produkt konfrontiert wird.«[9]

Cleveren Agenten, Produzenten und Showmastern scheint es immer wieder gelungen zu sein, die Sender mit eingemogelten Produkten auszutricksen und so ein lukratives Nebengeschäft zu betreiben. Der *SPIEGEL* machte einen speziellen Fall von Korruption publik: Ein NDR-Redakteur hatte für eine Sendung die Sanierung eines Flachdachs filmen lassen. Der Industrieverband Bitumen-, Dach- und Dichtungsbahnen zahlte für die Dachreparatur rund 40000 Mark. Das Dach gehörte zum Haus des Redakteurs.[10]

Auch der Hamburger Bauer-Verlag brachte sich ins Zwielicht. Er hatte zwar verkündet, er sei ein Gegner von PP: »Für unsere Verlagsgruppe gilt, daß Angebote von Product Placement generell abgelehnt werden.« Die Köchin aber, die in der Bauer-Versuchsküche für NDR-Filmaufnahmen posierte, trug – wie Bauer mit einem PP-

Agenten verabredet hatte - eine Schürze mit der Aufschrift *neue mode* und machte so für eine Bauer-Zeitschrift Reklame. Als der NDR die Sendung wegen Schleichwerbung stoppte, protestierte der Verlag mit dem Hinweis, er habe mit ARD und ZDF bereits eine Vielzahl solcher Projekte durchgeführt. Und der Werbeagent - der übrigens die von Firmen geleisteten Zahlungen für sich behalten hatte - bezeichnete den PP-Vorwurf als totale Frechheit: Es habe sich um »Berichterstattung« gehandelt.[11]

Ginge es nach Palmströms Devise, daß nicht sein kann, was nicht sein darf, könnte es im Fernsehen kein PP geben. Aber der Drang der Werbungtreibenden, einem Millionenpublikum Markenprodukte und -symbole in einem dafür wie geschaffenen (oder tatsächlich extra geschaffenen) Umfeld »handlungsbezogen« unterzuschieben, ist so stark und der Werbewert solcher Plazierungen wird so hoch eingeschätzt, daß immer wieder Wege gesucht und gefunden werden, auf denen man ins Programm eindringen kann.

Wie kommen Markenartikel ins Fernsehprogramm?

Solange noch keine Richtlinien darüber existierten, wie die Sender sich gegenüber PP verhalten sollten, geschahen mysteriöse Dinge. In der ARD-Serie »Lindenstraße« waren Nestlé-Produkte und Miele-Waschmaschinen häufig zu sehen, ohne daß der WDR erklären konnte, wie sie dort hineingekommen waren. Auch das Geheimnis der »Paroli«-Hustenbonbontüte in der Hand des Tatort-Kommissars Götz George ließ sich nicht aufklären. Man konnte jedoch in Erfahrung bringen, daß viel Geld bezahlt worden war, um sich in Sendungen wie »Schöne Ferien«, »Enorm in Form«, »Na sowas«, »Groß hilft klein« und viele andere einzuschleichen.[12]

Die weltweit auf sechs bis zehn Milliarden Dollar jährlich geschätzten Umsätze, die mit PP erzielt werden, deuten das wirtschaftliche Potential an, das in diesem Markt steckt. Angeblich gibt es in den USA mehrere hundert PP-

Agenturen, von denen die größte über hundert Topkunden hat und monatlich 25 bis 30 von ihr speziell ausgewählte und als geeignet angesehene Spielfilme ausstattet. Man kann sich leicht ausmalen, welch verlockendes Geschäft die ständig steigende Zahl deutscher PP-Agenturen und PP-Berater wittern. Auch Firmen haben schon eigene PP-Abteilungen eingerichtet.

Sogar Zeitungs- und Zeitschriftenverleger bemühen sich um PP in gedruckter Form. *Bild am Sonntag* bot Markenartikelfirmen an, ihre Produkte in einem von Konsalik zu schreibenden »Markenartikelroman« für rund 17000 Mark pro Nennung zu plazieren. In jeder der geplanten 26 Fortsetzungen sollten zehn Markenartikel lobend erwähnt werden.[13] Seit Bekanntwerden dieser Pläne des Axel Springer-Verlages suchen auch Frauen- und Jugendzeitschriften nach Autoren und Werbungtreibenden für Product Placement. Die Leseproben von Konsaliks »Wagners - wer sonst?« konnten jedoch bei den Werbern keinen Anklang finden, so daß den Lesern die Lektüre (»Wenn ich schon den Haushüter spielen muß, dann nur unter der Bedingung, daß ich eine Flasche Torro bekomme, den zehn Jahre alten spanischen Kognak.«) erspart blieb.

Die Position der Werbewirtschaft gegenüber PP läßt kein einheitliches Bild erkennen. Die Werbefachpresse nannte PP »eine endgültige Bankrotterklärung der Werbung als glaubwürdiges Instrument der Information und des Überzeugens« und als den »Beginn des endgültigen Verlustes der Glaubwürdigkeit redaktioneller Arbeit«;[14] PP sei der erklärte Feind jeder ehrbaren Werbeagentur.[15] Der ZAW-Sprecher betonte zwar, Werbung müsse als solche erkennbar sein und am Grundsatz der Trennung von Redaktion und Werbung dürfe sich nichts ändern. Für die Werbepraxis aber müsse ein größtmöglicher Spielraum gewährt werden. Widersprüchlich war die Stellungnahme des Markenverbandes: Er sprach sich zwar auch für die Trennung von Werbung und Redaktion aus, wandte sich aber nur gegen »verdecktes« PP und forderte die Entwicklung neuer Kommunikationsformen unter Offenlegung der Zusammenarbeit bei finanzieller Kooperation.[16] Andere meinen, PP sei nicht mehr rückgängig zu machen und müsse legalisiert werden. PP sei eine Marketingmaßnahme wie Anzeigen und Werbespots. Konditionen und Preislisten müßten auf den Tisch. Der GWA forderte die Verantwortlichen auf, dieses neue »Marktbedürfnis« anzuerkennen und den Marktkräften freien Lauf zu lassen.[17]

PP ist für Werbungtreibende von Interesse, weil die herkömmlichen Werbemittel immer weniger Beachtung finden und vor allem die Akzeptanz von Werbespots immer mehr nachläßt. Allerdings forderte Nestlé Gleichbehandlung: Es sei nicht einzusehen, daß beispielsweise ein Rennwagen mit Marlboro-Reklame über 20 oder 24 Runden vom Fernsehen verfolgt werde, während der Kaffee-Ausschank irgendeiner Firma nicht ins Bild kommen dürfe.[18]

Aber auch für die Fernsehmacher scheint PP nicht ohne Reiz zu sein. Ein cleverer Reporter der Zeitschrift *Wiener* führte einige Fernsehredakteure und Talkmaster aufs Glatteis. Über eine Briefkastenfirma machte er ihnen das (Schein-)Angebot, gegen entsprechenden großzügigen Ausgleich einen (fingierten) Markenartikel »zur Bildschirmreife zu entwickeln«, z.B. für »die (bezahlte) Ausstattung von Moderatoren«. Vier Empfänger dieser Briefe lehnten kurz und bündig ab. Andere jedoch zeigten sich interessiert. Der Reporter führte - nach eigenen Angaben - Gespräche mit dem Leiter der ZDF-Abteilung »Zusammenarbeit mit Dritten«, mit Dieter Thomas Heck und mit dem Manager von Thomas Gottschalk. Sie alle sollen ihre Bereitschaft zur Zusammenarbeit bekundet und die Beträge genannt haben, die sie für diese Zusammenarbeit erwarteten.[19]

Aus vier Gründen ist PP generell und damit auch im Fernsehen verboten, wobei dort noch ein fünfter Grund hinzukommt. Erstens verstößt es gegen das Wettbewerbsrecht, weil es dem Prinzip der Wahrheit und Klarheit zuwiderläuft und irreführend (Täuschung der Zuschauer über den wahren Charakter der versteckten Werbung), unlauter (Wettbewerbsnachteile für gesetzestreue Konkurrenten) und wegen der damit verbundenen Rechtsbrüche auch sittenwidrig ist. Zweitens verstößt es gegen das

Urheberrecht, weil es die künstlerische Freiheit von Drehbuchautoren und Regisseuren beschneidet und eine unzulässige Bearbeitung darstellt. Drittens verstößt es gegen die im Staatsvertrag von 1987 vereinbarte strikte Abgrenzung zwischen redaktionellen Beiträgen und Werbung sowie die - auch für Kommerzsender geltende - Kennzeichnungspflicht von Werbung. Viertens wird durch Plazierung von Zigaretten das Werbeverbot im Fernsehen unterlaufen. Bei den öffentlich-rechtlichen Anstalten kommt hinzu, daß PP den ZDF-Staatsvertrag bzw. die Landesmedien- und Rundfunkgesetze verletzt, die Werbung nach 20 Uhr und an Sonn- und Feiertagen verbieten.

Demgegenüber versucht man auf der Werbeseite das Grundrecht auf freie Meinungsäußerung und Berichterstattung so auszulegen, daß PP über Produkte, Dienstleistungen und Unternehmen informiert. So war sich beim ARD-Werbetreff '87 ein PP-Befürworter sicher, daß es gelingen werde, das Plazieren von gesellschaftlichen und wirtschaftlichen und »auch von Markenartikelansichten« auch außerhalb der Werbesendungen so im Fernsehprogramm zu verankern, daß alle vielschichtigen Meinungen Deutschlands genügend zu Wort kommen. Daß auch Markenartikel Ansichten haben sollen und Meinungsfreiheit beanspruchen können, erfuhr man hier zum ersten Mal. Der NDR-Justitiar Berg bezog sich in seiner Erwiderung auf das mehrfach zitierte Hustenbonbon-PP in einer »Tatort«-Sendung und meinte ironisch, die erwähnten Bonbons seien offenbar eine gesellschaftliche oder mindestens wirtschaftliche Meinung, die zum Durchbruch kommen müsse. Man beruft sich sogar auf die Freiheit der Kunst und auf das Recht von Autoren und Regisseuren, Markenartikel in Kunstwerke einzubeziehen. Man ignoriert dabei jedoch die Nähe solcher Plazierungen zur Korruption und die Täuschung von Zuschauern über die Tatsache, daß hier eine bezahlte Variante von Werbung im Spiel ist.

Kann Product Placement gestoppt werden?

Die ARD hat im März 1988 Grundsätze zur Trennung von Programm und Werbung beschlossen, aber Ausnahmen »aus überwiegend journalistischen oder künstlerischen Gründen« zugelassen; bei der Darstellung von Produkten soll »nach Möglichkeit die Förderung werblicher Interessen vermieden werden«. Hinweise auf einen Sponsor dürfen das »nicht zu vermeidende Maß an Werbung nicht überschreiten« und die Einblendungen von Firmennamen und/oder Markenzeichen nicht länger als fünf Sekunden dauern. Daß die Product Placer sich mit solchen Bestimmungen gut arrangieren können, zeigt die Praxis.

Auch die ZDF-Richtlinie über die Zusammenarbeit mit Dritten enthält den sehr dehnbaren Passus: »Bei der Nutzung von Ausstattungen, deren Herkunft unvermeidbar identifiziert werden kann, ist auf Vielfalt im Rahmen des Gesamtprogramms zu achten.« Klarheit wird jedoch darüber geschaffen, daß die Annahme finanzieller Gegenleistungen in Zusammenhang mit der Präsentation von Produkten in Sendungen unzulässig ist. Das wohlwollende Interesse, auf das der *Wiener*-Redakteur mit seinem Scheinangebot gestoßen sein will, läßt Zweifel an der Wirksamkeit solcher Regelungen zu, die keine eindeutigen Grenzen ziehen und genügend Raum für Grauzonen lassen.

Auch für Kommerzsender gibt es inzwischen Werberichtlinien der Landesmedienanstalten, die jedoch sehr weit auslegbar sind. PP ist »nur aus überwiegend programmlich-dramaturgischen Gründen sowie zur Wahrnehmung von Informationspflichten zulässig . . . Auch bei zulässiger Darstellung von Produkten und Dienstleistungen ist durch die redaktionelle Gestaltung die Förderung werblicher Interessen nach Möglichkeit zu vermeiden.«[20] Diese Gummiparagraphen lassen – so sollte man meinen – den Sendern genügend Spielraum. Trotzdem jammern sie, sie würden zu Tode kontrolliert,[21] was nur bedeuten kann, daß sie nicht erwischt werden wollen, wenn sie die Richtlinien umgehen. Werner Klatten hatte sich über »Programmbeobachter«, »Sponsorendetektoren«

und »Werbezeitnehmer« beklagt, die die Entfaltung des ökonomischen Potentials der audiovisuellen Medien behindern.[22]

Hinter der Frage nach der PP-Zukunft stehen viele Fragezeichen. Denn hier sind nicht nur die milliardenschweren Interessen der Markenartikel- und Werbeindustrie im Spiel, sondern auch die von Filmproduzenten, die nach jedem Strohhalm greifen, um die Finanzierungslücken eines Fernsehfilmprojekts zu schließen.

Das eigentliche Problem liegt nicht - wie behauptet - darin, daß viele Gebrauchsgegenstände Bestandteile unserer Wirklichkeit sind und eine Filmhandlung ohne sie unwirklich erscheinen würde, sondern daß Filmhandlungen zurechtgebogen werden, damit für - nicht handlungsbezogene - Produkte Platz geschaffen wird. Solange sie nicht als überflüssige Requisiten beiläufig auftauchen, sondern unverzichtbare Handlungselemente sind, braucht man keine Berührungsängste zu haben. Nicht das bloße Zeigen oder Nennen muß problematisch sein. Schon bei Goethe findet man PP für Auerbachs Keller und bei E. T. A. Hoffmann für Lutters Weinstuben. Wilhelm Busch hat Faber-Bleistifte und Champagner der »Witwe Klicko«, Fontane »Sarotti«-Schokolade erwähnt, und Heinrich Bölls Werke werben für das Rauchen in jeder Lebenslage. »Calvados« ist bei uns erst durch Georges Simenon bekanntgeworden. Der Punkt, an dem die graue Zone oder der graue Sumpf beginnt, läßt sich genau lokalisieren: dort, wo Geld bezahlt oder kostenlose Sachleistungen erbracht werden, um außerkünstlerische Gesichtspunkte zur Geltung zu bringen und wo sich Autoren, Regisseure oder Produzenten die Interessen von Werbungtreibenden zu eigen machen. Es kann nicht gutgehen, wenn der »Marktwert« für das Vorzeigen von Zigarettenschachteln höher ist als das Honorar für das Schreiben eines Drehbuchs.

Auch ein Urteil des Bundesgerichtshofes vom Frühjahr 1990, wonach Werbung im redaktionellen Programm des Fernsehens prinzipiell verboten ist und das angeblich »Signalwirkung hat«,[23] scheint an der PP-Praxis kaum etwas zu ändern. Bei der ARD sieht man keinen Handlungsbedarf, SAT 1 fühlt sich von dem Urteil nicht betroffen, und für RTL plus bietet es im wesentlichen nichts Neues. Darum ahnt man beim ZAW: »Viel wird sich beim Thema Product Placement und Sponsoring . . . nicht ändern.«[24] Nach einer Umfrage bei 150 Unternehmen und Werbeagenturen haben mehr als die Hälfte von ihnen Product Placement fest in ihre Kommunikationskonzepte aufgenommen.[25]

Der Griff der Werber nach den Drehbüchern

Wer also verhindern will, daß die durch das Eindringen von Werbeinteressen ohnehin schon stark in Verruf geratene Filmbranche weiter ruiniert wird, muß sie von PP unabhängig machen. Geschieht das nicht, sind die Folgen vorhersehbar. Historische Filme z.B. würden nicht mehr gedreht werden können, weil sie keine Plazierungsmöglichkeiten bieten und wegen fehlender Werbegelder nicht mehr finanziert werden können. Auch sozialkritische Filme wären wegen ihres nicht zur Werbung passenden Milieus bedroht, einen Film über Wirtschaftskriminalität könnte sich erst recht kein Produzent mehr leisten. Die Richtlinien von Procter & Gamble besagen, was in den USA von Filmen erwartet wird, wenn sie für Werbung geeignet sein sollen: Das Geschäftsleben darf nie als kalt oder rücksichtslos dargestellt werden; und sollte ein Geschäftsmann ein Schurke sein, muß deutlich werden, daß er atypisch ist und von seinen Kollegen wie auch von anderen Mitgliedern der Gesellschaft verachtet wird. Auch die unbedingte Forderung nach Szenen, in denen eine – im Marketingsinne – »positive Stimmung« herrscht, damit die gezeigten Produkte den besten Eindruck machen, bedeutet de facto eine Einengung der künstlerischen Ausdrucksmöglichkeiten. Wenn sich der Tierfutterhersteller Effem an TV-Produktionskosten beteiligt, verlangt er, daß in dem Film ein Hund oder eine Katze mitspielt.[26]

Ein weiterer Niedergang des Filmemachens zeichnet sich ab, wenn Werbungtreibende auf die Besetzung der

Hauptrollen Einfluß nehmen und nur Darsteller zum Zuge kommen lassen, die dank ihrer Leitbildfunktion oder Lifestyle-Ausstrahlung zu bestimmten Produkten passen. Denn nur der Held darf die »richtigen« Marken benutzen, nicht aber der Bösewicht. Eine Whiskymarke soll in edlem Ambiente stehen, hat aber auf dem Tisch eines Alkoholikers nichts zu suchen. Im Endeffekt könnte es soweit kommen, daß ein im Studio anwesender PP-Berater de facto als Nebenregisseur tätig wird und sich ein Vetorecht anmaßt, damit eine Bierflasche so ausgeleuchtet wird, daß neben ihr selbst ein Filmstar in Großaufnahme verblaßt. Auch durch die Konzentration von Werbegeldern auf kommerzialisierungsfähige Filmstoffe und Umfelder würde die Werbung Ungleichgewichte und Benachteiligungen erzeugen.

Das nur schwer - wenn überhaupt - zu versperrende Einfallstor für Werbeinvasionen ist das Drehbuch und die daraus abgeleitete Dramaturgie. Wie man hört, schicken Filmleute des öfteren Treatments oder sogar Drehbücher unaufgefordert an Markenartikelfirmen und Werbeagenturen[27] und signalisieren damit ihre Bereitschaft, Plazierungen einzuarbeiten. Muß denn die Hauptperson unbedingt wie ein Asket leben? Kann er nicht auch ein genußfreudiger Yuppie-Typ mit teurer Kleidung und modischen Accessoires sein? Kann er - wenn die Kasse stimmt - nicht ständig eine Sonnenbrille oder einen Hut tragen? So sucht man beim »Script breakdown« nach Plazierungsmöglichkeiten. In der Phase des »creative placement« werden dann passende Drehbuchszenen abgeändert, um Platz, Umfeld und Stimmung zur harmonischen Einfügung von Markenprodukten zu schaffen. So wurde z.B. »Rocky III« umgeschrieben, damit der Sohn des Boxers »Wheaties« ißt, »das Frühstück der Champions«.[28] Oder James Bond fragt seine Gespielin, als sie ihre Katze füttern will: »Whiskas?«

Interessant könnte es werden, wenn ein Produzent »negatives Product Placement« betreiben würde: Wenn also eine Hausfrau über ihre ständig defekte Waschmaschine der Marke X und den miserablen Kundendienst schimpft, wenn sich eine bildhübsche Frau über die schlechte Rasur ihres Freundes beklagt und der dem Y-Rasierer die Schuld gibt oder wenn ein Ehemann am Mittagstisch das Z-Fertiggericht als ungenießbar zurückweist: Werden Markenartikler dann immer noch sagen, ihre Produkte seien Bestandteile der Wirklichkeit? Würden sie auch dann mit den gleichen Argumenten die Freiheit der Kunst verteidigen? Oder würde sich eine neue Grauzone auftun, in der Firmen Geld bezahlen, damit ihre Produkte *nicht* gezeigt oder durch ein Konkurrenzprodukt ersetzt werden? Eine ähnliche Situation (über deren Zustandekommen jedoch nichts bekannt ist) hat es bereits gegeben: In dem Film »Vermißt« wurde Coca-Cola in einem äußerst günstigen Umfeld plaziert, während das Pepsi-Signet, deutlich sichtbar auf einem Verkaufsautomaten, in Szenen ins Bild rückte, in denen chilenische Gefangene gefoltert und getötet wurden.

Das Ende der Mäzene

Gaius Cilnius Maecenas, ein wohlhabender Römer, Berater von Kaiser Augustus, hatte die Dichter Horaz und Vergil finanziell unterstützt. Seither bezeichnet man uneigennützige Kunstförderung als »Mäzenatentum«. Dieses scheint jetzt der Werbung zum Opfer gefallen zu sein und droht dahinzusiechen und auszusterben. Zwar hat es auch früher nicht nur Mäzene gegeben. Wie man Stifterbildern ansehen kann, haben es auch damalige Kunstförderer verstanden, sich ins Bild zu bringen. Jetzt aber ist die Generation der Sponsoren am Zuge, die aus dem Geben ein Geschäft auf Gegenseitigkeit machen.

Der 19. Januar 1975 ist ein denkwürdiges Datum der Fernsehgeschichte. Das ZDF ließ die geplante Übertragung des internationalen Hahnenkamm-Skirennens ausfallen, weil der Sponsor - die Firma Piz Buin - auf der Strecke gezielt Werbeschilder postiert hatte. Die Empörung der Fernsehzuschauer entlud sich in einem Boykottaufruf der baden-württembergischen Verbraucherzentrale gegen den Piz Buin-Hersteller. Sie forderten werbefreie Sportübertragungen. Den Antrag der Firma gegen den vielfach befolgten Boykottaufruf wies das Landgericht Stuttgart ab. Sogar das der Werbung wohlgesonnene *HANDELSBLATT* ermahnte die Werbeindustrie: Sie solle sich etwas Besseres einfallen lassen und Sportübertragungen nicht indirekt blockieren.[29]

Trotz der verlorenen ersten Runde ließ sich die Werbewirtschaft in ihrem Kampf gegen Fernsehen und Zuschauer nicht beirren. Anfänglich wehrte sich die ARD noch und versuchte bei Sportübertragungen Werbung aus dem Bild herauszuhalten. Bei der Fußballweltmeisterschaft 1974 duldete sie halbherzig die Bandenwerbung in den deutschen Stadien und wollte die endgültige Entscheidung vertagen. Aber es gab nichts mehr rückgängig zu machen. Ein einziger Blick auf heutige Sportsendungen zeigt, wer in diesem Kampf Sieger geblieben ist. Mit der Behauptung, Werbung gehöre zur Realität von Sportveranstaltungen, setzte sich die Werbebranche - obwohl es nur eine ausschließlich für das Fernsehen inszenierte Scheinwirklichkeit war - unter Mißachtung einer Entschließung des Deutschen Werberats durch, um Sport und Werbung zu einem unentwirrbaren Knäuel zu verwickeln.

Seitdem hat sich »Sponsoring« im Fernsehen wie auch in den gedruckten Medien großflächig ausgebreitet. Für die Werbungtreibenden ist es ein Instrument, das sie - ganz anders als das nur punktuell einsetzbare Product Placement - in ihre langfristigen Werbekonzeptionen einbauen und unter Kontrolle halten können. Schwerpunkte von Sponsoringaktivitäten sind Sport und Kultur. Wegen der Abnutzung und der zunehmenden Streuverluste »klassischer« Werbemittel wollen Werber auf anderen Kommunikationsschienen den Zugang zu den begehrteren Zielgruppen finden, die sich mit Anzeigen und Fernsehwerbespots nicht erreichen lassen. Einem Sponsor, der Opernkarten für eine Galavorstellung und womöglich eine Einladung zur Premierenfeier oder Karten für das Endspiel eines der großen Tennisturniere zu verschenken hat, bieten sich Kontaktmöglichkeiten, von denen er bisher nur träumen konnte. Darum forderte Tennismanager Tiriac ein Ende des freien Kartenverkaufs: Eintrittskarten müßten an die Leute verteilt werden, die am meisten für Tennissport tun, und das seien die Sponsoren.

Unter Sponsoring versteht man die finanzielle Förderung von Personen, Ereignissen oder Organisationen nach dem Prinzip von Leistung und Gegenleistung. Damit hat die Kosten-/Nutzen-Rechnung Kultur und Sport zur Handelsware gemacht und zu Werbeträgern verkommen lassen. Nachfrage besteht nur nach Sujets, die den Bekanntheitsgrad steigern und das Image stabilisieren oder verbessern können. Verschenkt wird nichts mehr, Uneigennützigkeit ist passé. Als der amerikanische Zigaretten-Multi R. J. Reynolds seine Sponsorschaft für ein Pferderennen ankündigte, ließ er keinen Zweifel an seinen Absichten: »Wir sind nicht im Pferderennen-Geschäft, sondern wollen Zigaretten verkaufen.«[30] Für die »Marlboro«-Firma Philip Morris gilt die Devise: »Man braucht die Kunst, wenn man ein Unternehmen großmachen will.«[31] Und ihr PR-Manager brachte es auf den Punkt: »Philip Morris ist kein Mäzen. Unsere Kunstförderung ist eigennützig.«[32]

Dementsprechend ist in der Kultursponsoring-Fachliteratur auch über Kunst und Kultur als solche kaum etwas zu lesen, sondern fast ausschließlich über Marketing und Kommunikation: über ein »vergleichsweise kostengünstiges Marketing-Instrument zur Durchsetzung unternehmerischer Ziele«, »Vernetzung der Kommunikationsmittel«, »Einbindung in Werbung und Verkaufsförderung«, »neue Form der Öffentlichkeitsarbeit«. Durch Kultursponsoring will BMW seine Produkte mit einem von der Zielgruppe bevorzugten Lebensstil verknüpfen, um so »einen kaufentscheidenden Sympathie-Bonus zu erlangen«.[33] Und selbst bei der Kulturförderung fehlt es nicht an Versuchen, die vorgefundenen Strukturen umzuformen und den Werbezielen anzupassen: Veranstaltungen müßten auf ihre Tauglichkeit für Unternehmensziele untersucht und entsprechend aufbereitet werden. Außerdem seien neue Anlässe zu schaffen, die den Anforderungen der jeweiligen Sponsoren gerecht werden.

Neue Interessengegensätze, neue Abhängigkeiten und neue Pressionen beginnen sich abzuzeichnen. Wer wollte erwarten, ausgerechnet ein so sensibler und verletzlicher Bereich wie die Kunst könne dem Druck mächtiger Wirtschaftseinflüsse standhalten und seine geistige Unabhängigkeit bewahren? Als das Hamburger Thalia-Theater 75000 Mark Sponsorengelder von der Firma MBB - die dafür auf allen Drucksachen des Theaters mit ihrem Logo erscheinen wollte - ablehnte, »weil das Label MBB vorrangig mit Waffenherstellung und Waffenhandel besetzt« sei, trat der Konflikt offen zutage. Politiker hatten kein Verständnis für die Ablehnung, Intendant Jürgen Flimm berief sich auf die Freiheit der Kunst. Der Konflikt wurde jedoch nicht ausgetragen (nur vertagt), da der *SPIEGEL*-Herausgeber Rudolf Augstein 75000 Mark ohne Bedingungen zur Verfügung stellte.[34]

Wer einen Sponsor nicht akzeptiert und auf eine Spende verzichtet, weil er sein eigenes Image nicht von einem unpassenden Fremdimage ins Zwielicht bringen lassen will, handelt ebenso imagebewußt wie ein Sponsor, der sich mit seinem Geld Vorteile erkaufen will. Für ihn stimmt das Verhältnis von Leistung und Gegenleistung nicht. Ein Beispiel aus dem Sozialsponsoring kann dieses verdeutlichen. Die deutschen Lkw-Fahrer, die für SOS-Kinderdörfer Geld sammeln wollten, erhielten einen Absagebrief: »Der Vorstand des SOS-Kinderdorfs bittet höflich darum, von einer bundesweiten Aktion in Zusammenhang mit dem deutschen Speditionsgewerbe zugunsten der SOS-Kinderdörfer Abstand zu nehmen. Das Image der Brummis ist eher schlecht als gut. Die Gefahr, daß SOS von diesem Negativimage etwas abbekommt, ist uns zu groß.«[35] Dazu schrieb ein Kommentator der Werbefachzeitschrift *Horizont*: »Entweder ist das Management der SOS-Kinderdorf-Institution von allen guten Geistern verlassen, oder die Organisation schwimmt derart im Geldüberfluß, daß sie sich diese bodenlose Frechheit und Geschmacklosigkeit glaubt leisten zu können.« Man solle sein Geld lieber einer Organisation überweisen, die ihre Spender nicht nach Imagekriterien beurteilt.[36] Er muß übersehen haben, daß es die Sponsoren selbst sind, die mit ihren Geldern ausschließlich Empfänger bedenken, deren positives Image auf sie abfärben und ihnen von Nutzen sein soll. Warum ist es verwerflich, wenn ein Theater oder ein Kinderdorf um sein wertvolles Image besorgt ist und es vor Mesalliancen schützt? Oder müssen alle demütig niederknien, sobald ein Werbungtreibender mit dem Geld in der Tasche klimpert?

Imageschönung durch Kultur

Wenn Museen außergewöhnliche Ausstellungen oder Theater bedeutende Aufführungen verwirklichen können, die sonst am Geldmangel gescheitert wären, erweisen sich Sponsoren als Wohltäter. Dann werden sogar die von Senator Robert Kennedy als »Händler des Todes« gebrandmarkten Zigarettenhersteller wieder gesellschaftsfähig und zu »Engeln der Künste«. »Wir würden sogar Geld von der Mafia nehmen, wenn sie es uns anbieten würde«, sagte der Manager des amerikanischen Ailey-Balletts.[37] Und der vom Pittsburgh Sinfonie-Orchester engagierte Marketing-Direktor ließ bei seinem Antritt keinen Zweifel daran, wie er seine Aufgabe versteht: »Nichts ist mir heilig. Wir müssen wegkommen von dem traditionellen Orchester-Marketing. Es ist wie für jedes andere Produkt. Es ist wie Seife.«[38]

Lang ist die Liste großer und verdienstvoller Taten des Kultursponsorings. Wenn Olivetti die Pferde von San Marco in einer aufwendigen Aktion restaurieren läßt oder Sprengel ein Museum einrichtet, gibt es daran nichts zu mäkeln. Darüber sollen jedoch die unzähligen kleinen mosaiksteinartigen Unterstützungsmaßnahmen auf örtlicher Ebene nicht vergessen werden, die Einrichtungen und Veranstaltungen von nur regionaler Bedeutung ein Überleben ermöglichen. Sie heben nicht vereinzelte medienwirksame Highlights heraus, sondern geben einer breiten Kulturlandschaft Substanz und Gepräge.

Aber nach Stanislaw Jerzy Lec hat auch das Gute zwei Seiten: eine gute und eine böse. Das gilt ebenfalls für das Kultursponsoring. Und wer es angemessen beurteilen und bewerten will, muß auch dessen Schattenseiten und Nebenwirkungen einbeziehen und die Proportionen in größeren Zusammenhängen sehen.

Unsere 5,5 Milliarden Mark staatlicher Kulturausgaben wurden 1988 durch Sponsoren um schätzungsweise 200 Millionen Mark aufgestockt. Aufgestockt? Oder nur umgeschichtet? Kommt es zu einem Austausch von öffentlichen und gesponserten Geldern? Benutzen Städte und Gemeinden die finanzielle Förderung zur Entlastung ihrer Kulturetats? Wird dann über bestimmte Maßnahmen nicht mehr nach kulturpolitischen, sondern nach den werblichen Kriterien von Sponsoren entschieden? Werden Teilbereiche des kulturellen Lebens privatisiert und geraten in Gefahr, liquidiert zu werden, wenn den Kosten kein ausreichender Nutzen gegenübersteht?

Wie Sponsorschaft gewachsene Strukturen des Kulturlebens beschädigen kann, zeigt das Schleswig-Holstein-Musikfestival in beispielhafter Weise. Dabei geht es nur am Rande um das Verteilen von Zigarettenprobepäckchen an das Publikum oder um die Ansprache eines Sponsors, der Rostropowitsch als besten Dirigenten und Davidoff als beste Zigarette lobt. Sehr viel nachdenklicher muß machen, wenn Mäzene für die früher von ihnen geförderte Kirchenmusik nur noch wenig übrig haben und zu Festival-Sponsoren geworden sind.

Sponsorengelder konzentrieren sich vor allem auf Spektakuläres, Bewährtes, Populäres und Fernsehträchtiges, auf die finanziell zwar abgesicherten, aber zum Sparen gezwungenen großen Theater, Orchester und Museen. Benachteiligt bleiben die kleineren Bühnen, das Kulturleben abseits der Metropolen, die Veranstaltungen ohne Glamour und Publicity, deren Existenz gefährdet ist. Von ihnen aber ziehen sich nicht nur die Mäzene, sondern auch die Besucher zurück. Vor Festivalkonzerten drängeln sich Menschen, die noch eine Karte zu ergattern hoffen, während dasselbe Orchester bei anderen Gelegenheiten vor halbleeren Sälen spielt. Die maximale Rentabilität von Sponsorengeldern erreicht man mit image- und werbeträchtigen Objekten, die unumstritten sind und im öffentlichen Bewußtsein schon einen hohen Wert besitzen. Als ein Versicherungsunternehmen eine selten gespielte Oper unterstützt hatte, bedauerte sein Marketingchef, daß nicht ein populäres Werk ausgesucht wurde.[39] Wann wird er sich durchsetzen?

Erheblich gesteigert wird der Werbeeffekt, wenn die Medien gesponserte Veranstaltungen erwähnen oder gar übertragen. Dann kann es vorkommen, daß ein Popsänger bei der Preisverleihung vor den Kameras die Namen seiner 17 Sponsoren nennt. Als ein Manager von Pepsi-Cola bei der Vergabe eines Rockmusikpreises seine Sponsorschaft lobte, wurde er vom Publikum derart niedergepfiffen, daß er kaum noch zu verstehen war. Ein Fehlschlag? Ganz und gar nicht: Das Fernsehen sendete ein paar Tage später das stark gekürzte Konzert, ließ dabei allerdings seine Rede ungekürzt. Dank der Tonregie, die aus dem schrillen Pfeifkonzert ein diffuses Hintergrundgeräusch gemacht hatte, konnte das Fernsehpublikum seine Rede gut verstehen.[40]

Spitzensportler mit »Marketing-Biß«

Als Ion Tiriac, der Manager von Boris Becker, bei Opel einen Besuch machte und von seinem Schützling sprach, der demnächst 18 Jahre alt werde und ein Auto haben solle, dachte man, er wolle einen möglichst hohen Rabatt aushandeln. Tiriac aber bat nicht, sondern forderte: »Autotyp nach Wahl - kostenlos. Und dafür, daß Boris Ihr Produkt steuert, zahlen Sie zwei Millionen Mark.« Es war ein Jahr vor Beckers erstem Wimbledon-Sieg, und die Opel-Leute glaubten zunächst an einen Scherz.[41]

Zu den Nebenwirkungen des Sportsponsoring gehört, daß sich der ganz große Geldfluß nur über wenige Topstars mit dem »richtigen Marketing-Biß« ergießt. Voraussetzung ist, daß sie in »Branchen« wie Fußball, Tennis oder Leichtathletik tätig sind, die den höchsten Unterhaltungswert haben. Hier werden die Prominenten und Reichen, die bei jeder Gelegenheit für einen Fernsehauftritt gut sind, immer reicher. Judo, Ringen, Wasserball oder Hockey sind daneben ohne Marktwert. Auch für Goldmedaillengewinner bei Weltmeisterschaften der Behinderten gibt es kaum einen Sponsor.

Die Veränderungen und Verformungen des Sports finden in modernen Sportreportagen ihren deutlichen Niederschlag. Der Bericht über einen 3000-m-Lauf liest sich wie ein Kurszettel: Dem Sieger wurde »der Triumph mit einer Börse von 40000 Dollar versüßt«, 10000 Dollar kassierte sein »Hase«, der Tempo gemacht hatte, der Zweite »sackte gut 30000 Mark ein«, und auch der Dritte »verdiente fünfstellig«. Lange vor Beginn von Fußball-Europa- oder -Weltmeisterschaften halten die Medien ihre Leser auf dem laufenden über das zähe Feilschen um Prämiengelder. Die Berichterstattung über die Bundesliga besteht zum großen Teil aus Angaben über die Gehälter und Verkaufspreise von Fußballspielern, den Schuldenstand der Vereine und die durch ein verlorenes Europapokalspiel entstandenen Finanzierungslücken.

Das starke Interesse von Sponsoren und Werbungtreibenden gilt einem »Programm« mit bester Fernsehpräsenz und Öffentlichkeitswirkung. Sportübertragungen erreichen das Publikum in einer Situation, wo es besonders empfänglich für Werbung ist, nämlich entspannt, jedoch voller Aufmerksamkeit für das Ereignis und den begleitenden Konsumappell. Das ist das ideale Umfeld, um die Gehirne der Zuschauer einer vollen Breitseite von Konsum- und ideologischen Botschaften auszusetzen. Weil die Werbung die Medien überflutet, verliert sie an Wirkung und sucht neue, noch unverbrauchte Medien. Jetzt überflutet sie den Sport, bis sie auch ihn ausgelaugt hat.

Wie zerstörend Sponsoring wirken kann und wie sich derartige Zerstörungen aus der Logik des Systems geradezu zwangsläufig entwickeln, zeigt am deutlichsten der Niedergang des Sports zu reinem Kommerz. Internationale Veranstaltungen sind so teuer geworden, daß sie ohne Hilfe von Sponsoren nicht mehr finanziert werden können. Aber das ist nur die halbe Wahrheit. Sie sind nicht mehr finanzierbar, weil Werbungtreibende und Sponsoren die Sportler zur Ware gemacht, ihre Preise in die Höhe getrieben und den Sport so unter ihre Kontrolle gebracht haben, daß er ohne sie nicht mehr finanzierbar ist. Sponsoren sind also nicht die Retter, sondern die Verderber des Sports. Über die Gefahren, die sich durch die Abhängigkeit vom Geldsegen ergeben, werde im internationalen Sport wohl zu wenig nachgedacht, sinnierte NOK-Präsident Willi Daume, als es längst zu spät war.[42]

Wettkämpfe sind nur noch wettbewerbsfähig, wenn mit einer Fernsehübertragung zu rechnen ist. Das Fernsehen erscheint nur, wenn öffentlichkeitswirksame Athleten dabei sind, die wiederum nur auftreten, wenn ihnen ein ihrem Markt- und Werbewert entsprechendes Honorar garantiert wird. Weil die Hochsprung-Weltrekordlerin (2,08 m) für die Teilnahme an einem Wettbewerb »nur« 5500 Mark erhielt, hörte sie nach dem Überspringen von 2 m auf.[43] Es scheint also eine Preisliste für die verschiedenen Sprunghöhen zu existieren. Hohe Honorare können nur Sponsoren bezahlen, die wiederum nur sponsern, wenn das Fernsehen den Wettkampf überträgt und die Werbeflächen für ein Millionenpublikum sichtbar sind. So schließt sich der Kreis. Die einzige Unlogik dieses Systems liegt darin, daß das Fernsehen zwar dem Sport seinen eigentlichen Marktwert verleiht, ohne jedoch - wie nach marktwirtschaftlichen Regeln zu erwarten wäre - Nutznießer zu sein. Statt für seinen Service zu kassieren, muß es die Übertragungsrechte immer teurer bezahlen. Darum nennt man Sponsoring auch »Mitesser-Reklame«, weil die Werbungtreibenden das Medium Fernsehen zum Nulltarif bekommen.

Sportler müssen jede Gelegenheit ergreifen, um die Namen, Markensymbole und Produkte ihrer Sponsoren ins Spiel zu bringen. Der Kampf um gute Plazierungen auf den Bildschirmen und um das Wohlgefallen der Sponsoren kann härter als der sportliche Wettkampf sein. Daß sich Skiläufer sofort nach dem Lauf die Bretter von den Stiefeln reißen und vor die Kamera halten, ist schon zu einem rituellen Verhalten geworden. Ein Tabu war gebrochen, als Steffi Graf nach ihrem zweiten Wimbledonsieg die Namen ihrer Sponsoren aufzählte und sich bei ihnen bedankte. Zu einer weiteren Eskalation kam es in Seoul, als die deutschen Fechterinnen nach ihrem Olympiasieg das Fernsehen vor die Wahl stellten: ein Interview nur in Mercedes-T-Shirts - oder kein Interview. Das Interview wurde gesendet.[44] Unübertroffen aber bleibt der von Boris Becker aufgestellte Sponsoring-Rekord, als er dem Papst vor laufenden Fernsehkameras einen Puma-Tennisschläger schenkte, worüber »Tagesschau« und »Heute« ausgiebig berichteten.

Sport nach den Spielregeln der Werbung

Internationale Leichtathletikveranstaltungen, Olympische Spiele und Fußballweltmeisterschaften laufen inzwischen nach den Spielregeln der Werbung ab. Die Olympischen Winterspiele in Calgary 1988 wurden von zehn auf 14 Tage verlängert, damit die Fernsehgesellschaften an zwei Wochenenden - wenn Werbespots am teuersten verkauft werden können - Wettkämpfe übertragen konnten. Bei der Olympiade in Seoul mußten die Marathonläufer in der Mittagshitze starten, nur - wie der frühere Weltrekordläufer Sebastian Coe formulierte - »weil sich übergewichtige Amerikaner um halb sechs mit einem Päckchen Dosenbier vor den Fernseher hocken wollen«.[45] FIFA-Präsident Havelange wollte für die in den USA stattfindende Fußball-Weltmeisterschaft 1994 sogar die Spielregeln ändern. Beide Halbzeiten sollten nach 25 Minuten für zwei bis drei Werbeminuten unterbrochen werden.[46]

In der Bundesrepublik erwartet man für 1990 einen Anstieg der Sponsorengelder auf 1,2 Milliarden Mark, von denen rund 55 Prozent in den Sport fließen.[47] Derartige Summen haben den Sport erpreßbar gemacht. Dennoch sind die Werbungtreibenden noch nicht zufrieden. Es gefällt ihnen nicht, daß sie von der Regie des Fernsehens abhängig sind. Weil sie die Kameraführung und vor allem die Auswahl des Gesendeten nicht steuern können, haben sie keinen Einfluß darauf, ob und wann und wieviel und wie gut ihre Werbung ins Bild kommt. Das wollen sie ändern. Sie wollen die Filmberichterstattung selbst in die Hand nehmen und monopolisieren: Nicht mehr Kamerateams der Fernsehsender, sondern eigene Produktionsgesellschaften der Sportveranstalter und Agenturen sollen Aufzeichnungen - also ein Mischmasch aus Sport und Werbung - machen und sendefertig verkaufen. Werden sie ihr Ziel bei den Olympischen Spielen 1992 erreicht haben?

Das Verhängnisvollste am Sportsponsoring ist, daß es nicht nach den Gesetzen des Sports, sondern der Werbung abläuft. Das Drehbuch für den internationalen Sport schreibt die Werbewirtschaft, und in ihm gibt es keine Versager. Als ein Zehnkämpfer der Weltklasse nach drei Fehlstarts disqualifiziert wurde, hatte er sich nicht nur als schlechte Investition erwiesen und jeden Marktwert verloren, sondern wurde als »der größte Depp« verhöhnt. Im Denken der Werbung ist kein Platz für den Gedanken, daß man nicht immer in Hochform sein kann und der menschlichen Leistungsfähigkeit Grenzen gesetzt sind. So wie sie von steigenden Umsätzen und wachsenden Unternehmen lebt, erwartet sie auch von gesponserten Sportlern neue Rekorde. Nur mit einer besseren Show und höherem Unterhaltungswert läßt sich das immer anspruchsvollere Publikum anlocken. Überzeugend werben kann man nur mit Siegern, die Höchstleistungen erzielen. Verlierer sind schlecht für Image und Marke. Diese bittere Erfahrung mußte sogar Boris Becker während einer Flaute machen, als nach seinem frühen Ausscheiden in Wimbledon nur noch 90000 statt – wie im Vorjahr – 170000 Becker-Tennisschläger verkauft wurden[48] und »der einst Gefeierte nur eine Belastung war«. Um für eine eventuelle Pleite der Firma Puma nicht verantwortlich gemacht zu werden, waren Becker und Tiriac mit der vorzeitigen Auflösung des 50-Millionen-Mark-Sponsorenvertrages einverstanden.[49]

Der Unterschied zwischen dem Sieger und dem Zweiten kann nicht nur ein paar Hundertstel Sekunden, sondern auch eine Million Mark und mehr betragen. Die Verlockung, an das ganz große Werbegeld heranzukommen, ist übergröß. Der Hindernisläufer Patriz Ilg, ein ehemaliger Weltmeister, brauchte zur Bezahlung von 250000 DM Steuerschulden unbedingt neue Sponsoren. Seine ganze Hoffnung hatte er auf Seoul gesetzt. Diesem psychischen Druck war er nicht gewachsen.[50] Er scheiterte an der Olympianorm.

Wenn verstärktes Training und Hilfen von Masseuren, Ärzten, Psychologen und Beratern keine Leistungssteigerung mehr erbringen und die Werbegelder zu versiegen drohen, bleibt als letzter Ausweg nur noch die Chemie. Der Schritt zum Doping ist die logische Weiterentwicklung eines nach wettbewerbswirtschaftlichen Regeln ausgetragenen Kampfes. Aus der Gefahr, bei Dopingkontrollen aufzufallen, folgt mit der gleichen Logik, daß sich bei weiterer Eskalation der eigentliche Wettkampf auf die Chemiefirmen um das wirksamste und gleichzeitig unauffälligste Präparat verlagert.

Es bedurfte eines Urknalls, um den systemimmanenten Widerspruch zwischen Sport und Werbung offenbar werden zu lassen: des Doping-Nachweises bei einem Weltrekordläufer, Olympiasieger und Superstar, der Rückgabe seiner Goldmedaille, der Aberkennung des Weltrekords und seiner peinlichen Flucht. Sofort kündigten die Sponsoren die Werbeverträge, und die erwarteten zehn Millionen Dollar lösten sich für Ben Johnson in Luft auf. Der sportliche und werbliche Konkurs erfolgte nach den unerbittlichen Regeln einer Werbe- und Wegwerfgesellschaft. Geblieben oder gar gestiegen aber war - ebenso logisch - der Show-Wert des Verfemten für spektakuläre Fernsehauftritte.

11. Ausverkauf der Politik

Der als Klassiker der Markentechnik bekanntgewordene und auch als »König der Massenpsychologie« bezeichnete Werbeberater Hans Domizlaff hatte als einer der ersten eine weitgehende Übereinstimmung zwischen Markenartikelwerbung und politischer Propaganda erkannt: Entscheidend sei in beiden Fällen »die psychologische Beherrschung des Massenmenschen, bei Kunden wie bei Untertanen und ihren Konkurrenten«.[1] Gerne hätte Domizlaff nicht nur Unternehmer wie Reemtsma und Siemens, sondern auch Politiker beraten und für die Staatsidee Propaganda gemacht. Seine Erfahrungen aus der Markenwerbung hatten ihn von der »Herdennatur des Menschengeschlechts und der geistigen Unfreiheit von 99 Prozent der Menschen« überzeugt.[2] In einer Denkschrift für Reichskanzler Brüning machte er 1930 Vorschläge zur »Schaffung geistiger Machtmittel zur Beeinflussung großer Volksmassen« und zur »Beherrschung der öffentlichen Meinung«.[3] Mit seiner Forderung nach einer »geistigen Rüstungsindustrie« jedoch konnte Domizlaff einen Verwaltungsmann wie Brüning nicht beeindrucken. Auch ein Gespräch blieb ergebnislos. Nach dem Krieg schrieb Brüning aus den USA an Domizlaff, er habe inzwischen verstanden, wie wichtig seine Vorschläge hätten sein können.[4]

Andere hatten es sofort begriffen. Adolf Hitler schrieb im *Völkischen Beobachter* vom 4. 8. 1932 eine Rezension über die inzwischen als Buch (»Propagandamittel der Staatsidee«) erschienene Denkschrift: Domizlaffs propagandistische Grundsätze hätten »von uns Nationalsozialisten von Anfang an stärkste Betonung erfahren« und seien eine Bestätigung für die Notwendigkeit einer Staatspropaganda. Einige Zeit später wurde Domizlaff anläßlich eines Reklamekongresses dem damaligen Reichspropagandaminister Dr. Goebbels vorgestellt. Goebbels sagte ihm, er habe das Buch auswendig gelernt.[5]

Nach den Erfahrungen der Nazizeit zog man zwischen (politischer) Propaganda und (Wirtschafts-)Werbung einen deutlichen Trennungsstrich. Propaganda wurde als das »vorbehaltlose Infiltrieren zweckbestimmter Ansichten mit dem Ziel der Gleichschaltung ohne Rücksicht auf Einseitigkeit oder Verzerrungen der Wahrheit« definiert.[6] Heute aber sind die Unterschiede zwischen Werbung und Propaganda nicht mehr so eindeutig. Man betreibt »politische Werbung«, wobei Werbefachleute die Wahlkämpfe wie auch die »Öffentlichkeitsarbeit« von Ministerien maßgeblich mitgestalten. So problematisch die (indirekte) Parteienwerbung mit Staatsgeldern auch ist: Im Gegensatz zu totalitären Staaten gibt es in einer Demokratie kein staatliches Meinungsmonopol und keine kontrollierte Einheitsmeinung. Auch die politische Werbung ist in den Informations- und Meinungspluralismus eingebunden und nimmt am Meinungswettbewerb teil.

Der Werbeberater Hubert Strauf wurde vor der Bundestagswahl 1957 vor den Wahlkampfausschuß der CDU gebeten, wo er »aus dem hohlen Bauch« den Slogan »Keine Experimente!« vorschlug. Dieser Vorschlag drohte in der folgenden Aussprache zerredet zu werden, bis Adenauer die Debatte beendete: »Nee, nee, meine Damen und Herren, wenn die Reklamefritzen dat meinen, dann machen wa dat so!«[7]

Mit der Ausbreitung des Fernsehens zum Massenmedium, das nahezu die gesamte Bevölkerung erreicht, wuchs der Einfluß der Werber auf die Parteien und die Politik. Es war zu riskant geworden, auf die Mitarbeit von Kommunikations-Profis zu verzichten und in Kauf zu nehmen, daß Wahlkämpfern der alten Schule möglicherweise wahlentscheidende Fehler unterliefen. Noch stärkere Umwälzungen lösten jedoch die spezifischen Besonderheiten und Tücken des Mediums Fernsehen aus, wie sie Richard Nixon 1960 zum Verhängnis wurden.

Das Fernsehen wird zur Wahlkampfbühne

Zum Wendepunkt politischer Auseinandersetzungen und Wahlkämpfe wurde die historische Fernsehdebatte vom 26. 9. 1960.[8] An jenem Tage standen sich ein gut vorbereiteter, ausgeruhter und in dunklem Anzug fernsehgerecht gekleideter Kennedy und ein abgehetzter, müder Nixon mit Bartschatten und dunklen Augenrändern gegenüber. Da er krank gewesen war und fünf Pfund abgenommen hatte, wirkte er in seinem zu weiten Oberhemd hager. Seine Berater hatten ihm einen hellgrauen Anzug als Kontrast zu dem vorgesehenen dunkelgrauen Hintergrund empfohlen, der jedoch viel heller als erwartet war, so daß Nixons Konturen sich nur unscharf abzeichneten. Zu seinem Unglück hatten die kurz vor Sendebeginn ins Studio stürmenden Fotoreporter Lampen und Kameras verschoben und dadurch unbeabsichtigt die sorgfältig vorbereitete Beleuchtung zu Nixons Nachteil verändert. Hinzu kam, daß Nixon seine Argumente an Kennedy richtete, dieser sich aber dem Fernsehpublikum zuwandte. Nach Auffassung der Radiohörer war der Zweikampf unentschieden ausgegangen. Für die Fernsehzuschauer aber hatte Nixon trotz glänzenden Debattierens schlecht, für viele sogar sehr schlecht abgeschnitten. Diesen Rückstand vermochte er in den folgenden drei Sendungen nicht mehr wettzumachen. Meinungsforscher haben ermittelt, daß Kennedy - dem neben dem politisch erfahrenen Vizepräsidenten nur eine Außenseiterchance eingeräumt worden war - durch das Fernsehen drei Millionen, Nixon hingegen nur eine Million Stimmen hinzugewonnen hat. Angesichts einer hauchdünnen Mehrheit von 112000 Stimmen erwies sich das Fernsehen als wahlentscheidend.

Die Dokumentation des Wahlkampfes von 1960, in dem Werbeleute noch keine bedeutende Rolle gespielt hatten, trug den Titel »The Making of the President«. Nachdem Werber das Heft in die Hand genommen hatten, lautete der Titel der Wahlkampfdokumentation 1968 »The Selling of the President«.[9] Aber damit war diese Entwicklung noch nicht am Ende. Die Wahl und Wiederwahl des Filmschauspielers Ronald Reagan zum Präsidenten bewies die Richtigkeit von dessen früherer Behauptung, die Politik sei genauso wie das Show-Business. Zum (vorläufigen) Höhepunkt wurde der amerikanische Wahlkampf von 1988, über den *DIE ZEIT* schrieb: »Wer trägt die Verantwortung für den brutalen Schlagabtausch? Die meisten Finger zeigen auf die Werbeberater, die mit ihren 30-Sekunden-Spots im Fernsehen den Ton angeben. Er ist so schrill und durchdringend, daß er jede sachliche Debatte zertrümmert ... So perfekt wie präzise haben sich die konkurrierenden Parteien, vor allem in ihrer Fernsehwerbung, niemals zuvor gegenseitig niedergemacht.«[10]

Auch unsere Politiker haben gelernt, daß es auf die optimale Nutzung des Fernsehens ankommt und auch vermeintliche Kleinigkeiten ausschlaggebend sein können. Werber inszenieren die Wahlkämpfe und schreiben auch - von der Frisur und der Brille über die Texte bis zur Rhetorik und Körpersprache - die Drehbücher. Vor allem aber passen sie die politischen Werbespots den Regeln des Fernsehens und der Werbung an. Die Vielfalt des politischen Meinungsspektrums wird auf wenige, leicht kommunizierbare Themen verdünnt und auf den kleinsten gemeinsamen Nenner einer Parole eingeschrumpft. Stures Wiederholen sorgt dafür, daß diese im Gedächtnis haftenbleibt. Die zum Medium passenden Gedankenlosigkeiten, vordergründigen Scheinwahrheiten und vorfabrizierten Meinungsschablonen sind wie geschaffen für Kurz- und Kleindenker. Über das Gesagte kann nicht mehr »nach«-gedacht werden. Es ist schnell vergessen. Zurück bleiben optische Eindrücke, Emotionen, Schlagwörter und diffuse Bewertungen, die mehr die Folge von Überwältigung als von Einsicht sind. Die Parallelen zur Werbung sind unübersehbar. In Fernsehdiskussionen von Spitzenpolitikern werden Argumente kaum noch ausgetauscht, Fragen bleiben unbeantwortet, mehrdeutige Begriffe und leicht überhörbare Füllwörter sollen es jedem recht machen, sogar schwere Vorwürfe ignoriert man und läßt sie - weil sie der Zuschauer dann am schnellsten vergißt - einfach abprallen.

»Verkaufen« als Schlüsselwort der Politik

Die Mehrheit der Fernsehzuschauer erlebt diese ritualisierten Wortwechsel als Show und Unterhaltung. In dem Gefühl des Dabeiseins konsumieren sie wie Verbraucher die Politik und die Politiker, über die sie später Geschmacksurteile wie über Markenwaren äußern und über die sie sich in ihrer Gruppe nicht anders als über Eigenschaften von Autos oder die Beliebtheit von Schlagerstars austauschen. Statt Politik - demokratiegetreu - aktiv mitzugestalten, sitzen sie passiv im Lehnstuhl und messen die Parteien nicht an ihren politischen Grundsatzpositionen, sondern an ihren Sonderangeboten.

Werber haben nicht nur Einfluß auf die Politiker, sondern auch auf politische Inhalte genommen, um diese zu emotionalisieren und besser verkäuflich zu machen. »Verkaufen« ist zum Schlüsselwort geworden. Schon 1923 hatte sich der Präsident einer New Yorker Werbeagentur auf einem Werbekongreß gegenüber einem Kirchenmann, der über zu geringen Zulauf geklagt hatte, über dessen Ausdrucksweise ausgelassen: »Vielleicht haben Sie den Ruf, daß Ihre Ware verdorben ist. Vielleicht machen Sie den Fehler, sich zu sehr mit Nebenprodukten zu beschäftigen. Vielleicht gibt es auch Meinungsverschiedenheiten zwischen Ihrem Verkaufsassistenten, dem Pfarrer, und dem Verkaufsmanager, dem Heiligen Geist, so daß die Verkäufer - die Mitglieder - demoralisiert sind und gar nicht wissen, was sie verkaufen sollen. Vielleicht haben sie sogar ihren Job aufgegeben, hängen herum und werfen dem Pfarrer und ihren Kollegen vor, daß sich die Kirche so schlecht verkauft.«[11] Bert Brecht hatte in Amerika beobachtet, das Wort »verkaufen« bedeute dort, seine »Ansicht jemandem aufzureden . . . So sagt man auch, der Präsident habe die Aufgabe, dem Volk den Krieg zu verkaufen.«[12] Von 1958 stammt Heinrich Bölls Bemerkung: »Ob die Spitzenorganisation der Filmindustrie tagt, ob Pfarrer sich zusammensetzen oder Parteigremien sich zu geheimen Beratungen vereinen; sobald solche Zusammenkünfte Ergebnisse zeitigen, ertönt auch schon die Frage: Wie verkaufen wir das?«[13]

Wenn die Bevölkerung Unmut über politische Entscheidungen äußert, können sich Politiker kaum noch vorstellen, Fehler gemacht oder die öffentliche Meinung falsch eingeschätzt zu haben. Nein: An der Richtigkeit ihrer Politik - modern ausgedrückt: an der Qualität ihres Produkts - ist nicht zu zweifeln. Schuld haben allein ihre Propagandisten, die die vermeintlichen Meisterleistungen falsch verpackt und schlecht verkauft haben. Insbesondere den Wahlkampfwerbern wird die Last aufgebürdet, Glaubwürdigkeits- und Persönlichkeitsdefizite von Politikern durch Kreativität auszugleichen und sogar Fehlentscheidungen als Erfolge darzustellen. Und wenn solche Produkte als Ladenhüter in den Regalen liegenbleiben, sind die Sündenböcke schnell gefunden.

Nach der wahrscheinlich wichtigsten Bundestagswahl von 1969, die mehr Geld als je zuvor gekostet und in der die professionelle Werbung wie noch nie Regie geführt hatte, zog ein ausländischer Beobachter das Fazit: »Mehr und mehr scheinen deutsche Wahlkämpfe in die Hand jener fixen Leute zu geraten, die nur ans Verkaufen denken. Mehr als die Ware zählt die Verpackung.«[14] Daß die politische Substanz dabei verkümmert, scheint wenig zu interessieren. Die 1968 von Theodor Eschenburg geäußerten Befürchtungen hatten sich voll bestätigt: Die politische Reklame habe im Wettbewerb der Wahlen zu einer zunehmenden Vernebelung der Begriffe geführt. Nähme man politische Verantwortung »ganz ernst«, dann dürfte es keine spektakuläre Wahlwerbung geben.[15] Wie berechtigt und vergeblich solche Bedenken und die Forderungen nach besserer politischer Information gewesen sind, zeigt ein Rückblick auf die seitdem veranstalteten Wahlkämpfe.

Werbelobby gegen Werbebeschränkungen

Die Berührungspunkte zwischen Werbung und Politik erschöpfen sich jedoch keineswegs in der Wahlkampfwerbung oder der »Öffentlichkeitsarbeit« von Ministerien, die für Akzeptanz von Renten-, Steuer- und Gesundheitsreformen oder ganz allgemein für die Qualität der Regierungspolitik wirbt. Wie andere Branchen ist auch die Werbewirtschaft Gesetzen und Verordnungen unterworfen und versucht, Verschärfungen bestehender Gesetze und vor allem Werbeverbote zu verhindern. Dabei behauptet sie, in der Bundesrepublik gebe es »das schärfste Werberecht der Welt«.[16] Doch an anderer Stelle widerspricht sich der ZAW selbst: Weil die deutschen Werbegesetze liberaler als in anderen Ländern seien, habe die deutsche Wirtschaft von einer Harmonisierung des EG-Rechts dirigistische Eingriffe in Wettbewerb und Werbung zu befürchten.[17] Die vom ZAW erhoffte weitgehende Deregulierung jedoch soll ausschließlich der *Werbewirtschaft* mehr Spielraum verschaffen, keinesfalls aber die Stellung der *Konsumenten* stärken und ihnen vor allem nicht ähnliche Rechte wie z.B. in den USA einräumen. Dort dürfen Verbraucherschützer sogar werbungtreibende Unternehmer angreifen (»McDonalds, deine Hamburger sind zu fett!«).

Strenger als vergleichbare Gesetze anderer Länder ist das deutsche UWG. Dadurch erschwert es den Werbern die Arbeit, verschafft den Werbungtreibenden aber gegenüber den Verbrauchern eine nahezu unangreifbare Stellung. Wie gut es sich zur Verhinderung verbraucherfreundlicher Werbung und zur Verschleierung hoher Preise eignet, zeigte ein Urteil des Kammergerichtes Berlin: Die Werbung eines Lebensmittelunternehmens für »markenlose Corn-Flakes« zu DM 1.98 als Alternative zu den von ihm ebenfalls angebotenen Marken-Corn-Flakes zu DM 2.98 (»Ein Vergleich, der sich lohnt«) wurde verboten.[18]

Der ZAW rühmte sich sogar, bei der Novellierung des UWG 1986 eine Verschärfung des Werbestrafrechts, die Einführung eines Schadensersatzanspruches bei gesetzwidriger Werbung, die gesetzliche Einführung der sogenannten »Berichtigungswerbung« und die Einschaltung der Kartellbehörden bei UWG-Verfahren verhindert zu haben.[19] Vor allem sei es auch gelungen, die in einer EG-Richtlinie geforderte Umkehr der Beweislast abzuwehren, bei der nicht der Konsument die Unrichtigkeit, sondern – wie in Holland – der Werbungtreibende die Richtigkeit seiner Behauptungen zu beweisen gehabt hätte. So wurde die UWG-Novelle zu einem Sieg der Werbewirtschaft über die Verbraucher.

Bisher hat sich die Werbelobby in Bonn weitgehend durchgesetzt. In kaum einem anderen Land hat die Werbung soviel Spielraum wie bei uns. Besonders die Zigarettenwerbung genießt hier weit mehr Freiheiten als in anderen Ländern. Der »Ärztliche Arbeitskreis Rauchen und Gesundheit« ist darum »zu der Überzeugung gelangt, daß unsere etablierten Bundestagsparteien in puncto Rauchen und Passivrauchen durch ihre Abhängigkeit von den großzügigen Parteispenden der Zigarettenindustrie handlungsunfähig geworden sind«.[20] Während die EG-Gesundheitsminister die für die Zigarettenwerbung vorgesehenen Warnhinweise verschärfen wollen, bemühte sich die deutsche Gesundheitsministerin Lehr - die man zutreffender »Tabakindustrie-Ministerin« nennen sollte[21] - als einzige darum, sie abzumildern. Das Bundesgesundheitsministerium hielt es sogar für seine Aufgabe, die EG darauf aufmerksam zu machen, »daß der Kausalzusammenhang zwischen Rauchen und Krebs wissenschaftlich nicht eindeutig nachgewiesen sei.«[22] Man erinnert sich auch daran, daß Philipp Reemtsma nach dem Kriege wegen hoher Spenden an die Nazis im Gefängnis gewesen ist und vor einigen Jahren der frühere Reemtsma-Vorstandsvorsitzende Wiethüchter wegen Steuerhinterziehung im Zusammenhang mit Parteispenden zu einer hohen Geldstrafe verurteilt wurde.

Da die Zigarettenwerbung die umstrittenste Werbeform ist und man in Werbekreisen damit rechnet, ein Zigaretten-Werbeverbot könne als Signal für Werbeverbote in anderen Branchen wirken, ist es kein Zufall, daß die Zigarettenindustrie mit starker ZAW-Unterstützung eine besonders aktive Lobbytätigkeit betreibt, um den Status quo so lange wie möglich aufrechtzuerhalten. Dabei kann - wie in England und den USA dokumentiert wurde - das Kultursponsoring eine Hauptrolle spielen.

Politische Einflußnahme durch Kultursponsoring

Philip Morris ließ sich 1987 das Sponsern amerikanischer kultureller Einrichtungen und Veranstaltungen 13 Millionen - von der Steuer abzugsfähige - Dollar kosten.[23] So gewaltig diese Summe auf den ersten Blick anmuten mag, machte sie doch nur Bruchteile des Unternehmensgewinns (ca. 1,8 Milliarden Dollar) und der Werbekosten (ca. 2 Milliarden Dollar) aus. Mit diesem Geld erkaufte sich die Firma auf höchster Ebene die Möglichkeiten, in gelokkerter gesellschaftlicher Atmosphäre über Kunst zu plaudern und sich selbst zu verkaufen. Auch überzeugte Anti-Raucher nehmen Einladungen zu Premieren oder Ausstellungseröffnungen an und geben ihre Gegnerschaft an der Garderobe ab. Über Zigaretten, Raucherkrankheiten und Werbeverbote wird mit keinem Wort gesprochen. Nur die überall bereitgelegten Zigarettenschachteln erinnern daran, womit das Geld für das Kultursponsoring verdient worden ist. Philip Morris ist jedoch nicht nur ein Förderer der Kunst, sondern unterstützt auch »einige der lautstärksten Zensoren der amerikanischen Kunstszene«.[24]

In England sitzt der Generaldirektor von Imperial Tobacco als Hauptsponsor neben den Honoratioren der High Society und des Geldadels im Ausschuß für das Opernfestival in Glyndebourne. So können Zigarettenmanager mit den Mächtigen von gleich zu gleich verkehren und als kultivierte Kunstfreunde auftreten. Derartig hochkarätige Verbindungen kann man später für Lobbytätigkeiten auszunutzen suchen, um insbesondere gegen Beschränkungen der Zigarettenwerbung zu agieren. Selbstverständlich dient das Kultursponsoring auch zur Kontaktpflege mit der Presse, für die Öffentlichkeitsarbeit und zur Nennung des Sponsors in Katalogen und Programmheften.

Sponsoring kann Werbungtreibenden vielerlei Vorteile bringen. Kenneth Robinson, der als früherer Gesundheitsminister und späterer Chairman des Art Council beide Seiten der Medaille kennt, sagte dazu: »Beim Sportsponsoring erhält man Fernsehwerbung aus zweiter Hand. Bei der Kunst geht es ums Image. Als Lieferanten einer möglicherweise tödlichen Substanz wissen die Zigarettenleute genau, wie sehr sie auf ihr öffentliches Ansehen bedacht sein müssen. Während der Sport ihnen Sympathiegewinn beim Massenpublikum bringt, verschafft ihnen Kunstsponsoring die Wertschätzung der Meinungsführer.«[25] Wenn die Erhabenheit und Würde Beethovens oder Michelangelos einem mit Raucherbein und Lungenkrebs assoziierten Firmennamen höhere Weihen verleiht, ist Sponsoring hochrentabel.

Wie Sponsoring Abhängigkeiten erzeugen und sogar die Durchsetzung politischer Entscheidungen verhindern kann, zeigt ein Blick nach West-Australien. Das dortige Parlament hatte ein Verbot für Zigarettenwerbung und -verkaufsförderung vorbereitet. Erstes Opfer wäre das seit zehn Jahren von Benson & Hedges gesponserte Kricketspiel zwischen Australien und England gewesen. Wer hätte die Verantwortung für das Ende dieses beliebten Sportereignisses auf sich genommen? Das Gesetz kam nicht zustande, und das Spiel fand statt. Es wurde nicht nur - selbstverständlich zusammen mit reichlicher Zigaretten-Schleichwerbung - im australischen, sondern per Satellit auch im englischen Fernsehen gesendet.[26]

Die Durchdringung der Politik mit Werbung

Unter dem Einfluß von Markenwerbung und Fernsehen ist aus der politischen Werbung eine Variante der Konsumgüterwerbung geworden. An mindestens vier Punkten wird das deutlich.

Erstens haben Politiker die Pflicht, Entscheidungen nicht nach Popularität und Opportunität, sondern nach ihrer Notwendigkeit zu treffen. Sie müssen der öffentlichen Meinung vorauseilen, zu unpopulären Entscheidungen bereit sein und für deren Akzeptanz werben. Demgegenüber lehnen es Werber ab, Vorreiter gesellschaftlicher Entwicklungen zu sein: Konsumgüterwerbung könne nur vorhandene Stimmungen widerspiegeln und bestätigen. So bilden Werber die Nachhut des Wandels und hinken - wie bei der Entdeckung der »neuen Alten« - den sozialen

Veränderungen um zwei Jahrzehnte hinterher. Werbung lebt vom Status quo. Den ihr innewohnenden Konformismus hat Ernest Dichter unnachahmlich beschrieben: »Es gibt nur eine richtige Lebensweise: In kraftvollen Zügen mit dem Strom zu schwimmen.«[27] Heutzutage verhalten sich Politiker wie Werber: Sie scheuen Veränderungen, wollen keine Abwehrreaktionen provozieren und nehmen mehr und mehr Rücksicht auf bestehende Einstellungen und Vorurteile.

Zweitens sind die Wertordnung und das Menschenbild der Demokratie auf Vernunft gegründet. Ihr Ausgangspunkt ist die Zuversicht, daß sich das bessere Argument im Meinungsstreit durchsetzt und auch politische Gegner überzeugt. Demokratische Selbstbestimmung gilt als die Fähigkeit, Argumente auf ihre Rationalität zu überprüfen, Agitatoren und Demagogen zu durchschauen und sich gegen die von ihnen ausgestreuten Emotionen sowie gegen jede Art von Fremdbestimmung zu wehren. Mit dem Einzug der Werbung in die Politik und der Etablierung des Fernsehens als Selbstdarstellungsbühne hat jedoch eine allgemeine Entsachlichung und Emotionalisierung stattgefunden. So hat das politische Argument immer mehr an Boden verloren. An die Stelle des Dialogs mit dem Bürger ist das mit Riesensummen in den Medien verbreitete Eigenlob der Regierenden getreten. Und ein Regierungswechsel bedeutet heutzutage, daß die bisherige Oppositionspartei Zugriff zu den Fleischtöpfen erhält und ihre »Leistungen« auf Kosten des Steuerzahlers verkaufen kann.

Drittens hat diese Tendenz, politische Aussagen immer mehr auf Schlagworte zu reduzieren, zu einer fortschreitenden Entpolitisierung geführt. Damit ist eine Wechselwirkung gemeint: Als Folge der immer unpolitischeren Werbeaussagen von Politikern ist auch das allgemeine politische Bewußtsein passiver, kümmerlicher und unkritischer geworden. Im Schatten der Markenartikelwerbung und der fortschreitenden Durchdringung aller Lebensbereiche mit Werbung wurde die politische Qualität abgewertet und die Widerstandskraft gegen populistische und antidemokratische Tendenzen geschwächt. Während Politiker Wahlgeschenke verteilen, Versprechungen machen und unangenehme Wahrheiten vertuschen, erlebt der Bürger die Materialschlachten der Wahlkämpfe wie ein mit Sonderangeboten umworbener Kunde. Politik ist zu einer Dienstleistung geworden, die den Besitzstand zu wahren und zu mehren hat.

Zu dieser Verbraucherhaltung hat viertens die starke Personalisierung der Politik beigetragen. Schon bei der Nominierung von Kandidaten spielt es eine wichtige Rolle, wie man sie ausstaffieren, positionieren und der Zielgruppe sowie besonders den Wechselwählern »verkaufen« kann. Plakate, Anzeigen und Fernsehspots präsentieren sie - zusammen mit den Emblemen und Farben ihrer Partei - im möglichst unverwechselbaren Design von Markenartikeln. Die Werbetauglichkeit politischer Themen gibt den Ausschlag dafür, ob sie forciert werden oder nicht. Die Inhalte von Wahlslogans werden auf Miniformat geschrumpft und mit Emotionen angereichert, um sie als Suggestionen im Unterbewußten absetzen zu können. Politiker haben aus der Markenwerbung gelernt, daß eindeutige Aussagen polarisierend wirken, sie also teils auf Zustimmung und teils auf Ablehnung stoßen. Wie die Werbung für Konsumgüter der Erzeugung einer gewissen Stimmung dient und auf rationale und nachprüfbare Komponenten - die Abwehrreaktionen auslösen können - verzichtet, versuchen auch Politiker Festlegungen zu vermeiden. Bagdikian sieht hier eine Folge der Konsumwerbung: Sie habe die Unterschiede von Kontroversen und von Standpunkten ausgebleicht, eingeebnet und abgestumpft. Wenn alle Dinge als wertfrei dargestellt werden, seien sie alle gleich wichtig oder unwichtig.[28]

Die »politischen« Wirkungen der Werbung beschränken sich jedoch keineswegs auf den eigentlichen politischen Raum. Auch Konsumgüterwerbung ist politisch relevant, da den von ihr verbreiteten Produktbotschaften Leitbilder, Lebensstile und Wertvorstellungen anhaften. Politische und kommerzielle Bewußtseinsinhalte verwikkeln sich in den Gehirnen zu einem unentwirrbaren Knäuel. »Dabei transportieren diese Botschaften noch eine weitere fundamentale Mitteilung: die einfache, aber machtvolle Idee, daß Konsum der wichtigste Ausdruck von Demokratie ist. In dieser Konzeption repräsentiert das Auswählen und Kaufen von Gütern die reinste Form der persönlichen Freiheit und im übertragenen Sinn das Modell eines demokratischen Lebens ... Wie können Politiker Beschränkungen propagieren, wenn die mächtigsten Stimmen der Überredung, unterstützt durch geradezu unerschöpfliche Finanzquellen, unaufhörlich die Botschaft verbreiten, daß es keine Grenzen gibt?«[29]

Ob Werbeleute es wahrhaben wollen oder nicht: Werbung hat immer eine politische Komponente. Wegen ihrer strukturell konservativen Tendenz neigt sie dazu, herkömmliche soziale Leitbilder zu verstärken und zu verfestigen sowie eingefahrene Verhaltensweisen zu stabilisieren. So werden die Umworbenen blind für die Entwicklungstendenzen der Gesellschaft und um so empfänglicher für verzerrte Darstellungen der Realität.

Ebenso schlägt sich die Werbung immer auf die Seite der Mehrheit und wirkt mit, daß das öffentliche Bewußtsein Minderheiten vernachlässigt und ins Abseits drängt. Dadurch gehört zu den politischen Nebenwirkungen der Konsumgüterwerbung die »Erhaltung und Verfestigung eines bereits vorhandenen autoritären Potentials«[30] und ein »antidemokratischer Effekt«.[31]

Konsum und Demokratie

Ein befremdliches Demokratieverständnis lassen auch Werbefunktionäre erkennen, wenn sie in der Konsumgüterwerbung und der Politik Gemeinsamkeiten entdecken. Daß sich in ihren Augen die Unterschiede zwischen dem Kauf eines Markenartikels und der Wahl eines Parlaments total verwischt haben, belegt eine kleine Blütenlese von Zitaten. Werbung – so hieß es in einem mehrfach umformulierten ZAW-Positionspapier – »sichert den Entscheidungsspielraum der Marktpartner. Durch sie kann der Bürger – beteiligt am Produktionsprozeß – sein demokratisches Grundrecht, zu wählen und selbst zu entscheiden, verwirklichen.«[32] Ähnlich behauptet der ZAW-Sprecher, es sei vor allem auch die Werbung, die zur Demokratisierung der Gesellschaft beitrage, indem sie durch Kommunikation breitestmöglichen Zugang zu Waren und Dienstleistungen ermögliche.[33] Der Grad des demokratischen Mitwirkungsspielraums sei bei Konsumgütern größer als in anderen Bereichen, z.B. in der Politik.[34] Ein ZAW-Präsident meinte, man sei innerhalb einer Wahlperiode hilflos dem Votum der Mehrheit ausgeliefert. Wer zur Minderheit gehöre, müsse die Politik der Gruppe erdulden, die er nicht gewählt hätte. Seine Stimme falle einfach unter den Tisch. In seiner Rolle als Verbraucher aber habe er auch in der Minorität, selbst wenn er nicht immer exakt das bekomme, was er wünsche, eine Menge von Alternativen zur Verfügung.[35] Hat der ZAW noch nie davon gehört, daß man auch in einer Partei – als Mitglied, als Delegierter, in einem Fachausschuß, im Vorstand, als Abgeordneter – an der politischen Willensbildung aktiv mitwirken kann? Daß auch Bürgerinitiativen starken politischen Einfluß ausüben können? Daß auch die Opposition eine wichtige und unverzichtbare Aufgabe wahrnimmt? Daß es ohne Tolerieren von Mehrheitsentscheidungen keine Demokratie gibt? Wäre es demokratischer, wenn es ähnlich viele Parteien wie Parfümmarken gäbe und die Parlamente täglich neu gewählt würden? Wäre es ein Verlust an Demokratie, wenn es nur eine einzige Hundefuttermarke gäbe?

Wenn von den Nebenwirkungen der Werbung auf die Politik und einer gewissen Angleichung die Rede ist, darf nicht übersehen werden, daß einige entscheidende, von Werbefundamentalisten nicht zur Kenntnis genommene Unterschiede bestehenbleiben.

Erstens ist es völlig unangemessen, die Politik danach zu beurteilen, ob sie den in der kommerziellen Werbung geltenden Kriterien gerecht wird. Das würde bedeuten, einer Bundestags- oder Kommunalwahl die gleiche Wertigkeit wie dem Auswählen einer Schuhcreme beizumessen. Eine solche Gleichsetzung ist der beschämendste und trostloseste Ausdruck einer Denkweise, nach der Politik nur eine Spielart des Konsums ist.

Zweitens entschuldigen oder relativieren Werber die in der Konsumwerbung vorkommenden Entgleisungen und

Geschmacklosigkeiten mit dem Hinweis auf Auswüchse in der Wahlkampfwerbung (die übrigens weitgehend von professionellen Werbern durchgeführt wird). Es trifft zwar zu, daß das Niveau der politischen Auseinandersetzung, die Glaubwürdigkeit von Politikern und die Wahlprogrammen beigemessene Bedeutung auf einen beklagenswerten Tiefstand abgesunken sind. Hier findet ein Ausverkauf an politischer Substanz statt, der Anlaß zu größter Besorgnis gibt. Viele Anzeichen jedoch sprechen für eine maßgebliche Mitverantwortung von Markenwerbung und Fernsehen für die allgemeine Tendenz zur Entsachlichung und Entleerung der Inhalte politischer Aussagen, das Auswechseln von Argumenten gegen Emotionen und von Sprache gegen Bilder mit daraus erwachsender Gedanken- und Sprachlosigkeit sowie den Verlust an politischer Streitkultur. Das alles aber kann kein Anlaß sein, die eklatanten Mißstände der Markenartikelwerbung mit dem unerfreulichen Zustand der politischen Werbung zu rechtfertigen.

Drittens werfen Werber den Politikern vor, der Werbung Fesseln anzulegen, nicht aber sich selbst. Da es für Politiker weder ein UWG noch einen Werberat gebe, seien die Bürger vor irreführenden politischen Aussagen ungeschützt. Schon eine solche Gegenüberstellung ist absurd und entstammt typisch werblichem, nicht aber politischem Denken. Es ist schon eine abstruse Idee, die Meinungsfreiheit von Politikern mit einem UWG-ähnlichen Gesetz beschneiden zu wollen. Nach dem Demokratie-Modell ist der mündige Bürger selbst in der Lage, irreführende Aussagen zu erkennen und aus ihnen die richtigen Schlüsse zu ziehen. Wenn Werber einen Wählerschutz à la UWG vermissen, beweisen sie damit nur, daß sie den Bürger für unmündig halten. Sollen Politiker die anderen Parteien ebenso schonen wie Markenartikler ihre Konkurrenten? Soll Oppositionspolitikern verboten werden, die Regierung anzugreifen, so wie Persil-Werber nichts Negatives über Dash sagen dürfen? Und was einen etwaigen politischen Werberat betrifft: Bei ihren Vergleichen übersehen die Werber, daß sich jeder Politiker öffentlicher Kritik stellen muß und Opposition, Medien, Veranstaltungen und Wahlkämpfe als ständige Gegengewichte wirken. Politik spielt sich immer im Dialog ab, während Konsumgüterwerbung nur in eine Richtung zielt. (Der Versuch, die Marktforschung zu einer Art Dialog mit dem Verbraucher hochzustilisieren, mutet geradezu grotesk an.) Daß Werbungtreibende keinerlei öffentliche Angriffe vertragen können, beweisen ihre Reaktionen auf kritische Sendungen, ihre Drohungen gegenüber Redakteuren und Verlegern sowie die Versuche, Produktvergleiche der »Stiftung Warentest« verbieten zu lassen.

McCarthys Entmachtung vor der Fernsehkamera

Die allgemeine Entpolitisierung bis zur Abwertung des Politischen auf eine schlechte Variante des Konsumierens ist die wahrscheinlich gefährlichste Nebenwirkung der Werbung. Wo das Grundrecht des Wählens als ein dem Einkaufen gleichrangiger Vorgang gilt, hat es seinen Wert und seine Würde verloren. Dann überwältigt und vereinnahmt die Werbung das demokratische Bewußtsein. Das Heer der Nichtwähler wird immer größer. Wer von Politikern nur großzügigere Rahmenbedingungen für ungehemmten Konsum und bequeme Vorteilsnahme erwartet, wird zur leichten Beute von Volksverführern und -verderbern.

Es lohnt sich, an die Affäre McCarthy und eine der Sternstunden des Fernsehens zu erinnern. Amerikanische Fernsehzuschauer konnten 1956 als Augenzeugen miterleben, wie die Karriere des mächtigen und gefürchteten Senators McCarthy innerhalb einer Stunde unrühmlich zu Ende ging. Als Vorsitzender des Ausschusses gegen »unamerikanische Umtriebe« hatte er landesweit eine Hexenjagd auf Intellektuelle veranstaltet und mit unbewiesenen Anschuldigungen hohe Offiziere, Beamte, Wissenschaftler und Künstler als angebliche Kommunisten aus ihren Stellungen vertrieben. Viele Republikaner sahen in ihm schon den nächsten Präsidenten. Eine einzige Sendung von Edward Murrow genügte, um der Bevölkerung sein wahres Gesicht zu zeigen und ihn als gefährlichen

Demagogen und Scharlatan zu entlarven. Er wurde beim Lügen ertappt, erfand primitive Ausreden, stieß Drohungen und Beleidigungen aus, verlor die Beherrschung und machte sich in wahrstem Sinne des Wortes selbst unmöglich. Nach dieser Sendung war McCarthy politisch tot. Presseinformationen aus seinem Büro – noch wenige Tage vorher immer für eine Schlagzeile gut – landeten im Papierkorb, seine Reden blieben unbeachtet, er wurde sogar als einziges Kongreßmitglied von der Einladungsliste des Weißen Hauses gestrichen.

Die öffentliche Demaskierung und Entmachtung eines der damals einflußreichsten Politikers zeigt, wie segensreich und aufklärerisch das Fernsehen wirken kann. Seine politische Laufbahn fand vor den CBS-Kameras ein unrühmliches Ende. Aber statt sich beruhigt darauf zu verlassen, das Fernsehen werde auch zukünftige Anschläge auf Demokratie und Freiheit abwehren, besteht Anlaß zu vierfacher Sorge.

Erstens verdankte McCarthy auch seinen Aufstieg zu einem guten Teil dem durch Rücksicht auf seine Werbekunden weitgehend entpolitisierten amerikanischen Fernsehen. Um möglichst viel Werbung an sich zu ziehen, brauchte es Zuschauer aus allen politischen Lagern. Und um sie möglichst vollzählig vor dem Fernsehapparat festzuhalten, scheute es sich, durch eindeutige Stellungnahmen einen Teil der Zuschauer zu verprellen. Die Werbungtreibenden wiederum – die mit liberaler oder gar stark linksorientierter Kritik an Politik und Big Business nichts im Sinne hatten – belohnten diese politische Enthaltsamkeit, Obrigkeitshörigkeit und »Ausgewogenheit« mit verstärkter Werbung. Weil McCarthy als Senator und Ausschußvorsitzender eine Autorität war, akzeptierte ihn das »objektive« Fernsehen, nahm an seinen Haßtiraden und Verfolgungen keinen Anstoß und ließ ihn gewähren. Als der Name eines sehr populären Fernsehstars auf der »schwarzen Liste« erschien, wurde er eine Stunde vor Sendebeginn auf Veranlassung eines werbungtreibenden Sponsors fristlos entlassen.[36]

Zweitens ist es in höchstem Maße effektvoll und fernsehgerecht, wenn sich ein Spitzenpolitiker in primitiven

Lügen verstrickt, wirres Zeug redet und aus der Rolle fällt. Was wäre passiert, wenn er geschickt diskutiert, schwer zu durchschauende Argumente vorgetragen, die Sendung für eine raffinierte Selbstinszenierung und Propaganda genutzt und vor der Kamera eine blendende Figur abgegeben hätte? Wenn zwar eine Minderheit die Hohlheit seines Geredes erkannt hätte, die große Mehrheit aber ihm auf den Leim gegangen wäre?

Drittens hatten keineswegs sämtliche Fernsehzuschauer den gleichen miserablen Eindruck. Der »harte Kern« von McCarthys Anhängern - vorwiegend aus der wenig gebildeten Unterschicht - änderte seine Meinung nicht und hielt ihm die Treue.

Viertens konnte das Fernsehen seine Großtat nur vollbringen, weil der beliebte Edward Murrow im Sender CBS »seine« wöchentliche Sendung hatte, die er frei und nach eigenem Ermessen gestalten konnte. Seit 1956 aber hat die Kommerzialisierung des amerikanischen Fernsehens immer weiter um sich gegriffen. An die Stelle der großen Fernsehjournalisten sind die zugkräftigen Spaßmacher und Quizmaster getreten. Heute bestimmt die Jagd nach Werbegeldern und Einschaltquoten mehr als je zuvor die Programme. Fred Friendly, Murrows lebenslanger Produzent, verließ das Fernsehen, weil ein fest eingeplanter Beitrag von ihm über den Vietnamkrieg abgesetzt und statt dessen eine werbegespickte Serie wiederholt wurde.

Eine ähnliche, jedoch geräuschlosere Entwicklung hat es in den amerikanischen Zeitungen gegeben. Hier hat sich eine Wende zum »Infotainment« vollzogen, jener seichten Mischung aus wenig Information und viel Entertainment. Es bietet den Inserenten das erwünschte konsumanregende Umfeld und ist obendrein - wegen des Verzichts auf zeitraubende Recherchen - sehr viel billiger als politische Information. Seit Chefredakteure auch für strategische Planung und Marketing verantwortlich sind, ist die journalistische Kultur den Buchhaltern und Werbungtreibenden zum Opfer gefallen.

Ein neuer McCarthy könnte von den amerikanischen Medien möglicherweise nicht mehr zu Fall gebracht werden, weil Werbung für Seife, Corn-flakes, Bier und Hundefutter Priorität hat und Werbekunden allergisch reagieren, wenn das bestehende politische, wirtschaftliche oder soziale Gefüge in Frage gestellt wird. Der Ausverkauf der Politik wäre an sein Ende gelangt. Ein Diktator hätte es nicht mehr nötig, seine Politik der Bevölkerung zu verkaufen. Er brauchte nur noch zu diktieren.

12. Sozialverträglich oder sozialschädlich?

Im Mai 1988 forderte der ZAW-Präsident die politischen Parteien zur »Anerkennung der Sozialverträglichkeit von Werbung« auf. Zur Begründung dieser ungewöhnlichen Forderung behauptete er, Werbung mache niemanden zum Raucher oder Trinker. Er ließ jedoch offen, wie er sich die gewünschte Ehrenerklärung vorstellte. Erwartet er entsprechende Parteitagsbeschlüsse? Soll der Bundeskanzler ex cathedra das Dogma von der sozialverträglichen Werbung verkünden? Und soll in Zukunft jeder bestraft werden, der von sozialschädlicher Werbung spricht? Die ganze Absurdität dieses Ansinnens wird offenbar, wenn man sich vorstellt, die Uhrenindustrie, die Milchwirtschaft oder der Zahnärzteverband würden von Politikern ähnliches fordern. Es ist eigenartig, daß ausgerechnet die mit öffentlichem Bewußtsein handelnde Werbebranche die in der öffentlichen Meinung sich artikulierenden Bewußtseinsprozesse und das Zustandekommen politischer Entscheidungen dermaßen falsch einschätzt. Der Ruch der Sozialschädlichkeit, der - so muß man die Forderung des ZAW-Präsidenten verstehen - der Werbung anzuhaften scheint, hat Ursachen. Und diese Ursachen kann kein Parteitagsbeschluß und keine Regierungserklärung aus der Welt schaffen.

Zunächst ist zu fragen, welche Kriterien eigentlich für eine etwaige Sozialverträglichkeit maßgeblich sind. Für die Ideologen und Fundamentalisten aus der Werbung ist alles sehr einfach: Es sei wissenschaftlich bewiesen, daß Werbung niemanden zum Raucher, Trinker, Tablettensüchtigen oder Raser macht. Sie sei für gesellschaftliche Fehlentwicklungen und für einen Mißbrauch von Produkten nicht verantwortlich. Im übrigen seien Alkohol und Zigaretten legale Produkte, und in einer (freien) Marktwirtschaft dürfe für jedes legale Produkt geworben werden.

Schon hier sind fünf Fragezeichen zu setzen. Wird erstens eine Werbung allein schon dadurch sozialverträglich, weil sie - wenn es so wäre - nicht zum Rauchen oder

Trinken verführt? Sorgen nicht zweitens die Werber mit dafür, daß zum mindesten die Raucher weiterrauchen und sich das Rauchen nicht abgewöhnen? Wem wollen Werbeleute weismachen, die verheerenden gesundheitlichen Folgen seien ohne ihr Zutun entstanden? Und wenn drittens - wie von politischer Seite vorgeschlagen - einige Drogen legalisiert werden sollten: Würde dadurch die (dann legale) Werbung für Haschisch und Marihuana und eines Tages vielleicht sogar für Heroin automatisch sozialverträglich? Kann viertens Werbung sozialverträglich sein, die sozialen Wertvorstellungen und gesundheitspolitischer Aufklärung entgegenwirkt? Fünftens ist dem ZAW - soweit es Zigaretten betrifft - zuzustimmen, daß zwischen Werbung und Mißbrauch kein Zusammenhang besteht. Von Mißbrauch kann nur die Rede sein, wenn man eine Zigarette *nicht* raucht, sie also *nicht* ihrer Bestimmung gemäß verwendet.

Ihre eigentliche Rechtfertigung sieht die Zigarettenwerbung - sieht man einmal von den volkswirtschaftlich sinnlosen Marktanteilsverschiebungen ab - in einer Art von »Gesundheitserziehung«: Sie habe sowohl Filterzigaretten durchgesetzt als auch den Rauchern leichtere Zigaretten schmackhaft gemacht. Warum wird dann unverdrossen für Starkzigaretten weitergeworben? Nun wird die Werbung für ein gesundheitsschädliches Produkt nicht dadurch sozialverträglich, wenn ihm wenigstens ein Teil seiner schädlichen Substanzen entzogen wird. Aber auch der Wechsel zu Filter- und Leichtzigaretten bringt - wie sogar der von der Tabakindustrie finanzierte »Forschungsrat Rauchen und Gesundheit« bestätigt hat - den Rauchern keine gesundheitlichen Vorteile.[1] Damit hat die Zigarettenwerbung auch ihr letztes Argument verloren.

Unklar bleibt, was Werber eigentlich unter Sozialverträglichkeit, ethischem Handeln und gesellschaftlicher Verantwortung verstehen. Solche und andere Begriffe bleiben undefiniert und werden von Fall zu Fall nach Gutdünken benutzt. Ein Musterbeispiel ist die Frage nach der Werbemoral.

In einer Werbefachzeitschrift war es 1989 zu einer Pro- und Contra-Diskussion über die Frage gekommen, »wo bei der Werbung für Zigaretten, Alkohol und Atomkraft die Moral anfängt und wo sie aufhört«.[2] Der Vertreter der Pro-Position behauptete, Werbung für nicht-ethische Produkte sei ethisch vertretbar, weil sie nicht die Aufgabe habe, die ganze Wahrheit, sondern nur die Wahrheit des werbungtreibenden Unternehmens zu sagen. Es sei keine Frage der Moral, zu entscheiden, für welches Produkt man wirbt, sondern es gehe ausschließlich darum, wie man für dieses Produkt wirbt. Der Contra-Sprecher begründete, warum er sich nicht um den Werbe-Etat eines Herstellers bemühen würde, der Atomkraftwerke betreut. Dafür seien weniger moralische Gründe ausschlaggebend, sondern vielmehr professionelle: Er halte »in der heutigen Zeit Werbung für Atomkraft-Unternehmen einfach für rausgeschmissenes Geld«.[3] Auf diesem Niveau und mit inhaltslosen Begriffen diskutieren Top-Werbemanager über Moral und Sozialverträglichkeit von Werbung – ohne jede ethische Dimension, reduziert auf das Verhältnis zwischen Kosten und Nutzen, ein trostloses Beispiel für gesellschaftspolitische Abstinenz und Verantwortungslosigkeit. Ähnlich antwortete der Werbemanager Vasata in einem *SPIEGEL*-Interview auf die Frage nach der Moral: »Sie verlangen zuviel. Hat ein Waschpulver Moral?«[4] Die Zeiten, in denen es Inhaber bedeutender Werbeagenturen wie J. Walter Thompson und Bill Bernbach aus ethischen Gründen ablehnten, für harte Getränke oder Zigaretten zu werben, sind längst vorbei.

Nicht die Wirkung oder Wirkungslosigkeit umstrittener Werbemaßnahmen, sondern ihr Standort im gesellschaftlichen Wertsystem entscheidet über ihre Sozialverträglichkeit. Werbung ist keine Veranstaltung ohne soziale Folgen und Nebenwirkungen. Auch das Werben mit den Höchstgeschwindigkeiten von Autos – ob es nun zum Rasen verführt oder nicht – verharmlost gefährliches Verhalten und läßt es gesellschaftsfähig erscheinen. So könnte man viele Werbemaßnahmen aufzählen, die fragwürdige Verhaltensweisen anpreisen und ihnen gesellschaftliche Akzeptanz zu verschaffen suchen.

Stichwort Autowerbung: Hier meinen Werber, sich von dem Vorwurf der Sozialschädlichkeit freisprechen zu können, indem sie es für wissenschaftlich bewiesen halten, daß Auto-, Reifen-, Motoröl- und Benzinwerbung angeblich niemanden zum Schnellfahren verführt. Es mag dahingestellt sein, welche Wirkungen und Nebenwirkungen bestimmte Werbeaussagen haben: daß etwa ein Auto 80000 km nonstop mit einer Durchschnittsgeschwindigkeit von 213,686 km/h sogar bei wolkenbruchartigem Regen und dichtem Nebel rollt. Oder daß ein Auto als Rennfahrzeug mit Straßentauglichkeit ausgelobt wird »für Männer, die ihren Willen zu siegen offen zeigen«. Tatsache bleibt, daß hohe Geschwindigkeit eine der Hauptunfallursachen ist und daß Bewußtseinsbildung für sicheres und defensives Autofahren zu den notwendigen sozialen Aufgaben gehört. Selbstverständlich kann man einwenden, Autowerbung diene dem Verkauf von Autos und nicht der Verkehrserziehung. Dann allerdings muß sie mit dem Vorwurf leben, nicht sozialverträglich zu sein.

Die Einengung der gesellschaftlichen Problematik auf das Schnellfahren lenkt jedoch von anderen, mindestens ebenso sozialrelevanten Fragen ab. Es geht um die dominierende Stellung des Autos in unserem Wertsystem und im öffentlichen Raum. Obwohl das Auto als Umweltproblem Nummer 1 gilt, ist die Autobranche größter Werbungtreibender. Die Werbeaufwendungen der Autoindustrie hatten die höchsten Zuwachsraten und stiegen von 147 Millionen DM im Jahre 1969 auf 1258 Millionen DM im Jahre 1989.[5] Aber es bedarf auch einer gigantischen Werbemaschinerie, um die triste Realität des Autofahrens vergessen zu machen. In der Autowerbung gibt es nur freie Fahrt auf leeren Straßen, keine Überholer und Drängler, keine Fußgänger und Radfahrer, keine roten Ampeln, keinen Gegenverkehr, keinen Stau, keinen Unfall und keine Parkplatzsuche. Offensichtlich kann man Autofahrern trotz der mit Händen zu greifenden Widersprüche immer noch einreden, die Autowelt sei heil und Autofahren mache Spaß.

Stichwort Finanzwerbung: Welche sozialen Folgen hat die Werbung für Kredite und Ratenkäufe, Aufforderungen also, über seine Verhältnisse zu leben und beim Konsumieren nicht an das Bezahlen zu denken? Wie wird die Anzeige für eine Kreditkarte aufgenommen, in der jemand nach dem Tanken sagt, er habe keinen Pfennig ausgegeben? Welche Überlegungen liegen eigentlich dem Werbeargument »bequeme Ratenzahlungen« zugrunde? Für wen sind sie bequem? Etwa für den Schuldner, der nicht schlafen kann, weil er vor dem nächsten Zahlungstermin und dem Gerichtsvollzieher zittert? Bilden sich Werbeleute etwa ein, sie könnten mit dem Hinweis auf die Mündigkeit der Konsumenten alle Verantwortung von sich abwälzen, obwohl gerade verschwenderisches Schuldenmachen und fehlender Überblick über die eigene Finanzsituation die Ideologie vom mündigen Konsumenten erneut als Zwecklüge entlarvent?

Stichwort Pharmawerbung: Wie steht es um die Sozialverträglichkeit von Publikumswerbung für rezeptfreie Schmerz-, Beruhigungs- und Schlafmittel? Kann es in sozialer Hinsicht ein akzeptables Ziel sein, den Verbrauch von Schlaf- und Beruhigungsmitteln zu steigern? Für Arzneien zur Unterdrückung von Beschwerden zu werben, die nur Symptome tieferliegender medizinischer oder psychischer Probleme sind und deren notwendige Behandlung vielleicht so lange hinausgezögert wird, bis es zu spät ist? Wenn die Werbung aus einem Psychopharmakum eine »Sonnenbrille für die Seele« macht und verdrängt, daß es eine Droge ist, die – im Unterschied zu einer Sonnenbrille – süchtig macht?

Stichwort Hygienewerbung: Ist es vertretbar, Hausfrauen Angst vor Bakterien, Viren und Pilzen einzuimpfen, damit sie Dauerverbraucher von Desinfektionsmitteln werden und Fußböden, Toiletten und Wäsche regelmäßig desinfizieren? Obwohl Hygieniker solche Desinfektionen für überflüssig halten und der Werbung Panikmache, wissenschaftlich nicht begründbare Aussagen und sogar gezielte Fehlinformationen vorwerfen und obendrein vor bedenklichen Nebenwirkungen auf Anwender und Umwelt warnen?

Stichwort Tourismuswerbung: Kann eine Werbung als sozialverträglich angesehen werden, deren Ziel es ist, noch mehr Touristen in ökologisch stark überlastete Regionen wie die Alpen zu locken? Wobei vermehrter Fremdenverkehr wiederum steigende und die Umwelt noch stärker gefährdende Infrastrukturinvestitionen notwendig macht? Ist die Werbung wirklich nur ein wertfreies, ausführendes Organ? Oder trägt sie Mitverantwortung an irreversiblen Naturzerstörungen?

Wirksame oder unwirksame Zigarettenwerbung?

Die Zahl der Beispiele ließe sich leicht vermehren. Die Gesamtproblematik aber wird bei der Zigarettenwerbung besonders deutlich. Sie zeigt, daß die Bemühungen um den Aufbau einer sozialverträglichen Fassade nur der Durchsetzung von Interessen dienen.

So wie die Werbelobby mit dem Begriff »sozialverträglich« sehr großzügig umgeht, operiert sie auch mit anderen Begriffen wie »wissenschaftlich«, »wirksam« oder »unwirksam« ähnlich undifferenziert und parteiisch. Als wissenschaftlicher Beweis genügt ihr schon eine simple, willkürlich interpretierte Statistik, wenn sie in ihr Konzept paßt. Wissenschaftlichkeit scheint nach Auffassung von Werbefunktionären auch schon gegeben zu sein, wenn ein leibhaftiger Professor etwas ihnen Genehmes und Nützliches sagt oder schreibt. Daß es Veröffentlichungen von Professoren mit entgegengesetzten Auffassungen gibt, wird verschwiegen. Man erfährt auch nur selten etwas darüber, mit welchen Geldzuwendungen die Industrie Veröffentlichungen fördert, denn anders als beim Sport- oder Kultursponsoring legen sie nicht auf die Erwähnung, sondern auf die Geheimhaltung ihres finanziellen Engagements größten Wert.

Professor Gerok hat anläßlich der Eröffnung des Therapiekongresses 1989 aufgezeigt, wann Wissenschaftler bei Expertisen mißtrauisch sein sollen: Wenn jemand ausschließlich über den Nutzen oder ausschließlich die Risiken des Fortschritts referiert; wenn jemand nicht symmetrisch argumentiert, d.h. diejenigen Fakten unerwähnt läßt, die der eigenen These widersprechen; wenn Fakten und Hypothesen, gesichertes Wissen und Vermutungen nicht scharf getrennt und nicht als solche gekennzeichnet werden; wenn in wissenschaftliche Aussagen persönliche oder politische Wertvorstellungen einfließen; und wenn die Aussagen zu verschiedenen Bereichen logisch nicht konsistent sind.[6] Nach diesem Maßstab sind die vom ZAW verwendeten Methoden - sei es zur Weißwaschung der Zigaretten-, der Alkohol- oder der Autowerbung - wertlos und nichts als ideologisch motivierte einseitige Maßnahmen zur Interessenvertretung. Auch ist zu fragen, wer im Zweifelsfall die größere Glaubwürdigkeit verdient: derjenige, der seine eigenen Interessen durchsetzen will - oder derjenige, der sich für die Interessen der Allgemeinheit einsetzt?

Die gesamte Diskussion über Einfluß oder Nichteinfluß der Zigarettenwerbung[7] ist von einem großen, jedoch planmäßig inszenierten Mißverständnis gekennzeichnet. Es geht darum, was unter Werbewirkung zu verstehen ist. Tabak- und Werbewirtschaft verwenden den Begriff »Wirkung« - ohne ihn jedoch zu definieren - in einem völlig unrealistischen und nicht praktikablen Sinn. Gemeint ist ein monokausaler oder zum mindesten deutlich dominierender Einfluß, der nichtrauchende Jugendliche zu Rauchern werden läßt.[8] Wenn man einen derartigen Popanz konstruiert, der allen sozialpsychologischen Erkenntnissen widerspricht und im übrigen nichts mit dem gemein hat, was man in anderen Branchen unter Werbewirkung versteht, läßt sich selbstverständlich sehr leicht widerlegen, was kein Ernstzunehmender behaupten würde. Das gleiche gilt für den Begriff »Wirkungslosigkeit«. Er wird von der Tabak- und Werbelobby so verwendet, als sei es ein Naturgesetz, daß Werbung den Zigarettenverbrauch nicht steigern kann.

Die Zigarettenlobby hat die Frage nach der Werbewirkung auf den *Einstieg* Jugendlicher ins Zigarettenrauchen eingeengt und so von dem nicht weniger wichtigen Problem abgelenkt, daß die Werbung dazu motiviert, das Rauchen nach der ersten Probierphase fortzusetzen und zu gewohnheitsmäßigem Verhalten werden zu lassen. Gerade diese Bestätigungsfunktion der Zigarettenwerbung, die das Selbst-Image junger Menschen aufwertet und ihnen »richtiges« Verhalten bescheinigt, trägt dazu bei, daß mit dem Rauchen nicht wieder aufgehört wird.

Schon wenn es durch Werbung gelingt, in einem schrumpfenden Markt den Umsatz auf dem bestehenden Niveau zu halten, hat sie sich als wirkungsvoll erwiesen. Selbst wenn dank Werbung die Umsatzrückgänge geringer als die der Konkurrenten ausfallen, kann man ihr eine Wirkung nicht absprechen. Absatzzahlen alleine sagen über Werbewirkung nichts aus. Als es z.B. BAT 1989 mit 40 bis 50 Millionen Werbemark gelang, den Abwärtstrend der Marke HB auf minus 640 Millionen Zigaretten zu reduzieren (1988 hatte der Verlust noch mehr als eine Milliarde Stück ausgemacht), konstatierte das Unternehmen, die HB bewege sich im Negativen deutlich positiver.[9] Offensichtlich war man mit der Werbewirkung nicht unzufrieden.

Emerson Foote, ein früherer Chairman von McCann-Erickson, einer der größten internationalen Werbeagenturen, sagte bei einem Hearing in Toronto: Hauptziel der Zigarettenwerbung sei nicht der Wettbewerb, sondern die Schaffung eines positiven Meinungsbildes und sozialer Akzeptanz für das Rauchen. Die Behauptung der Tabakindustrie, Zigarettenwerbung habe nichts mit Verkäufen zu tun, sei ausgesprochener Unsinn. Sie sei nichts als eine List und habe nur den Zweck, Werbe- und Verkaufsförderungsbeschränkungen zu verhindern.[10] Unter dem Eindruck dieser Ausführungen befürwortete die Toronto Transit Commission einstimmig ein Verbot der Zigarettenwerbung.

Immer hängt die Werbewirkung von der Marktsituation, der Kaufkraft und mehreren anderen Faktoren – etwa von dem von den Massenmedien stark mitgeprägten Meinungsklima – ab. Bei relativ geringer Raucherdichte, niedrigem Pro-Kopf-Verbrauch, billigem Preis, hohem Prestigewert und Unkenntnis über die Gesundheitsgefahren kann Zigarettenwerbung äußerst erfolgreich sein. Die amerikanische Werbefachzeitschrift *Printers' Ink* hatte

1937 voller Stolz geschrieben, das starke Wachstum des amerikanischen Zigarettenverbrauchs sei auf die hohen Werbeaufwendungen zurückzuführen. Ähnlich gelingt es heute in Brasilien, den Gesamtabsatz mit Hilfe massiver Werbung jährlich um 6 Prozent zu steigern. Wo hingegen der Markt weitgehend gesättigt ist, hat es die Werbung sehr viel schwerer, neue Anhänger zu finden. Und weil in den westlichen Industrieländern der Teilmarkt der männlichen Raucher praktisch gesättigt, der der Raucherinnen aber noch lange nicht ausgeschöpft war, haben die Zigarettenfirmen weibliche Zielgruppen speziell ins Visier genommen und mit den Fotos rauchender Frauen suggeriert, die Zigarette gehöre zum weiblichen Outfit. Der Erfolg ist nicht ausgeblieben. In der Bundesrepublik stieg die Zahl der Raucherinnen von rund fünf Millionen (1960) auf acht Millionen (1980).

Nicht weniger abwegig ist auch, wie Tabak- und Werbelobby den Begriff »Wirkungslosigkeit von Werbeverboten« handhaben. Dabei unterlegen sie den Begriffen »Wirkungslosigkeit« und »Werbung« extreme und unrealistische Bedeutungen. Sie bezeichnen jedes Werbeverbot als wirkungslos, das nicht innerhalb von zwei bis vier Jahren den Gesamtverbrauch an Zigaretten deutlich senkt. Wer aber wollte ernsthaft erwarten, allein das Nichtvorhandensein von Werbespots, Anzeigen und Plakaten könne eingefleischte Nikotiniker ausgerechnet von der Sucht befreien, die am schwersten zu heilen ist und bei der es die meisten Rückfälle gibt? Auch der Begriff »Werbung« wird in diesem Zusammenhang äußerst eng ausgelegt. Es wird verschwiegen, daß manches Werbeverbot noch genügend Schlupflöcher läßt. In Verkaufsförderung, Sponsoring und Schleichwerbung umgeleitete Werbegelder können nach wie vor die Zigaretten in den Massenmedien öffentlichkeitswirksam propagieren.

Wenn also in Italien der Zigarettenkonsum trotz eines Werbeverbotes gestiegen, in Norwegen, Finnland und Irland jedoch gesunken ist, gibt es nur zwei logische Schlußfolgerungen. Erstens kann Werbung nicht der *einzige* Faktor sein, der das Rauchverhalten beeinflußt. Zweitens läßt sich die These nicht widerlegen, daß *mit* Werbung mehr

Zigaretten geraucht werden als *ohne* Werbung. Man kann also weder nach empirischen noch nach wissenschaftstheoretischen Kriterien behaupten, Werbeverbote seien unwirksam. Die Erfahrungen mit konsequent angewendeten Werbeverboten z.B. in Norwegen (4,1 Millionen Einwohner), wo die Zahl der Raucher und Raucherinnen innerhalb von zehn Jahren um 650000 zurückging[11], beweisen, daß Werbeverbote in Verbindung mit einem Gesamtkonzept für eine rauchfreie Gesellschaft sehr wohl geeignete Maßnahmen zur Verwirklichung gesundheitspolitischer Ziele sein können. Bedrückend ist allerdings, daß das Werbeverbot gegen den Widerstand der Presse durchgesetzt werden mußte, die das Vorhaben wegen der vorhersehbaren Anzeigenverluste ins Lächerliche zu ziehen versucht hatte. Und nicht weniger bedrückend ist, daß die Zigaretten- und Werbelobby die nicht in ihr Konzept passenden Fakten einfach ignoriert und unterschlägt. Nach wie vor wird das italienische Werbeverbot als »Flop« bezeichnet, obwohl sich der Zigarettenverbrauch von 1985 bis 1989 um fast 15 Prozent verringert hat.[12] Auch der kontinuierliche Rückgang der Zigarettenverkäufe in Irland wird verschwiegen. Der ZAW behauptet weiterhin: Wo Werbung verboten ist, werde mehr Schnaps getrunken und mehr geraucht. Dabei verweist er nur auf die Länder Osteuropas, nicht jedoch auf Portugal, das EG-Land mit der niedrigsten Raucherquote, in dem Tabakwerbung schon seit langem verboten ist. Die Zahlen aus den osteuropäischen Ländern hingegen haben keinerlei Aussagewert und lassen keine Vergleiche zu. In unserer Kommunikations- und Werbegesellschaft, in der die Menschen pausenlos mit Werbeappellen überschüttet werden, geraten nichtbeworbene Produkte schnell ins Hintertreffen – ein Phänomen, das es in einer werbelosen Mangelgesellschaft nicht gibt. Im übrigen handelt es sich um Länder mit hohem Kaufkraftüberschuß, in denen man für sein Geld die dringend benötigten Waren nicht kaufen kann, wohl aber Zigaretten und Alkoholika.

Die vielen Tricks der Zigaretten-Schleichwerber

Sowohl das gesetzliche Zigaretten-Werbeverbot im Fernsehen als auch das freiwillige Selbstbeschränkungsabkommen der Zigarettenindustrie sind bei uns so durchlöchert, daß man über den Erfindungsreichtum und die Flexibilität der Werber ebenso erstaunt sein muß wie über die Untätigkeit der Politiker. Clark stellt fest, daß das Umgehen von Werbeverboten und -beschränkungen in den USA und England zum unerläßlichen Bestandteil der Verkaufsförderung für Zigaretten geworden ist.[13] Das trifft ebenso auf die deutschen Verhältnisse zu.

In England darf der Marlboro-Cowboy nur noch in Zivil erscheinen.[14] Auch in anderen Ländern sitzt er nur noch selten auf dem Pferd und raucht auch nicht mehr. Seinen Sattel hat er mit dem Cockpit eines Rennwagens vertauscht. Das Sponsoring im Formel-1-Rennsport ist zu einem Schwerpunkt der Werbeaktivitäten von Zigarettenfirmen geworden. Hauptzweck ist nicht das Autorennen, sondern die Werbung. In erster Linie geht es darum, bei Fernsehübertragungen von Grand-Prix-Rennen die wie fahrbare Zigarettenschachteln aussehenden Autos und die überall in Kameranähe postierten Reklametafeln möglichst oft ins Bild und auf die Fernsehschirme jener Länder zu bringen, in denen Fernseh-Zigarettenwerbung verboten ist. So kam mit der Übertragung des Hockenheimrennens vom 26. 7. 1987 ein »East«-Schriftzug auf Rennwagen, Fahrern und Overalls an den Boxen 129mal und insgesamt 14 Minuten und 53 Sekunden deutlich sichtbar ins Bild.[15] Zwar gibt es gar keine Zigarettenmarke »East«; trotzdem wußte jeder, was mit der im West-Image erscheinenden, wenn auch real nicht existierenden Marke gemeint war und daß mit diesem Trick das deutsche Fernsehwerbeverbot erfolgreich ausgehebelt wurde.

Hinzu kommen die Zeitschriften mit ungezählten Bildern von Rennwagen, Streckenfotos mit Werbetafeln, Teams an den Boxen mit werbebeschrifteten Overalls und die Porträts der mit Werbestickern übersäten 31 Formel-1-Rennfahrer, von denen nur wenige rauchten, aber nur ein einziger *keinen* Werbevertrag mit einer Tabakfirma hatte

(Stand 1988).[16] Allein in den Motorsport fließen jährlich schätzungsweise 250 Millionen Mark deutsche Sponsorengelder, von denen ein beträchtlicher Teil aus der Zigarettenindustrie stammt. Der Werbewert der vom Fernsehen kostenlos gesendeten rollenden Zigarettenschachteln beträgt ein Mehrfaches der gesponserten Gelder.

Aber nicht nur Rennwagen dienen als Werbetransporteure. Auch mit Veranstaltungen, Preisen aller Art und diversen Aktivitäten, die Namen von Zigarettenmarken tragen, setzen die Firmen Werbeverbote außer Kraft. Das gesponserte Geld macht sich durch kostenlose Publicity mehrfach bezahlt. Gewöhnt hat man sich daran, daß Segelboote, nicht aber Reitpferde wie Zigaretten oder auch »Jägermeister« oder »Rendezvous Spielothek« heißen. Empört reagierte die englische Tabakbranche, als die BBC sich weigerte, bei Reitveranstaltungen die nach Zigaretten benannten Pferde zu zeigen und mit Namen zu nennen.[17]

Auch das Hemd mit dem Namen und den Farben der Zigarettenmarke Kim, das Martina Navratilova 1982 in Wimbledon trug, war ein Beispiel für die vielen Schlupflöcher, durch die man Werbeverbote austricksen kann. Der Zigarettenkonzern BAT hatte einer italienischen Modefirma die Lizenz für Kim-Sportbekleidung überlassen, bestritt jedoch jede Mitverantwortung an dem Wimbledon-Auftritt: Es habe sich um die Marke einer Modefirma und nicht einer Zigarette gehandelt. Nach einer Anfrage im Britischen Unterhaus entschuldigte sich BAT: Frau Navratilova sei abergläubisch und habe dasselbe Hemd wie bei früheren siegreichen Spielen tragen wollen. Trotzdem erschien sie beim nächsten Wimbledon-Turnier wieder im Kim-Look, allerdings ohne Markennamen.[18] In Wahrheit hatte BAT mit dem Kim-Hemd nur seine im Mai 1979 ausgeklügelte Strategie verwirklicht, nach der Nicht-Tabakwaren mit Zigaretten-Markennamen und deren charakteristischem visuellen Erscheinungsbild ausgestattet werden sollen, um per Fernsehen bestehende Werbeverbote zu umgehen.[19]

Mit welchem Erfindungsreichtum und welcher Dreistigkeit Werbeverbote unterlaufen werden, zeigt eine weitere Variante. So warben englische Zigarettenfirmen für kleine Zigarren, die es überhaupt nicht zu kaufen gab. Diese Zigarren trugen Markennamen von Zigaretten, und ihre Packungen sahen genauso aus wie die zugehörigen Zigarettenschachteln. Da im englischen Fernsehen jedoch nur Werbung für Zigaretten, nicht aber für Zigarren verboten war, ließ man diese Werbung passieren.[20]

Der Markentransfer von Zigaretten auf andersartige Produkte, die keinen Werbebeschränkungen unterliegen, ist inzwischen gang und gäbe. In der Bundesrepublik wird u.a. für Camel-Boots, HB-Atlanten, Davidoff-Kosmetik und ganze Sortiments von Artikeln geworben, die nach Zigaretten benannt und zigarettenähnlich aufgemacht sind. In Österreich weist die »Arabia Kaffee Milde Sorte« auf die entsprechende Zigarette hin. So soll sichergestellt werden, daß auch nach Werbeverboten die Erscheinungsbilder von Zigarettenmarken in der Werbung präsent bleiben. Was kann die bekannte Modefirma »Marlboro« dafür, wenn man bei ihrer Werbung an Zigaretten denkt?

Skrupellose Werbung in der Dritten Welt

Das Problem der Sozialverträglichkeit von Werbung läßt sich heutzutage nicht mehr regional begrenzen. Auch ihre Auswirkungen auf die Dritte Welt müssen einbezogen werden. Angesprochen wurde schon die »erfolgreiche« Milchpulverwerbung in Indien, die zu fatalen Veränderungen des Stillverhaltens beigetragen hat. Seit dieser Affäre spricht man von »commerciagenic diseases«[21]: Kommerzkrankheiten als Folge von Bedürfnissen, die durch Werbung und Marketing erzeugt wurden.

Wenn Mütter unter dem Eindruck von Werbung Stillen für altmodisch halten und ihre Säuglinge Milchpulver »brauchen«, wird die werbeoffizielle These ad absurdum geführt, daß Werbung nur unbewußte Wünsche wecken und keine neuen Bedürfnisse schaffen kann. Ebensowenig kann von einem bisher unentdeckt schlummernden Bedürfnis nach Frühstückskost die Rede sein, wie sie multinationale Konzerne anbieten und die etwa in Kenia bis zu hundertmal so teuer wie einheimische Nahrungsmittel ist.

Dichtl hat mehrere Beispiele von gewissenlosem Marketing in der Dritten Welt für Problemprodukte zusammengetragen.[22] Als verhängnisvolle Nebenwirkung absorbieren nebensächliche und teure Konsumartikel wie Tabak, Alkohol und Kosmetika gerade in den ärmsten Ländern einen großen Teil der geringen Kaufkraft, so daß für die Grundbedürfnisse das Geld fehlt. Gopal Saksena, Direktor des indischen Fernsehens »Doordarshan«, nannte es »selbstmörderisch«, bei armen Bevölkerungsschichten mit Hilfe von Werbung unbezahlbare Wünsche zu wecken.[23] In Bangladesh, Indien und Thailand z.B. werden schätzungsweise 20 Prozent des Familieneinkommens für Zigaretten ausgegeben.[24] Für Bangladesh hat man errechnet, daß der Verbrauch von nur fünf Zigaretten täglich die Überlebenschancen eines im selben Haushalt lebenden Kindes um die Hälfte verringert.[25]

Einen entscheidenden Beitrag leistet die Werbung auch dazu, daß sich das Zigarettenrauchen »zum Gesundheitsproblem Nummer 1 der Dritten Welt« entwickelt.[26] Da es dort nur vereinzelt Werbeverbote und Warnhinweise und keine Nichtraucher-Aktivitäten gibt, kann sich die Zigarettenwerbung ungehemmt entfalten, die Länder überschwemmen und den Zigarettenverbrauch in die Höhe treiben. Dort entschädigt sich die Tabakindustrie für die Schwierigkeiten, denen sie in entwickelten Ländern ausgesetzt ist. Während in den USA, der Bundesrepublik und anderen europäischen Ländern der Zigarettenverbrauch seit zehn Jahren stagniert oder zurückgeht, hat er weltweit um 20 Prozent zugenommen.

In allen diesen und anderen Fällen wird Werbung in eindeutig sozialschädlicher Weise eingesetzt. Sie verändert traditionelle Konsumgewohnheiten, Leitbilder und Wertvorstellungen, die dem Vertrieb problematischer Produkte im Wege stehen, und versucht sie den Werbezielen anzupassen. Das ist oft gleichbedeutend mit einer Zerstörung der in Jahrhunderten gewachsenen sozialen Strukturen und Identitäten. Dabei wenden die Werbungtreibenden in Dritte-Welt-Ländern oft skrupellose, in Industrieländern unerlaubte Methoden an, um außerhalb der gesättigten heimischen Märkte neue Absatzmöglichkeiten zu schaffen. Jim Clark fühlte sich an internationale Schwindler erinnert, die - sobald ein Land Selbstkontrollen einführt - ins nächste und dann ins übernächste Land ausweichen.[27] Er hat sogar den Vergleich mit bezahlten Killern angestellt, die ihre Aufträge ausführen und keine Fragen stellen.[28]

Die im Auftrage der UNESCO 1980 von der MacBride-Kommission erarbeiteten Empfehlungen für eine neue Welt-Kommunikationsordnung hatten u.a. das Ziel, die Mißstände der in Entwicklungsländern praktizierten Werbung internationaler Unternehmen zu unterbinden oder wenigstens zu mildern. Ihr Bericht wurde von der AAAA, der EAAA und den Verlegerverbänden heftig bekämpft: Er bedrohe den freien Informationsfluß, treibe Entwicklungsländer in den Isolationismus und behindere ihr Wachstum. Er sei ein Angriff auf die kommerzielle Kommunikation und beschneide die Freiheit der Rede (»commercial speech«) und der Presse.[29] Der Entwurf der MacBride-Kommission wurde von der KSZE-Folgekonferenz in Belgrad abgelehnt und geriet in Vergessenheit.

Werbung, Konsum und Ökologie

Grundsätzliches Ziel von Konsumgüterwerbung ist Verbrauchssteigerung. Auf gesättigten Märkten bedeutet das eine Verkürzung der Nutzungszeiten, damit gebrauchsfähige Waren möglichst bald ausgesondert und durch neue ersetzt werden. Die Definition des Begriffs »verbrauchen« als das Umwandeln mehr oder weniger hochwertiger Konsumgüter in Abfall wirft die Frage auf, ob eine den Mehrverbrauch und technisch-materielles Wachstum fördernde Werbung angesichts ungelöster Entsorgungs- und Umweltprobleme überhaupt noch sozialverträglich sein kann. Die Werbewirtschaft tut nach wie vor so, als befänden wir uns in einer Mangelwirtschaft mit vielfältigem, noch ungedecktem Bedarf und nicht in einer Überflußgesellschaft, deren ökologische Zwänge gebieten, den Rohstoffverbrauch zu verringern.

Die Werber haben ihre systemimmanente Rolle als Mitverursacher und Verstärker von Umweltproblemen - die immer auch Bewußtseinsprobleme sind - noch nicht erkannt. Die Arbeit am Bewußtsein der Bevölkerung ist nach wie vor an der Ausgestaltung eines konsumorientierten Wertsystems ausgerichtet. Nur Neues und Modisches erscheint als annehmbar, das vorjährige Modell jedoch schon als minderwertig. Nach wie vor hält die Werbung an undifferenzierten Wachstums- und Fortschrittsvorstellungen fest. So trägt sie Mitverantwortung an der Prägung eines in sozialer Hinsicht fragwürdigen Menschenbildes.

Das öffentliche Bewußtsein bleibt nicht unbeeinflußt, wenn die Werbung immer wieder den unbescheidenen »Haben-Typ« verwöhnter, mit Geld, Freizeit und Freunden reichlich ausgestatteter Jungmenschen vorführt, der das Feld beherrscht und mit luxuriösem Lebenswandel den Rahm abschöpft. Daneben kommen die »Sein-Typen« ebensowenig vor wie die am Rande der Gesellschaft lebenden Menschen ohne jugendfrische und glückstrahlende Reklamegesichter. Wie reagieren diese auf die Empfehlung, sich nur das Beste zu gönnen und nichts Billiges zu kaufen? Wie wirken Schlagzeilen wie »Bargeld braucht man nicht mehr«, »Heute ist es so einfach, ohne Geld einzukaufen« oder »Bezahlen Sie mit Ihrem guten Namen« auf Menschen, deren Einkommen kaum für das Nötigste reicht? Was wird aus den leichtfertig geweckten, aber unbefriedigt bleibenden Wünschen? Wie ist die Frage nach der Sozialverträglichkeit von Werbung zu beantworten, die »das soziale Geflecht von Geben und Nehmen auf egoistisches, asoziales Nehmen reduziert, das nicht mehr das Sparen und Bewahren, sondern das Verbrauchen und das Zerstören will«[30]?

Das Instrumentarium der Sozialen Marktwirtschaft reicht nicht aus, um in Marketing und Werbung gesundheitlichen, ökologischen und ethischen Zielen in angemessener Weise Geltung zu verschaffen. Schon 1965 hatte Georg Bergler bedauernd festgestellt, die Orientierung der Werbung an moralischen Postulaten werde so lange ein schöner Traum bleiben, wie es diese »freie« Marktwirtschaft gibt.[31] Man wird McQuail recht geben müssen, daß kommerzielle Aktivitäten prinzipiell gewissenlos sind, während Kommunikation primär mit kulturellen und moralischen Werten zu tun hat. Wirtschaftliche Moral aber lasse sich nur durch Gesetze erzwingen, es sei denn, sie erbringe ökonomische Vorteile.[32]

Nach wie vor ist es das Hauptanliegen der Werbewirtschaft, zu hemmungslosem Konsumieren anzustacheln und das Anspruchsniveau höherzuschrauben. So steht die Konsumgüterwerbung in direktem Gegensatz zu den ökologischen Notwendigkeiten, da sie die Ressourcenverschwendung anheizt und dadurch die Umweltproblematik weiter verschärft.

Werbung im Widerspruch zu ethischem Handeln

Auch aus ethischer Sicht handelt sozialschädlich, wer Menschen begehrlicher, unersättlicher und unzufriedener macht und - wie die Werbung - dem Materiellen einen dermaßen hohen Stellenwert zuschreibt. Immer ist die ethische Frage zugleich die Frage nach dem höchsten Gut. Das aber kann nie ein Konsumgut sein. Ebensowenig läßt sich sittliches Handeln mit dem von Werbung gezüchteten Genießertum vereinbaren. Kein Wunder, daß sich der Nestlé-Chef Maucher gegen das moderne »ethische und soziale Gesäusel« ausspricht.[33]

Im Sinne von Kant sollte sich jeder Mensch so verhalten, daß die Menschheit überleben kann. An diesen »geistigen Generationenvertrag« aber fühlen sich die heute Lebenden nicht mehr gebunden. Als einziger Ausweg bleibt das von Jonas beschriebene »Prinzip Verantwortung«.[34] Die Zukunftsfähigkeit unserer Gesellschaft erfordert, die Notwendigkeiten der Zukunft gegen die Begehrlichkeit der Gegenwart durchzusetzen. Das aber ist nicht möglich ohne einen radikalen Bewußtseinswandel und eine Überwindung des - jährlich mit 39 Milliarden Werbemark gehätschelten und stimulierten - Anspruchsdenkens.

Die Haltung der Werbebranche gegenüber Umweltproblemen ist nicht weniger zwiespältig wie gegenüber der Frage nach der Moral. Ignoriert wird, daß ein sich ständig vergrößerndes Werbevolumen und erfolgreiche – also das Wachstum verstärkende – Werbung den Rohstoffverbrauch pro Kopf erhöht, dem wichtigsten umweltpolitischen Ziel also entgegenwirkt. Das beginnt schon bei dem Werberohstoff Papier. Für die Herstellung kurzlebiger Drucksachen, durch Anzeigen aufgeblähter Zeitschriften und aufwendiger werbender Verpackungen rechnet man bis zum Jahre 2000 mit einer Verdreifachung des Papierverbrauchs. Das bedeutet zusätzliche Belastungen der Ökosysteme auf jeder Stufe: mehr Waldzerstörung, mehr Energieverbrauch, mehr Abwasser von den Zellstoffabriken, mehr Lkw-Verkehr, mehr Abfall.

Für den ZAW-Sprecher aber scheint alles in bester Ordnung zu sein: Weil 46 Prozent der gesamten Papierproduktion aus Altpapier stammen und die Umweltprobleme mit der (extrem wasserverseuchenden) Chlorbleiche – die das Papier weiß macht – Mitte der neunziger Jahre gelöst sein sollen.[35] Kein Wort davon, daß 59 Prozent aller Bundesbürger Prospekte und Werbezettel sofort wegwerfen und daß 47 Prozent ihren Briefkasten am liebsten für Werbedrucksachen sperren lassen würden.[36] Kein Wort auch davon, daß gerade für Werbedrucksachen überwiegend weißes und hochwertiges, aber kaum Recycling-Papier verwendet wird. Daß es gerade hier erfolgversprechende Möglichkeiten zur Papiereinsparung und Müllvermeidung gibt, wird gar nicht zur Kenntnis genommen. Immer wieder fällt auf, daß der ZAW in gesellschaftspolitisch sensiblen Fragen an den falschen Fronten kämpft und reaktionäre Positionen verteidigt. Während 62 Prozent der Bevölkerung eingesehen haben, daß eine »Konsumhaltung« immer deutlicher an Grenzen stößt (1985: 42 Prozent)[37], sieht der ZAW-Sprecher im Umweltschutz ein »neues Subjekt des Klassenkampfes« und »ein subtiles Mittel im Kampf gegen die Marktwirtschaft«[38]: Der »Wind neuer Ideologie weht durch Stadt und Land. Schutz der Umwelt, Gesundheitspolitik, Gleichberechtigung der Frauen, Datenschutz . . .« Die Werbewirtschaft müsse solche Tendenzen eindämmen und »neue Weltfremdheit und Werbefeindlichkeit« bekämpfen.[39]

Trotzdem versuchen Markenartikel- und Werbewirtschaft den Eindruck zu erwecken, sie marschierten an der Spitze des Fortschritts. In einer Erklärung zum Umweltschutz vom Mai 1990 behauptete der Markenverband tatsächlich, Vorreiter für eine verstärkte ökologische Orientierung der Wirtschaft zu sein! Plötzlich gilt ihm Umweltschutz als eine »erweiterte Dimension der Markenartikelqualität«![40] Nachdem man mehr als ein Jahrzehnt Umweltschützer als Störenfriede betrachtet und vor den Ökoproblemen den Kopf in den Sand gesteckt hatte, schlug jetzt die Stunde der Wendehälse. Verschwiegen wurde, daß die Kehrtwendung erst durch den Druck großer Handelsorganisationen wie Tengelmann und Aldi und durch Verbraucherproteste zustande gekommen war.

Hier zeigt sich eine für die Werbung typische Situation. Wo Fakten fehlen oder gar Mißstände bestehen, muß Werbung gegenhalten und die Lücke ausfüllen. Konsumenten hatten die Bedeutung des Umweltschutzes erkannt und begonnen, umweltfreundliche Produkte und umweltfreundliches Verhalten der Hersteller zu fordern. In Ermangelung ökologischer Qualitäten mußte die Werbung mit Begriffen wie biologisch, ökologisch und umweltverträglich einspringen – auch für Produkte, die weder ihrer Zusammensetzung noch ihrer Anwendung nach diesen Anspruch erfüllten. Die Werbung für Katalysatorautos und bleifreies Benzin weckt die Illusion, durch ihre Verwendung bleibe die Natur in ihrem natürlichen und ungeschädigten Zustand. Man könnte meinen, die vom Auto verursachten ökologischen Probleme seien gelöst und dürften vergessen werden.

Zu diesem Komplex schrieb Winfried Bauer in einem *w & v*-Kommentar: »Das Publikum fordert Moral, also verbreitet man mit viel kommunikationstechnischem Aufwand das, was das Publikum hören will. In Wahrheit aber bleibt die Moralbeteuerung Verbal-Ethik, der die Tat-Ethik nicht folgt.«[41]

Erst in jüngerer Zeit regen sich auch in Werbekreisen gewisse Zweifel. So überraschte der ZAW im November 1989 – im Zusammenhang mit einer massiven Politikerschelte – mit drei Fragen: »Soll die Wirtschaft alles produzieren, was sie produzieren kann? Soll der Handel alles verkaufen, was er verkaufen kann? Soll der Verbraucher alles verbrauchen, was er verbrauchen kann?« Eine neue Nachdenklichkeit wurde gefordert, allerdings nicht von den Werbern, sondern von den Politikern.[42] Ob Werber auch für alles werben sollen, was produziert, verkauft und verbraucht werden kann, wurde nicht gefragt. Der Kontext läßt erkennen, daß der ZAW mit diesem Vorstoß in erster Linie Werbeverbote verhindern wollte. Bei den Werbemanagern, die zu diesem ZAW-Diskussionspapier Stellung nahmen, gab es neben verhaltener Zustimmung vor allem heftige Kritik: Es sei praxisfern und abgehoben, enthalte realitätsferne Leerformeln, mache keinen Sinn und lasse eine Position der Schwäche erkennen. Der ZAW solle lieber unverzichtbare Positionen verteidigen und seine Forderungen gegenüber den Politikern durchsetzen. Werbung könne keine Verantwortung für die Gesellschaft übernehmen.[43] Auch nicht für ihr eigenes Wirken?

Zu den unauflösbaren Widersprüchen des Werbesystems gehört, daß wirtschaftliche Effizienz ihr oberstes Ziel ist und sie an Durchschlagskraft und auch - gegenüber anderen Werbeagenturen - an Wettbewerbsfähigkeit verliert, je mehr sie auf ethische Forderungen und Werte Rücksicht nimmt. Damit aber entpuppt sich die Werbewirtschaft als eine Exponentin wirtschaftlicher Grenzmoral[44] und als geradezu klassisches Beispiel für den Grundwiderspruch zwischen Ethik und Ökonomie.

13. Die Werbung vor dem Offenbarungseid?

Die Werbung - das sollten die vorangegangenen Kapitel deutlich gemacht haben - steckt voller Ungereimtheiten und Widersprüche. Sie besteht aus Puzzlestücken, die nicht zusammenpassen. Ein Blick hinter die Kulissen läßt erkennen, daß das Gebäude der Werbewirtschaft stark einsturzgefährdet ist. Ohne die Hilfe von Verschleierungskünstlern, Maskenbildnern, Trickspezialisten und Wortjongleuren würde sie sich bei öffentlichen Auftritten bis auf die Knochen blamieren und ausgelacht werden. Den Beifall klatscht sie sich selbst, und die Kritiker in den Logen sind ihre Freunde.

Überflüssigerweise ist viel darüber diskutiert worden, ob die Werbewirtschaft den Interessen der Produzenten oder der Konsumenten dient. Da die Interessen von Werbungtreibenden und Konsumenten nicht identisch sind, ist es legitim und völlig normal, daß Werber nicht die Aufgabe haben können, den Konsumenten zum Nachteil der Produzenten Vorteile zu verschaffen (was nicht ausschließt, daß Werbung - soweit es den Produzenteninteressen nicht zuwiderläuft - auch nützliche Informationen bieten kann). Abwegig aber ist es, daß die Werbewirtschaft diese Interessenlage verschleiert, sich als Wohltäter der Verbraucher aufspielt und so tut, als sei Werbung etwas Über-den-Dingen-Stehendes und Gutes an sich, Integres, Hoheitliches und jeder Kritik Enthobenes, das nichts als Segen stiftet.

Durch die Verengung der Diskussion auf die Schein-Alternative »Produzenten- oder Verbraucherinteressen?« ist ein sehr viel wichtigerer Gesichtspunkt unter den Tisch gefallen: daß die straff organisierte Werbewirtschaft - nicht anders als eine Gewerkschaft oder der Bauernverband - starke Eigeninteressen durchzusetzen versucht. Sie ist eine machtvolle Pressure Group mit einem schlagkräftigen Propagandaapparat, der - im Unterschied zur Öffentlichkeitsarbeit anderer Interessenverbände - sich auf monopolartige Strukturen stützen kann. Gegeninformationen von Verbraucherverbänden, gesundheitliche Aufklärung oder politische Bildung haben nur geringe Chancen, gegen die finanzielle Übermacht der Werbewirtschaft zum Zuge zu kommen. Einem kunstvoll geknüpften Netz von Beziehungen, Interessen und Abhängigkeiten verdankt sie, daß ihre vielen Mängel und Widersprüche, ihre unguten Einflüsse und Nebenwirkungen und ihre ganze Hinfälligkeit im dunkeln bleiben. Diese vielfältigen Interessenverflechtungen wirken wie ein geschlossenes System, in dem nur die Sprachregelungen der Werbefunktionäre gelten und andersartige Auffassungen kaum zu Wort kommen.

Das geschlossene System der Werbe-Nutznießer

1. Finanzkräftige Werbungtreibende aus Industrie und Handel sowie einflußreiche Verbände haben sich mit den Werbefunktionären verbündet, um gemeinsame Ziele durchzusetzen. Mit rühriger Öffentlichkeitsarbeit machen sie Stimmung für die Werbung.
2. Die von einem intakten Werbesystem lebenden Medien vervielfältigen und verbreiten die Bulletins der Werbeindustrie, gewähren den Werbungtreibenden redaktionelle Unterstützung und machen aus den Schattenseiten der Werbung eine Schweigezone. Sollte eine Redaktion ausscheren, kann man sie ermahnen, bedrohen oder mit Anzeigenentzug bestrafen.
3. Die ohne die Anzeigen der Medien kaum lebensfähige Werbefachpresse fungiert für die Öffentlichkeitsarbeit der Werbewirtschaft als Sprachrohr und Verstärker. Kritische Äußerungen erscheinen nur vereinzelt (wobei *w & v* eine Sonderstellung einnimmt), werbekritische Veröffentlichungen werden totgeschwiegen.
4. Markt- und Meinungsforschungsinstitute - ebenfalls auf Aufträge von Werbung und Medien angewiesen - werden von Verlagen (die größtes Interesse daran haben, daß Werbung von der Bevölkerung akzeptiert wird) mit Untersuchungen über die »Beliebtheit« der

Werbung beauftragt. Die dank fehlender Alternativantworten und weicher Fragestellungen einigermaßen positiv ausfallenden Ergebnisse werden veröffentlicht, um der Bevölkerung wie auch den Werbern zu signalisieren: Mit der Werbung steht alles zum besten.

5. Wenn Werbeverbote oder Werbesteuern drohen, liefern der Werbewirtschaft wohlgesonnene Professoren die erwünschten Gegengutachten. Dabei kann es sogar vorkommen, daß ein Gutachter zu einem Ergebnis kommt, von dem er sich später (zugunsten der Werbung) distanziert und die gegenteilige Auffassung mit der Begründung vertritt, die herrschende wissenschaftliche Meinung habe sich geändert. Es macht jedoch gerade die Funktionsfähigkeit des geschlossenen Systems aus, daß ZAW-Mitarbeiter und dem ZAW nahestehende Professoren aktiv an der Herstellung der vorherrschenden Auffassung mitwirken und - sich gegenseitig zitierend - Aufsätze veröffentlichen, die die Interessen der Werbewirtschaft unterstützen. Daß Veröffentlichungen mit entgegengesetzten Meinungen unerwähnt bleiben, versteht sich von selbst. Für Meinungspluralismus und geistige Auseinandersetzung mit Andersdenkenden ist in diesem geschlossenen System kein Platz.
6. Politikern, die wenigstens an den gröbsten Mißständen und Fehlentwicklungen der Werbung Anstoß nehmen und so - nach ZAW-Sprachregelung - auf »Irrwege« geraten sind,[1] werden die (selbstverfaßten) Veröffentlichungen als »herrschende wissenschaftliche Meinung« und die Ergebnisse von Meinungsumfragen als Rückhalt bei der Bevölkerung verkauft.
7. Politiker, die eine eher harmlose Bemerkung über die Wichtigkeit des marktwirtschaftlichen Wettbewerbs machen (auch ohne die Werbung zu erwähnen), werden - Werbung als Synonym für Wettbewerb gebrauchend - als Fürsprecher der Werbung vereinnahmt.[2]
8. In Ermangelung öffentlichen Zuspruchs lobt und feiert sich die Werbewirtschaft selbst: Werbeverbände, Medien und Verlage verleihen am laufenden Band Auszeichnungen für die besten Plakate, Anzeigen,

Fernseh- und Funkspots, Drucksachen und Werbeaktionen. Über diese Preisverleihungen berichten wiederum die Medien wie über errungene Siege.

Dieses geschlossene System ist nach innen und außen abgeschottet, so daß der weitgehend von den Interessenten kontrollierte Informationsfluß in drei Richtungen wirkt:

9. Die Bevölkerung nimmt die Werbung als etwas Gegebenes und Unumstößliches hin, das einfach da ist, gegen das anscheinend niemand etwas einzuwenden hat, an dem es nichts zu rütteln gibt und das - anders als die chemische oder die kerntechnische Industrie - kein Gegenstand des Räsonierens und Kritisierens sein kann.
10. Die Werber leben wie unter einer luftdichten Glocke, in der kaum werbekritische Töne an ihre Ohren dringen und keine Zweifel an der Werbe-Ideologie geweckt werden. (Darum treffen sie die - nach mehrjährigen Intervallen über sie hereinbrechenden - Fernsehenthüllungen von Werbelügen vollkommen unvorbereitet und dialogunfähig.) Dem außerwerblichen Geschehen entrückt, bilden sie sich ein, Werbung sei ein ausschließlich wirtschaftliches Phänomen ohne gesellschaftliche Folgewirkungen.
11. Die Werbefunktionäre verfallen in eine Art Selbsthypnose, werden wegen der fehlenden geistigen Auseinandersetzung mit Andersdenkenden zu Opfern ihrer eigenen Propaganda, glauben den selbst ausgegebenen Durchhalteparolen, verwechseln das eigene Wunschdenken mit der gesellschaftlichen Wirklichkeit und verdrängen jede widersprechende Äußerung. Dabei gibt es nach ZAW-Einschätzung zwei verschiedene Kategorien von Veröffentlichungen: die »wissenschaftlichen« Arbeiten oder Befragungen, die - sie mögen methodisch noch so anfechtbar und kümmerlich sein - die Werbung positiv darstellen, und die »unwissenschaftlichen«, die zu werbenegativen Ergebnissen gekommen sind.

Als Folge dieser Selbsthypnose von Werbefunktionären und Werbern kann man Realitätsverluste und eine geradezu absurde Selbstüberschätzung diagnostizieren. Der ZAW-Sprecher hat in düsteren Farben ausgemalt, welch schreckliche Folgen seiner Meinung nach eintreten würden, wenn es keine Werbung mehr gäbe: Markenartikel, Investitionsgüter oder das Angebot des Handels »blieben überwiegend unverkauft in Lagerhallen und Regalen liegen, wenn ihre Qualität, Güte, Verfügbarkeit und ihr Preis nicht dauernd bekanntgemacht würden«.[3] Werbung, die über Eigenschaften und Preise von Produkten informiert, ist kaum noch zu finden. Und ohne Werbung würden die Menschen vergessen, daß sie Lebensmittel, Kleidung, Möbel, Seife oder Kochtöpfe brauchen? BDW-Präsident Ludwig fragte allen Ernstes, wie sich Verbraucher ohne Werbung über rezeptfreie Heilmittel informieren sollen.[4] Weiß er nicht, welche Aufgaben ein Apotheker hat?

Wündrich-Meißen hatte schon 1971 in der *Werbe-Rundschau* geschrieben, die Werbung genüge dem Verbraucher nicht mehr als Informationsquelle. »Vielleicht wird er die Werbung und Werber eines Tages gar nicht mehr brauchen, weil ihm seine eigenen Organisationen bessere, aktuellere und gründlichere Informationen über Waren besorgen.«[5] Auf diese, von dem Inhaber einer angesehenen Werbeagentur ausgesprochene Warnung hat jedoch niemand gehört. Heute ist sie aktueller denn je zuvor, da sich seither der Informationsgehalt der Werbung weiter verringert hat. Die *Werbe-Rundschau* jedoch gibt es schon lange nicht mehr.

Keine Alternative zur Werbung heutigen Stils?

Werbefunktionäre sind offensichtlich unfähig, sich Alternativen zur gegenwärtigen Werbelandschaft vorzustellen. In ihren Augen ist die heutzutage praktizierte Werbung die einzig mögliche Verwirklichung der marktwirtschaftlichen Wettbewerbstheorie. Ihre Betriebsblindheit geht tatsächlich soweit, daß sie es nicht für möglich halten, die Werbung (wie auch die Marktwirtschaft) könne verbesserungsbedürftige Schwachstellen aufweisen, geschweige denn, die Werbung selbst könne eine der Hauptschwachstellen sein.

Wer als überzeugter Marktwirtschaftler erwartet, daß die Kräfte des Marktes Angebot und Nachfrage regulieren und die unterschiedlichen Interessen zum Ausgleich bringen, sollte eigentlich auch darauf bauen, daß der Markt die Informationsbedürfnisse der Konsumenten auf andere Weise als mit der Werbung heutigen Zuschnitts befriedigen kann. Die Aufgabe, im Sinne der Konsumenten über Waren und Dienstleistungen aufzuklären, könnte sehr viel marktwirtschaftsgerechter gelöst werden. Es gehört wirklich nicht viel Phantasie dazu, sich andersartige, werbeunabhängige und miteinander konkurrierende Marktinformationssysteme vorzustellen, wobei das nützlichste und vertrauenswürdigste System mit dem günstigsten Preis-/Leistungsverhältnis am erfolgreichsten abschneiden würde. Die anzeigenlose und vergleichsweise teure Zeitschrift *Test* nimmt eine ähnliche Aufgabe wahr. Ihre auf fast 750000 angestiegene Auflage zeigt, daß hier ein echtes Bedürfnis nach kritischer Information besteht.

Auch die Tagespresse könnte kritische Warenkunde zu ihrem Anliegen machen und ihren Wirtschaftsteil in ein neuartiges Marktinformationssystem verwandeln. Sie müßte dann zwar auf Markenartikelanzeigen verzichten, die jedoch weniger als zehn Prozent ihres Anzeigenaufkommens ausmachen. Dem Wettbewerb der Medien würde es gut tun, wenn er endlich nur nach den Regeln der publizistischen Qualität und nicht nach ihrer Eignung als Werbeträger stattfinden würde. Dann wären wieder die Leser und nicht die Inserenten – denen schon so manches Blatt zum Opfer gefallen ist – das Maß. Zeitschriften allerdings, die nur zum Transport von Werbung konzipiert worden sind und keine echten Leserbedürfnisse erfüllen, würden sang- und klanglos eingehen, ohne daß ihnen jemand eine Träne nachweint.

Solche Gedanken mögen utopisch anmuten. Aber ist nicht die Vorstellung sehr viel utopischer, das gegenwärtige Werbe- und Konsumsystem könne die nächsten Jahrzehnte überleben? Auch der Luftballon, mit dem Ernest

Dichter die Konsumentenbedürfnisse verglichen hat und den man angeblich immer größer aufblasen kann, wird früher oder später platzen. Die einzige wirklich interessierende Frage lautet, ob in unserem Wirtschaftssystem möglicherweise ein Fehler steckt, der es auch bei Marktsättigung nur unter fortwährendem Mehrverbrauch und steigenden Ansprüchen funktionieren läßt.

Werber als Schlußlichter der gesellschaftlichen Entwicklung

Auf dem *ZEIT*-Symposium »Ende des Kommunismus - und was nun?« hat Hans Jonas gesagt: »Uns verwöhnte Genießerbevölkerung feuert der Kapitalismus ja dazu an, noch mehr zu genießen, und erzeugt künstlich Bedürfnisse, an die an sich niemand denken würde. Ein Blick in die Reklameteile der wunderbaren Illustrierten oder Magazine - welcher Art und Parteirichtung auch immer - zeigt, welches Spiel läuft, nämlich mehr, mehr und mehr . . . Wir sollten uns auf eine relative Armut, verglichen mit früherer Armut oder Bescheidenheit immer noch üppig, einstellen. Wenn wir das nicht tun, wird sie uns aufgezwungen. Dann allerdings steht es um unsere Freiheit wirklich schlecht.«[6]

Analysiert man dieses Szenario, erkennt man: Es sind in erster Linie Bewußtseinsprobleme, die es zu lösen gilt. Die Änderung vom Anspruchsdenken zur Verzichtbereitschaft kann sich »nur« in unseren Köpfen abspielen, wäre aber eine kopernikanische Wende zum Überleben der Menschheit. Die Werbewirtschaft jedoch tut alles, um solche Bewußtseinsveränderungen - die ein anderes Konsumverhalten zur Folge hätten - zu verhindern. Sie betreibt eine verstärkte Kommerzialisierung des Bewußtseins, um die Gehirne mit Kaufbotschaften zu füllen und nichtmaterielle Inhalte auszutreiben. Mit dieser ihr innewohnenden und festgewachsenen Programmatik ist sie eines der Haupthindernisse auf dem Wege zur zukünftigen Kommunikationsgesellschaft.

So erweist sich die Werbung als eine Branche mit veralteten Denkfiguren und Zielen ohne Perspektive. Zwar redet sie viel von gesellschaftlicher Verantwortung und vom Wandel der Industriegesellschaft zu einer neuen Kommunikationsgesellschaft, ohne jedoch diese Verantwortung zu praktizieren und ohne an dem Wandel selbst teilzunehmen. Zur Reflektion über ihren Standort, ihre theoretischen Grundlagen und ihre Folgewirkungen ist sie ebenso unfähig wie zum gesellschaftspolitischen Dialog. Die Diskussion ist längst an ihnen vorbeigelaufen, ohne daß die Werber es gemerkt haben. Zur Gestaltung der Zukunftsgesellschaft - deren Kennzeichen tiefgreifende Bewußtseinsveränderungen sein werden und für die sie doch kompetent sein müßten - traut man ihnen keine relevanten, über dem Niveau des Selbstlobs von Lobbyisten liegenden Diskussionsbeiträge zu. Vorausdenker und nicht Hinterherdenker sind gefragt. Wie Peter Reichard in einem *w & v*-Kommentar geschrieben hat: »Die Werbebranche ist irgendwann einmal einfach sitzengeblieben, als könne sie gelassen abwarten, bis auch für sie einmal die Gegenwart kommt. Gekommen aber ist bereits die Zukunft.«[7]

Auch diese Abkoppelung von der gesellschaftlichen Entwicklung konnte nur entstehen, weil sich die Werbefunktionäre in ihrem eigenen geschlossenen System eingemauert und mit sich selbst, nicht aber mit den außerhalb ablaufenden Veränderungen beschäftigt haben. Das wird z.B. an ihrer Einschätzung des »Wertewandels« deutlich, den sie lediglich als verändertes Konsumentenverhalten, nicht aber als eine - von ökologischen Notwendigkeiten erzwungene - Änderung der Wertmaßstäbe und Verschiebung des gesellschaftlichen Koordinatensystems begreifen. Während die Werbewirtschaft sich nach wie vor im Zentrum der Kommunikationslandschaft sieht, ist sie in diesem verschobenen Koordinatensystem an den Rand gerückt und droht herauszufallen.

Der »Wertewandel« mit seinem unausweichlichen Gebot, das Konsumverhalten den veränderten ökologischen Rahmenbedingungen anzupassen, bedeutet de facto einen sich zuspitzenden Konflikt zwischen Ökologie und Konsum, dessen Frontlinie zwischen dem rationalen und dem irrationalen Prinzip verläuft. Einzig und allein vernünftiges Handeln kann bewirken, daß wir nicht weiterhin Umweltraubbau betreiben und unseren Nachkommen keinen unbewohnbaren Erdball hinterlassen. Die wirtschaftlichen Konsequenzen, die sich aus den veränderten Prioritäten ergeben, hat Hans Jonas eindrucksvoll beschrieben. Jede nüchterne Situationsanalyse läßt erkennen, daß es zur Vernunft keine Alternative gibt.

Im Konsumbereich aber hat der Wertewandel - nach den Feststellungen von Haseloff - in eine entgegengesetzte Richtung geführt. Die durch eine »hohe Lustquote« gekennzeichneten Werte der unmittelbaren und spontanen Befriedigung (satisfaction) hätten an Gewicht gewonnen, die vorausgreifende Gestaltung der persönlichen Zukunft (safety) sei dagegen in den Hintergrund getreten. Hedonistische und egozentrische Bedürfnisse erführen neue Legitimierungen, während die Sicherung der Daseinsvorsorge auf die Gesellschaft abgewälzt werde.[8]

Diese Gewichtsverlagerung zur Einstellung »Heute genießen - später (andere) bezahlen (lassen)« läßt sich auch als Folge der »norm- und wertsetzenden« Wirkungen der Werbung[9] und als Ergebnis eines immer härteren Verteilungskampfes verstehen, in dem die irrationalen Kräfte mehr und mehr öffentliches Bewußtsein vereinnahmen. Zu den Hauptexponenten der irrationalen und retardierenden Kräfte gehört die Werbebranche, die die Menschen mit immer höherem Aufwand und Getöse antreibt, mehr und Üppigeres zu kaufen und nach kurzer Gebrauchszeit wieder wegzuwerfen. So produziert die Werbung geradezu »einen Mangel an Erkenntnismöglichkeiten«.[10]

Werbung und Konsumdenken haben bereits weite Bereiche des öffentlichen Bewußtseins kommerzialisiert und arbeiten mit ständig verstärktem Werbedruck daran, ihren Marktanteil weiter zu vergrößern. Unter diesem Einfluß bei gleichzeitig unübersehbaren ökologischen Warnsignalen kommt es bei vielen Menschen zu einer Bewußtseinsspaltung: Neben parasitärem Genießertum äußern sie zwar (unverbindliches) Verständnis für die Umweltprobleme und proklamieren (theoretische) Opferbereitschaft.

Trotzdem bleiben sie in ihrem Anspruchsdenken und ihren Konsumgewohnheiten gefangen.

Diese Fixierung auf das Materielle läßt sich auch an der Haltung der Werber zur Kultur ablesen. Beethovens Neunte ist gerade noch gut genug zur Untermalung von Kartoffelknödel-Werbespots, Mozarts Klavierkonzert KV 467 für Schokoladenpudding und Vivaldi als Hintergrundmusik im Supermarkt. Aber wie soll man anderes erwarten, wenn selbst der ZAW-Präsident beim 40jährigen ZAW-Jubiläum den »kulturellen Anspruch« der Werbung unter anderem damit begründet, sie habe die Soziale Marktwirtschaft mit aufbauen geholfen, zu größerer individueller Lebensgestaltung beigetragen, gegen die Verödung des Konsums gewirkt und dafür gesorgt, daß die Konsumenten neue und immer bessere Produkte haben?[11]

Die Übermacht der Werbung läßt in dem von ihr weitgehend besetzten öffentlichen Bewußtsein die Erkenntnis zu kurz kommen, daß die Wirtschaftsordnung nur ein kleiner Teil der Gesamtordnung ist. Für die Überlebensfähigkeit und Lebensqualität einer Gesellschaft ist der »Marktrand«, das nichtwirtschaftlich bedingte Leben, »hundertmal wichtiger als der Markt« (Alexander Rüstow). Hier wird entschieden über Kultur, Erziehungsmuster, moralische und soziale Leitbilder des Verhaltens bis zu Fairneß-Regeln im Alltag. Hier werden menschliche Werte vermittelt.[12] Dieser Marktrand aber liegt außerhalb des Blickfeldes der Werber. Sie sehen Werbung als ein isoliertes Phänomen, das nur mit jenen Bereichen vernetzt ist, die werblich ausgenutzt werden können.

Die »agenda-setting function« der Werbung, ihre Fähigkeit also, mit riesigen Geldsummen den Konsum als einziges Thema auf die Tagesordnung zu setzen, ist im Verteilungskampf um öffentliches Bewußtsein gleichbedeutend mit der Nichtbehandlung des Nichtkommerziellen und Nichtbeworbenen. Kommerz- und werbefreie, der Muße und der Entspannung dienende Bereiche werden nicht mehr respektiert. Immer aufdringlicher nistet sich die Werbung auch in der privaten Sphäre ein, so daß die Stimme des Kommerzes zur vorherrschenden Ausdrucksform in der Gesellschaft wird.[13] Wenn entsprechend dem EG-Recht bis zu 20 Prozent Werbung in Fernsehsendungen eingeschleust werden darf, soll ein Durchschnittszuschauer in den vor dem Fernseher verbrachten zweieinhalb Stunden täglich eine halbe Stunde lang ungewollt einen Haufen banaler und ihm völlig gleichgültiger Dinge Revue passieren und in sein Gedächtnis eindringen lassen, für die er normalerweise höchstens ein paar Sekunden übrig hätte: Katzenfutter, Waschpulver, Rum, Lakritz, Kaffee, Spülmittel, Dosenmilch, Bier, Zahnpasta, Sekt, Tütensuppen, Rasierklingen, Likör, WC-Reiniger, Fruchtsaft, Windeln, Pralinen, Tampons, Babynahrung, Tabletten, Seife usw., immer wieder obenan auf der Tagesordnung, noch und noch derselbe wiederholte Stumpfsinn, der sich im Jahr auf 120 bis 180 Stunden summiert, in denen der Mensch seinen Geist aufzugeben hat und ihm in tausend Varianten eine einzige Lehre (und Leere) eingehämmert wird: daß das Konsumieren im Mittelpunkt des Lebens steht.

Plädoyer für die Vernunft

In dem mit 39 Milliarden Werbemark und Unterstützung durch die Massenmedien ausgefochtenen Verteilungskampf um die Führungsrolle im öffentlichen Bewußtsein können sich Vernunft und Aufklärung nur schwer Gehör verschaffen. Ausgerechnet in einer Zeit, in der sich das Vernünftige als das für die Menschheit Notwendige so deutlich wie noch nie abgezeichnet hat, in der Denken, Umdenken und rational bestimmtes Handeln so wichtig und das Irrationale so lebensgefährlich wie noch nie waren, sieht sich die Vernunft einer gigantischen Übermacht emotionaler und gedankenloser Botschaften ausgesetzt. Zu Recht bezeichnete Peter Reichard die Zufriedenheit der Werber mit den Zeitläuften als »pathologisch«.[14]

Längst sind wir an dem von David Riesman beschriebenen Punkt der Selbstbesinnung angelangt: »Wir scheinen in einer Falle zu stecken: der Dinge überdrüssig, die – als wir sie noch nicht besaßen – zu vermissen man uns beigebracht hat, ohne jedoch (allenfalls ansatzweise) verstanden zu haben, was uns fehlt, wenn wir sie tatsächlich besitzen.«[15] Mit ähnlich leeren Händen stand auch Faust gegen Ende seines Lebens da: »So sind am härtsten wir gequält, im Reichtum fühlend, was uns fehlt« – der Abgesang des Verbrauchers, der alles hat und dennoch immer mehr haben will, bis er nicht mehr weiter weiß.

Der schon 1969 verstorbene Werbeberater Gossage hatte in einem Vortrag die Werbung nicht nur als Unrecht, sondern auch als unsittlich und betrügerisch bezeichnet: »Selbst dem voreingenommenen Beobachter muß es klar sein, daß unsere Werbewirtschaft von reinen Nichtigkeiten beherrscht wird. Daher treten wir auch nie entschieden für wirklich Wichtiges ein – es sei denn, es wäre vollkommen gefahrlos. Sämtliche wirklich mutigen Stellungnahmen der Werbewirtschaft ließen sich auf eine 5-Milligramm-Beruhigungstablette gravieren. Mir tut das herzlich leid. Ich wünschte, der größte Teil von dem größten Propagandaapparat der Welt und seine besten Köpfe hätten Wichtigeres zu tun.«[16]

Ähnliches hatte der New Yorker Werbemanager Carl Ally seinen Kollegen gesagt: »Die Werbung hat dazu beigetragen, die Welt an den Rand der Apokalypse zu bringen.« Die einseitige Verfolgung von persönlichem oder nationalem Überfluß auf Kosten anderer müsse aufhören: »Ich glaube nicht mehr an den Millionen-Dollar-Menschen, der auf Kosten der 100000 Zehn-Dollar-Menschen existiert.«[17] Es sei Aufgabe der Werbung, den Konsumverzicht zu propagieren. Auch Packard war auf die »Frage der Moral« gestoßen: ob das Ziel »um ein Drittel besser leben« wirklich jede Manipulation rechtfertigt, ohne die es nicht erreichbar ist.[18]

Wie lange noch kann die Werbewirtschaft so tun, als habe sich seit den sechziger Jahren nichts geändert? Will sie auch weiterhin im Unbewußten schlummernde »Bedürfnisse« nach Dingen wecken, die noch nie jemand vermißt und sich gewünscht hat? Wie lange kann sie noch die Konjunktur unserer Region isoliert betrachten und die Augen davor verschließen, daß die Werbewelt nur ein Subsystem eines globalen Gesamtsystems ist, von dessen ökologischen und sozialen Wechselwirkungen es nicht ausgespart bleibt? Für die Marken- und Konsumwerbung sind die Tage gezählt. Ihr Ziel, die Kauf- und Wegwerfbereitschaft ständig anzuheizen und zu erneuern, könnte nur mit erhöhtem Ressourcenverbrauch und immer unerträglicheren ökologischen Belastungen erkauft werden.

Auch König Midas mußte erkennen, welch elendes Schicksal ihn erwartete, nachdem Dionysos seinen größten Wunsch erfüllt hatte. Alles von ihm Berührte wurde zu Gold, jedoch nicht nur Steine, Zweige, Ähren und Erde, sondern auch Speise und Trank. Der Gott erhörte sein Klagen und hieß ihn, die goldschaffende Kraft in der Quelle des Paktolos vom Wasser fortspülen zu lassen. Wer zeigt uns den Fluß, in dem wir uns von der Sucht nach immer aufwendigeren Konsumerlebnissen reinigen können?

Sicherlich ist die Vernunft kein Allheilmittel. Aber es darf behauptet werden, daß bisher zu viele Probleme mit zu wenig Vernunft angegangen worden sind und daß mehr Vernunft die Erwartung rechtfertigt, mehr Probleme einer Lösung näherzubringen. Schon vor zweitausend Jahren hat Flavius Josephus die passenden Worte gefunden: »Es ist nicht leicht, vernünftig zu sein, und es bringt keinen Dank. Aber die Vernunft ist Gottes erstgeborenes Kind, und ihr hänge ich an.«[19]

Wie wird der Kampf zwischen dem Rationalen und dem Irrationalen ausgehen? Hat die Vernunft vielleicht doch noch eine – wahrscheinlich ihre und unsere letzte – Chance? Um bei der Werbung zu bleiben: Wie lange kann sie sich in ihrer jetzigen Form halten und den Offenbarungseid vermeiden?

Abkürzungen

AAAA	American Advertising Agencies Association (Verband der amerikanischen Werbeagenturen)
AKW	Arbeitskreis Werbefernsehen der deutschen Wirtschaft, ein Ableger des Markenverbandes
BDW	Bund Deutscher Werbeberater
3-W-Verband	Wirtschaftsverband der Werbeagenturen und Werbemittler
EAAA	European Advertising Agencies Association (Verband der europäischen Werbeagenturen)
GfK	Gesellschaft für Konsumforschung
GWA	Als »Gesellschaft Werbeagenturen« gegründet, 1986 in »Gesamtverband Werbeagenturen« umbenannt
IAAA	International Advertising Agencies Association (Internationaler Verband der Werbeagenturen)
IfD	Institut für Demoskopie
PP	Product Placement
PR	Public Relations (Öffentlichkeitsarbeit)
UWG	Gesetz gegen den unlauteren Wettbewerb
w & v	werben & verkaufen, München
ZAW	Zentralausschuß der Werbewirtschaft, Dachverband von neun Verbänden der werbenden Anbieter von Waren und Dienstleistungen, 26 der werbungdurchführenden Medien, einem der Werbeagenturen und neun der Werbeberufe und Forschung

Anmerkungen

1. Kapitel

1 Diese im ZAW-Jahrbuch »Werbung in Deutschland 1990« angegebene, jedoch unvollständige Zahl setzt sich zusammen aus den Aufwendungen (laut ZAW »Werbeinvestitionen«) für Werbemittelproduktion, Werbeverwaltung und Werbeträger (Medien). Eine Reihe weiterer Aufwendungen wie z.B. bestimmte Kosten für Direktmarketing, Sponsoring, Product Placement oder Verkaufsförderung sind in dieser Zahl nicht enthalten. Im »Leitfaden für Presse und Werbung« (»Stamm«) ist eine Vielzahl weiterer, in der ZAW-Statistik nicht erfaßter Werbemittel aufgezählt.
2 ZAW-Prognose vom Oktober 1990
3 Statistisches Jahrbuch 1990, S. 178
4 Mitteilung des Börsenvereins des deutschen Buchhandels
5 »Werbung in Deutschland 1990«, S. 237
6 Statistisches Jahrbuch 1990, S. 450 (Zahlen von 1987)
7 Ebenda (Zahlen von 1987)
8 Ebenda, S. 377
9 Elisabeth Noelle-Neumann, S. 247
10 Hierzu ausführlich: Stanley E. Cohen, »Contrary to Some Fears, Madison Ave. is Safe as FTC Hearings End«, *Advertising Age,* 22. 11. 1971

2. Kapitel

1 Zitate von Wilhelm Röpke 1950 und 1961
2 Eine ausführliche Zusammenstellung kritischer Äußerungen bei Peter Weber
3 *Werbe-Rundschau* 109 (1972), S. 106
4 Zentralausschuß der Werbewirtschaft, Dachverband von 44 Mitgliedsorganisationen, und zwar von 9 Verbänden der werbenden Anbieter von Waren und Dienstleistungen, 26 der werbungdurchführenden Medien, 1 der Werbeagenturen und 9 der Werbeberufe und Forschung. Er stimmt die Grundzüge seiner »Werbeaußenpolitik« mit diesen Organisationen ab, um als Sprecher des gesamten Wirtschaftszweiges bei allen Vorgängen im Zusammenhang mit Werbung gegenüber Gesetzgebung, Regierung, Verwaltung und anderen organisierten Bereichen der Gesellschaft aufzutreten (»Werbung in Deutschland 1990«, S. 295f.).

5 Zitiert nach Hanspeter Müller, »Kritik zum Abschied«, *Handelsblatt* vom 11. 5. 1977
6 Rede auf dem Kongreß der Werbung 1974, zitiert nach *w & v* 48/74
7 Dietrich Weber, »Rezept Frohsinn«, *w & v* 48/85
8 Zitiert nach dem Bulletin 113/87 des Presse- und Informationsamtes der Bundesregierung
9 Wolfgang Hainer, »Hindernisse des Markts«, *w & v* 36/90
10 Hierzu ausführlich Ulrich Eicke, »Meinungsfreiheit für die Werbung?«, *Wettbewerb in Recht und Praxis* 11/88. - Im ZAW-Jahrbuch »Werbung in Deutschland 1990« wird nicht mehr behauptet, das Bundesverfassungsgericht habe »Werbung ausdrücklich unter den Schutz des Artikel 5 Grundgesetz gestellt« (so z.B. in »Zigarettenwerbung - Fakten ohne Filter«, *edition ZAW* (Bonn 1987), S. 31), sondern es gebe »eine verfassungsrechtliche Vermutung für die Freiheit der Werbung« (S. 71).
11 Ralf Dahrendorf, »Nur Menschen haben Rechte«, *DIE ZEIT* 18/89
12 Volker Nickel in einem Vortrag vor dem BDW-Club Mainz-Wiesbaden am 17. 4. 86
13 »Kulturfaktor Werbung«, *edition ZAW* (Bonn 1989), S. 15
14 Zur Affäre »Omo-Knotentest« siehe Seite 106
15 »Zum Beispiel Opel Manta«, *w & v* 48/75
16 »Motiv in der Tabuzone«, *w & v* 23/90
17 »Spruchpraxis Deutscher Werberat«, *edition ZAW* (Bonn 1982), S. 254
18 Zitiert nach Hanspeter Müller, »Kritik zum Abschied«, *Handelsblatt* vom 11. 5. 1977
19 Werner Kroeber-Riel 1975, S. 400
20 ZAW, S. 20
21 Egon Sohmen, S. 15f.
22 Ebenda, S. 26
23 Zitiert nach »Knistert's links bei deutschen Werbern?«, *DIE WELT* vom 15. 5.1974
24 Zitiert nach Peter Weber, S. 117f.
25 Volker Nickel, »Thema Werbung«, *edition ZAW* (Bonn 1989), S. 38
26 Derselbe, »Null Lösung«, *w & v* 20/87
27 »Bau ab«, *DER SPIEGEL* 43/87
28 »Werbung in Deutschland 1990«, S. 12: »Brutto-Medieninvestitionen 1989« für Bier (343 Mio. DM) und für Spirituosen (230 Mio. DM)

3. Kapitel

1 Laut ZAW besteht für 14- bis 18jährige kein Schutzbedürfnis (ZAW, S. 78)
2 Werner Koeber-Riel 1975, S. 392f.
3 Derselbe, Diskussionsbeitrag beim Kongreß der Werbung 1974
4 Derselbe 1980, S. 588
5 Elisabeth Noelle-Neumann, S. 60
6 »Der Circulus Vitiosus«, *w & v* 40/90
7 Hans Domizlaff 1951, S. 117, 126, 158 und 159
8 Ebenda, S. 90 und S. 138
9 *DER SPIEGEL* 3/88 (Schirner)
10 Zitiert nach Lothar Weeser-Krell, S. 154
11 »Der Pawlowsche Konsument«, *Horizont* 44/87
12 Werner Kroeber-Riel 1980, S. 197
13 Erwin Lakaschus, »Werbung im Dialog mit den Menschen«, Vortrag auf der BDW-Bundestagung 1976
14 Werner Kroeber-Riel 1984, S. 597
15 Zitiert nach Heidrun Abromeit, S. 114f.
16 Klaus Brandmeyer, »Die Pflicht, Geld zu machen«, *w & v* 27/87
17 Zitiert nach Max Horkheimer/Theodor Adorno, S. 119

4. Kapitel

1 Carola Möller, S. 115
2 »Erziehung zum mündigen Bürger«, *w & v international,* September 1980
3 Dieter Uhr, »Werbung als Erziehungsmittel«, *w & v* 33/80
4 Gerd Nickel, »Vom Appell zum Appeal«, *w & v* 19/87
5 »Deutschland ist spät dran«, *w & v* 34/83
6 Neil Postman, »Extremisten auf dem freien Markt«, *w & v* 39/87
7 Schüler-Mediaanalyse 1990, zitiert nach *w & v* 34/90
8 Olaf Hansen, »Die Kids als Konsumenten«, *w & v* 33/88
9 Joachim Kutschke, »Sie leiden nicht und haben kein Mitleid«, *DER SPIEGEL* 13/89
10 Schüler-Mediaanalyse 1990, zitiert nach *w & v* 34/90
11 ZAW-Diskussionspapier »Irrwege politischer Parteien in Sachen ›Werbung der Wirtschaft‹« (Bonn, November 1989), S. 13
12 Nach einer Analyse der Verlagsgruppe Bauer, zitiert nach *w & v* 26/90

13 Bundestagsprotokoll vom 14. 3. 73
14 *Absatzwirtschaft* 12/73
15 Ebenda
16 Peter Reichard, »Opferlamm Werbung«, *w & v* 26/76
17 James Fallows, »The Cigarette Scandal«, *The Washington Monthly,* February 1976, S. 11
18 Verband der Cigarettenindustrie, »Antworten der Cigarettenindustrie auf aktuelle Fragen zum Rauchen«, Januar 1986
19 gf, »Starker Tobak«, *DIE ZEIT* 38/87
20 Burkhardt Röper 1978, S. 221
21 »Zigarettenwerbung - Fakten ohne Filter«, *edition ZAW* (Bonn 1987), S. 6
22 P. P. Aitken et al., »›Brandstretching‹ Advertisements for Cigarettes: The Impact of Children«, zitiert nach B. A. S. P. European Bureau for Action on Smoking Prevention, *Newsletter,* October 1989
23 »Von der Realität überholt«, *Horizont* 33/89
24 Rosmarie Baumann-Bourla, »Schutz für die Kids«, *w & v* 34/90
25 »Werbung! Deutsche Pauker manipulieren Schüler«, *w & v* 19/77

5. Kapitel

1 »Werbung pro & contra«, *edition ZAW* (Bonn o.J.), S. 11. Neuerdings scheint der ZAW von diesem »volkswirtschaftlichen Grundgesetz« abgerückt zu sein: Die Aussage von Politikern, Werbung steigere den Konsum, beruhe auf einem »kardinalen Irrtum«. (ZAW, S. 38)
2 Gerhard Zacharias, S. 35
3 Burkhardt Röper in Markenverband e.V., S. 131
4 »Die Gestaltung macht den Markenartikel mächtig«, *w & v* 15/89
5 Hasso G. Nauck, »Mit Markentechnik contra No-Names«, *Marketing-Journal* 1/84
6 Friedhelm Schuleit, »Sollte der Verbraucher wirklich auch den Hersteller kennen?«, *Marketing-Journal* 4/87
7 »Experte: Der Handel dreht weiter an der Todesspirale«, *w & v* 29/90
8 Wilhelm Vershofen, *Die Stimme des Verbrauchers* 4/51, S. 90f.
9 Peter Carlberg, »Rare Kostbarkeiten«, *w & v* 38/88
10 »Hohe Werbeintensität für Premium-Marken«, *w & v* 4/88
11 »Wie Werbung wirkt«, Hrsg. von O & M (The Ogilvy

Center for Research & Development), Frankfurt am Main 1987
12 Ebenda
13 David Ogilvy, S. 146f.
14 Hans Domizlaff 1951, S. 66
15 Walter Eggers, »Werbung wird immer wichtiger«, *w & v* 22/88
16 »Teure Lebensmittel brauchen Erlebnis«, *w & v* 25/90
17 Otto Walter Haseloff in »Kommunikation und Gesellschaft« (Karlsruhe 1972)
18 Klaus Brandmeyer, »Die Pflicht, Geld zu machen«, *w & v* 27/87
19 Ebenda
20 »Bürger auf dem Weg zu einer Konsumrevolution«, *w & v* 46/89
21 Peter Haller, »Die Inszenierung einer Marke«, *w & v* 19/88

6. Kapitel

1 Dankwart Rost, »Werbung, Ansichten, Aussichten«, *edition ZAW* (Bonn 1987), S. 37
2 In diesem Sinne z.B. Jürgens (*Verwaltungsarchiv* 53, S. 105ff.) und Thiedig
3 Werner Kroeber-Riel 1980, S. 212
4 Almanach der Werbung zum BDW-Bundeskongreß 1971
5 Thesenpapier zum Kongreß der Werbung 1974
6 C. P. Seibt, *Marketing-Journal* 2/72
7 Hans Domizlaff, S. 27
8 Carl Hundhausen, S. 46
9 Gerhard Gries, »Werbung und Mündigkeit des Bürgers«, *Vorwärts* vom 18. 12. 75
10 »Überleben durch Differenzierung«, *w & v* 43/89
11 Burkhardt Röper in Markenverband e.V., S. 131
12 Otto Walter Haseloff in *w & v* 5/82
13 *w & v* 36/73
14 *DER SPIEGEL* 1/90
15 »Schuldlos angeklagt«, *w & v* 14/79
16 Gerhard Zacharias, S. 28
17 Heinrich Fraenkel/Roger Manvell, S. 319
18 »›Monitor‹ nimmt die Werbung beim Wort«, *w & v* 36/73
19 Ebenda
20 Ebenda
21 Ebenda

22 Ralph Schlehofer, »Das mußte kommen«, *w & v* 35/73
23 Erhard Frühsorge, »Mit dem Rücken zur Wand«, *w & v* 37/73
24 Ludwig Steinmetz, »Was uns blüht«, *w & v* 21/78
25 Hans Wündrich-Meißen, »Wo bleibt der Zusammenschluß der Kreativen zum Zwecke einer dynamischen Weiterentwicklung?«, *Werbe-Rundschau* 105 (1971), S. 13
26 Derselbe, »Braucht der Verbraucher eigentlich die Werbung?«, *Werbe-Rundschau* 107 (1971), S. 19
27 Zitiert nach Peter E. Grossklaus, »Aufschrei des Dr. Bossle«, *w & v* 43/89
28 »Schuldlos angeklagt«, *w & v* 14/79
29 Thesenpapier zum Kongreß der Werbung 1970
30 ZAW-Jahrbuch 1970
31 »Einfach lächerlich«, *DER SPIEGEL* 22/90
32 »Da hechtet die DDR drauf«, *DER SPIEGEL* 37/90
33 »Werbe-Wessis auf DDR-Kurs«, *w & v* 32/90
34 Gunhild Freese, *DIE ZEIT* 37/90

7. Kapitel

1 Peter Reichard, »Ist die Erde wirklich rund?«, *w & v* 14/89
2 Reinhart Ricker, S. 82
3 »Werbung pro & contra«, *edition ZAW* (Bonn o.J.), S. 25
4 Volker Nickel, »Werbung: Der große Gleichmacher«, *w & v* 12/80
5 Howard Luck Gossage 1967, S. 144f.
6 Marion Gräfin Dönhoff, »Die Presse, die der Leser wünscht«, *DIE ZEIT* 35/72
7 Michael Jungblut, S. 119
8 Gerd Bucerius, »Wozu braucht man Verleger?«, *DIE ZEIT* 11/74
9 Eva Heller, S. 168
10 Eckart Spoo, S. 24f.
11 Ebenda, S. 23f.
12 Stefan Heym, S. 204
13 »Unheimliche Alternativen«, *w & v* 17/89
14 Persönliche Mitteilung von Wolfram Eicke
15 »Industrie und Agenturen erhöhen Druck auf Medien« und Peter Reichard, »Zensur-Probleme«, *w & v* 26/90
16 Peter Glotz/Wolfgang Langenbucher, S. 68
17 Zitiert nach Horst Holzer, S. 199
18 Vgl. Anmerkung 16

19 »Ralph Nader: Zufrieden bin ich noch nicht«, *Handelsblatt* vom 21. 7. 76
20 Peter Reichard, »Wir Prügelknaben«, *w & v* 38/87
21 »Wirz: Kritik am Inserenten«, *w & v* 38/73
22 »Bauers ›Chancen‹ wird positiver«, *DER SPIEGEL* 17/88
23 Zitiert nach Franz Dröge, S. 152
24 Diethelm Janke, »Es geht nicht ohne den gesunden Menschenverstand in der Mediaplanung«, *w & v* 10/71
25 Robert D. Reynolds Jr., »The 1906 Campaign to Sway Muckraking Periodicals«, *Journalism Quarterly,* Autumn 1979
26 Louis G. Geiger, »Muckrakers - Then and Now«, *Journalism Quarterly,* Fall 1966
27 R. C. Smith, »The Magazines' Smoking Habit«, *Columbia Journalism Review,* January/February 1978
28 Zitiert nach Kenneth Warner, S. 73
29 Vgl. Anmerkung 27
30 Vgl. Anmerkung 28, S. 74
31 Elizabeth M. Whelan et al., »Analysis of Coverage of Tobacco Hazards in Women's Magazines«, *Journal of Public Health,* March 1981
32 Peter Taylor, S. 46f.
33 Ben Bagdikian, S. 165
34 Ebenda, S. 164f.
35 Ebenda, S. 165
36 »Keine Werbung gegen Raucher«, *DER SPIEGEL* 47/88
37 Jochen Krahn, »Kronberger Kreis«, *w & v* 14/88
38 Rainer Hupe, DIE ZEIT 23/89
39 Eva Heller, S. 168
40 Hans-Jürgen Richter, »Vorsicht: Rauchen ist gesund«, *Therapiewoche* 39/89
41 Ebenda
42 »Zeitungsmarketing von der Zigarette«, *w & v* 28/90
43 »Werbung in Deutschland 1990«, S. 14
44 H. Kleinsorge, zitiert nach Ursula Sehrt, »Die Verantwortung in der Medizinpublizistik«, *Münchner Medizinische Wochenschrift* 50/87
45 Ebenda
46 »Reisen und verschreiben«, *Wirtschaftswoche* 45/87
47 »Ärzteblätter: Ohne Anzeigen - eine Illusion«, *Deutsches Ärzteblatt* 48/87

8. Kapitel

1 Ernest Sackville Turner, S. 281
2 Volker Nickel, »Werbemarkt = Wachstumsmarkt«, *w & v* 45/88
3 Arbeitskreis Werbefernsehen der deutschen Wirtschaft, S. 59
4 Zitiert bei Jerry Mander, S. 197. Zu ähnlichen Ergebnissen kommen z.B. Boorstin, Singer und Sturm (siehe Werner D. Fröhlich et al.)
5 Jerry Mander, S. 199
6 Ebenda, S. 203
7 Gerhard Maletzke, S. 114
8 Herta Sturm, Werner D. Fröhlich et al., S. 125
9 Gerhard Unholzer, »Die Zukunft der ARD-Werbung«, *Media-Perspektiven* 6/90
10 Zitiert nach »Blödeltalk und Sexy-Follies«, *DER SPIEGEL* 10/88
11 Bulletin des Presse- und Informationsamtes der Bundesregierung 29/85
12 Ebenda
13 Jim Clark, S. 496f
14 Herbert I. Schiller, »Die Kommerzialisierung der Kultur in den Vereinigten Staaten«, *Media Perspektiven* 10/86
15 Ebenda
16 Vgl. Anmerkung 13, S. 197f
17 Vgl. Anmerkung 14
18 Gerhard Rüschen, »Treibsatz Wettbewerb«, *w & v* 51/89
19 Vgl. Anmerkung 14
20 Zitiert nach Christiane Grefe und Marie-Luise Hauch-Fleck, »Mami, hol' Pudding«, *DIE ZEIT* 27/88
21 Vgl. Anmerkung 3, S. 71, und »Sie sind kein Bäcker, Sie gehören dem Staat«, *DER SPIEGEL* 32/89
22 Vgl. Anmerkung 9
23 »ARD kürzt Tagesschau«, *DER SPIEGEL* 34/90
24 »Fernsehen '90 wird spannend«, *Horizont* 2/90
25 »Stellungnahme der Arbeitsgemeinschaft der öffentlich-rechtlichen Rundfunkanstalten der Bundesrepublik Deutschland (ARD) zur Änderung des Staatsvertrages zur Neuordnung des Rundfunkwesens (Rundfunkstaatsvertrag) vom 7. März 1990«, *Media Perspektiven* 6/90
26 Institut für Demoskopie Allensbach, *Allensbacher Berichte* 22/89
27 Hartwig Kelm, »Vielfalt der Einnahmequellen als Schutz vor Abhängigkeiten«, *Media Perspektiven* 6/90

28 *w & v* 22/90
29 Zitiert nach »Nachdenken über Werbung«, *w & v* 15/89
30 »Mut zum Ungewöhnlichen«, *w & v* 17/87
31 Zitiert nach »Mehr Unterhaltung vor Acht«, *Horizont* 17/86
32 »ZDF sagt ja zur Kooperation mit Privaten«, *w & v* 33/88
33 Deutscher Bundestag (Hrsg.), »Siebentes Hauptgutachten der Monopolkommission 1986/87«, Bundestagsdrucksache 11/2677, S. 206ff
34 *w & v* 18/89
35 »Zu intelligent«, *DER SPIEGEL* 14/90
36 Michael Kunczik, »Medien Kommunikation Kultur«, *Bertelsmann-Briefe* 123 - Mai 1988
37 *DER SPIEGEL* 29/87
38 »Selbstbewußtsein«, *w & v* 51/87
39 Zitiert nach Ben Bagdikian, S. 162
40 Vgl. Anmerkung 32
41 Peter Reichard, »Der ist ja auch da«, *w & v* 7/89
42 *Der Kontakter* 39/89 (Nachdruck)
43 »Grenzen gesprengt«, *DER SPIEGEL* 9/89
44 Gerhard Naeher, S. 146
45 »Ungewöhnlich einseitig«, *DER SPIEGEL* 43/90
46 Zitiert nach »Stabhochsprung mit der Salzstange«, *DER SPIEGEL* 13/89
47 Zitiert nach »Blödeltalk und Sexy Follies«, *DER SPIEGEL* 10/88
48 Marvin E. Goldberg/Gerald J. Gorn, »Happy and Sad TV Programs: How They Affect Reactions to Commercials«, zitiert nach »ARD-Forschungsdienst«, *Media Perspektiven* 12/88
49 Herbert I. Schiller, S. 24
50 Jim Clark, S. 496
51 Hannes Foullon in *w & v* 3/89
52 Willard D. Rowland, Jr./Tracey, »Selbstmord aus Angst vor dem Tod?«, *Media Perspektiven* 8/89

9. Kapitel

1 Zitiert nach Robin Wight, S. 198
2 Nach einer Untersuchung von Horst Opaschowski, zitiert nach »Martinis Media Notizen«, *w & v* 42/90
3 Wolfgang R. Langenbucher, »In seiner Dynamik hat sich eines der ältesten Medien als ein neues erwiesen«, *w & v* 14/88
4 Burkhardt Röper 1952, S. 162

5 »Späte Rache«, *DER SPIEGEL* 25/88
6 Ebenda
7 Dietrich Leder, »Die Macht am Rhein«, *Zeit-magazin* 19/90
8 »Die Lust auf TV läßt nach«, *w & v* 5/90
9 »Weg mit den Garantien«, *w & v* 27/90
10 *w & v* 15/81
11 Reinhard Siemes, »Fernseh-Spots als Folter«, *w & v* 24/90
12 Otto Walter Haseloff in der *Werbe-Rundschau* 107 (1971), S. 37
13 Dieter Schweickhardt, »Der Werbung die Fesseln nehmen«, *Horizont* 45/87
14 *w & v* 15/81
15 Ute Diehl, »Null Bock auf Werbung«, *w & v* 37/83
16 »Kritik an der Werbung dauert an«, *w & v* 44/88
17 Institut für Demoskopie Allensbach, *allensbacher Berichte* 22/89
18 Institut für praxisorientierte Sozialforschung (IPOS), »Einstellungen zu aktuellen Fragen der Innenpolitik 1989«, Mannheim
19 David Ogilvy, S. 157
20 Zitiert nach »Werbefilmer verlangen lauthals nach mehr Fernsehzeiten«, *w & v* 43/76
21 Jim Clark, S. 16
22 Joachim Kellner, »Trotz viel Kritik breite Akzeptanz«, *w & v* 43/88
23 Mark Wössner, »Medienmärkte der 90er Jahre«, *Bertelsmann-Briefe,* Januar 1990
24 Vgl. Anmerkung 13
25 Zitiert nach *w & v* 25/88
26 Europäische Gemeinschaften, »Richtlinie des Rates vom 3. Oktober 1989 zur Koordinierung bestimmter Rechts- und Verwaltungsvorschriften der Mitgliedstaaten über die Ausübung der Fernsehtätigkeit«, *Media Perspektiven* II/89
27 »TV in der Zwickmühle«, *w & v* 43/88
28 »Mehr Effizienz im Werbeblock«, *w & v* 17/88
29 Arbeitskreis Werbefernsehen der deutschen Wirtschaft, S. 14f
30 Ebenda, S. 11
31 »Werbers Ängste vor mehr als zwei Mio Schaltungen«, *w & v* 42/90
32 Bayerische Landeszentrale für neue Medien, S. 112
33 Federico Fellini, S. 212f.
34 Zitiert nach »Nachdenken über Werbung«, *w & v* 15/89
35 Europäische Charta für den audiovisuellen Bereich, *Media Perspektiven* III/88

36 Zitiert nach »Berlusconi sieht Italiens Kommerz-TV in Gefahr«, *Blick durch die Wirtschaft* vom 9. 4. 90
37 »Rückschlag«, *Horizont* 42/89
38 Zitiert nach »Ganze Berge«, *DER SPIEGEL* 1/89
39 »ZDF mit Werbe-Stopp«, *w & v* 25/90
40 Persönliche Mitteilung von Wolfram Eicke
41 »*Der Kontakter*« 43/90, S. 5

10. Kapitel

1 Zitiert nach Christiane Grefe und Marie-Luise Hauch-Fleck, »Mami, hol' Pudding«, *DIE ZEIT* 7/88
2 Jürgen Knauss, zitiert nach *w & v* 3/87
3 Zitate aus »Kinobesitzer geben dem neuen Bogner-Film Feuer«, *Abendzeitung* (München), 26. 10. 90
4 Manfred Auer et al., S. 252f
5 »Spießer Alfons spießt die Werbung auf. Die Schmarotzer bitten zur Kasse«, *w & v* 31/87
6 »Diskrete Geschäfte«, *Wirtschaftswoche* 35/87
7 »Spießer Alfons spießt die Werbung auf. Product Placement: Udo und Otto mischen mit«, *w & v* 33/87
8 »Fernsehen: Nur noch Werbung drin«, *DER SPIEGEL* 29/87
9 »Spießer Alfons spießt die Werbung auf. Product Placement - Schmarotzer suchen neue Beute«, *w & v* 30/87
10 »Fernsehen: Nur noch Werbung drin«, *DER SPIEGEL* 29/87
11 Ebenda
12 Diese und weitere Nachweise u.a. in *DER SPIEGEL* 29/87, *DIE ZEIT* 17/86 (»Mit Nesquik, Dash und adidas ins Hauptprogramm«), bei Manfred Auer et al. (vgl. Anmerkung 4) und in *w & v* 14/90 (»Licht in der Grauzone«)
13 »Seifenoper à la Kosalik«, *w & v* 25/89
14 Peter Reichard, »Ausverkauf«, *w & v* 42/85
15 Vgl. Anmerkung 9
16 »Sponsor für billige Zeitschriftentitel«, *w & v* 23/87
17 »Deplaziert oder akzeptiert?«, *w & v* 11/88
18 ARD-Werbetreff '87, Dokumentation, S. 33
19 »Kauf mich, bitte kauf mich«, *WIENER* 4/90
20 Zitiert nach »Werbe-Richtlinie«, *w & v* 47/88
21 »Privatsender zu Tode kontrolliert«, *w & v* 37/89
22 Werner E. Klatten, »Schwimmen mit Mühlsteinen«, *w & v* 44/88
23 Frauke Henning-Bodewig, zitiert nach »In Teufels Küche«, *Wirtschaftswoche* 21/90

24 »Verleger spenden den Bundesrichtern Beifall«, *w & v* 20/90
25 »Produkte im Drehbuch«, *w & v* 14/90
26 Marie-Luise Hauch-Fleck, »Jagd nach dem Verbraucher«, *DIE ZEIT* 43/89
27 Ebenda
28 Jim Clark, S. 514
29 Hanspeter Müller im *Handelsblatt* vom 5. 2. 75
30 Zitiert nach Kenneth Warner, S. 58
31 *DER SPIEGEL* 40/87
32 »Kultursponsoring«, *Horizont* 41/89
33 »Harmonielehre«, *Capital* 5/89
34 »Ich bin kein Moralfritze vom Alstertor«, *DER SPIEGEL* 38/88 und Ulrich Greiner, »Am Tag, als der Sponsor kam«, *DIE ZEIT* 38/88
35 »Bauers Spitze«, *Horizont* 11/87
36 Ebenda
37 Alix M. Freedman, »Blowing Smoke«, *Wall Street Journal*, 8. 6. 88
38 Zitiert bei Herbert I. Schiller, »Die Kommerzialisierung der Kultur in den Vereinigten Staaten«, *Media Perspektiven* 10/86
39 Peter Reichard, »Tod des Maecenas«, *w & v* 10/89
40 »Zu dick aufgetragen«, *w & v* 49/88
41 Zitiert nach Helmut Ortner, S. 50
42 »Gefahr der Erpreßbarkeit wächst«, *DER SPIEGEL* 9/88
43 »Frisch, fromm, fröhlich, reich«, ARD-Sendung vom 20. 8. 89
44 »Könnet mir brauche«, *DER SPIEGEL* 6/89
45 »Wir sind Zeugen eines Krieges«, *DER SPIEGEL* 18/90
46 »Kein Beifall für Havelanges Plan«, *Lübecker Nachrichten* vom 27. 2. 90
47 »Das Sponsoring ist ein Wachstumsmarkt«, *w & v* 26/90
48 »Einsparungen bei der Sportförderung«, *Horizont* 49/87
49 »Prächtig ausgestattet«, *DER SPIEGEL* 37/88
50 »Profi mit Durchblick«, *DER SPIEGEL* 37/88

11. Kapitel

1 Hans Domizlaff 1932, S. 15
2 Derselbe 1951, S. 310
3 Derselbe 1932, S. 15f
4 Zitiert nach Kurt Gayer, S. 224
5 Zitiert nach Willi Bongard, S. 243f

6 Albert Oeckl, S. 61
7 Zitiert nach »Horizont-Special: 40 Jahre Werbung«, *Horizont* 41/89
8 Zur Fernsehdiskussion Kennedy/Nixon siehe Theodore White
9 Joe McGinnis
10 *DIE ZEIT* 43/88
11 Ernest Sackville Turner, S. 200
12 Bert Brecht, S. 299
13 Heinrich Böll, S. 481
14 Zitiert nach Hermann Pfeiffer, »Bilanz des großen Werbekriegs 1969«, *w & v* 29/69
15 *DIE ZEIT* vom 1. 11. 68
16 »Werbung in Deutschland 1990«, S. 272
17 Volker Nickel, »Thema Werbung«, *edition ZAW* (Bonn 1989), S. 148f
18 Urteil vom 27. 11. 84
19 »Werbung für Fleischbrühe darf nicht zum gesellschaftspolitischen Vorreiter gemacht werden«, *ZAW-Service* 137 (1986)
20 Ärztlicher Arbeitskreis Rauchen und Gesundheit e.V., »Offener Brief an den Bundesrat und alle Bundestagsabgeordneten«, abgedruckt u.a. in *notabene medici* 1/90
21 Bernhard Humburger, »Grenzenloser Zynismus«, *Ärzte-Zeitung* vom 19. 7. 89
22 Judith Reicherzer, »von der Lobby vernebelt«, *DIE ZEIT* 42/90
23 Alix M. Freedman, »Blowing Smoke«, *Wall Street Journal* vom 8. 6. 88
24 Herbert I. Schiller. »Kultursponsoring in den USA«, *Media Perspektiven* 11/90
25 Peter Taylor, S. 117ff
26 Ebenda, S. 48
27 Ernest Dichter 1964, S. 246
28 Ben Bagdikian, S. 135
29 Herbert I. Schiller, »Disney, Dallas und der elektronische Informationsfluß«, *Media Perspektiven* 12/88
30 Heidrun Abromeit, S. 174
31 Ebenda, S. 184ff
32 Zitiert nach »Des Werbers Standort in den nächsten Jahren«, *w & v* 46/74
33 Volker Nickel, »Kopfschütteln nützt nichts«, *w & v* 19/89
34 Dankwart Rost, »Werbung, Ansichten, Aussichten«, *edition ZAW* (Bonn 1987), S. 44
35 Ebenda, S. 43
36 Arthur Miller, S. 348

12. Kapitel

1 F. Adlkofer, zitiert nach H. Krüger/F. Schmidt, »Leichtrauchen ist kein Ausweg«, *Medizinische Welt* 40/89
2 »Frage des Wie«, *w & v* 24/89
3 Ebenda
4 »Moral? Sie verlangen zuviel«, *DER SPIEGEL* 18/90
5 »Werbung in Deutschland 1990«, S. 12
6 W. Gerok, »Fortschritt als Orientierungsproblem«, *Münchner Medizinische Wochenschrift* 37/89
7 Hierzu ausführlich Ulrich Eicke, »Werbeverbot für Zigaretten?«, *liberal* 3/89
8 In diesem Sinne Reinhold Bergler, z.B. S. 85
9 »Marlboro liegt weiter vorn«, *Horizont* 2/90
10 Emerson Foote, »Advertising and Tobacco«, *Journal of the American Medical Association* vom 24. 4. 1981
11 Statens tobakkskaderåd, Yougstorget 3, Oslo 1
12 B.A.S.P. European Bureau for Action on Smoking Prevention, *Newsletter,* March 1990
13 Jim Clark, S. 355
14 Vgl. Anmerkung 12, *Newsletter,* October/November/December 1989
15 »Programmforschung hilft bei der Fernsehplanung«, *w & v* 45/89
16 »Rund um den Erdball«, *DER SPIEGEL* 14/88
17 Jim Clark, S. 518
18 Peter Taylor, S. 110ff
19 Ebenda, S. 108ff
20 Robin Wight, S. 66
21 Jim Clark, S. 197
22 Erwin Dichtl, S. 92f
23 Gopal Saksena, »TV Advertising in India - Social Implications«, *Combroad* 1990, Issue 86, S. 10
24 John Maurice und Hans Harald Bräutigam, »Aus den Fehlern der Reichen lernen«, *DIE ZEIT* 11/90
25 Henner Hess, S. 134
26 Ronald M. Davis, »Promotion of Cigarettes in Developing Countries«, *Journal of the American Medical Association* vom 28. 2. 86
27 Jim Clark, S. 196
28 Ebenda
29 »Kommunikation für alle überwacht von wenigen«, *w & v international,* September 1980
30 Hans-Günther Meissner, »Die Grenzen der Werbung.

Oder: Wann wird Werbung zuviel?«, *Marketing-Journal* 6/76
31 Georg Bergler, S. 132f
32 Dennis McQuail, »Kommerz und Kommunikationstheorie«, *Media Perspektiven* 10/86
33 Michael Gatermann, »Lust auf Kampf«, *Manager-Magazin* 4/90
34 Hans Jonas, »Das Prinzip Verantwortung«, Frankfurt/Main 1984
35 Volker Nickel, »Werbung und Ökologie«, *w & v* 14/90
36 »Wurfsendungen«, *Der Kontakter* 21/90
37 Hans-Jürgen Anders, »Food-Trend zum Genuß«, *w & v* 39/90
38 Volker Nickel, »Thema Werbung«, *edition ZAW* (Bonn 1989), S. 34 und 156
39 Derselbe, »Provisorium Deutschland«, *w & v* 39/90
40 Zitiert nach Peter E. Grossklaus, »Tag der Neubesinnung«, *w & v* 20/90
41 Winfried Bauer, »Die Unberechenbarkeit, das Unlogische zu planen«, *w & v* 20/90
42 »5 ZAW-Thesen im Widerstreit«, *w & v* 48/89
43 »Kritische Thesen im Kreuzfeuer«, *w & v* 48/89
44 Vgl. S. 32

13. Kapitel

1 ZAW-Diskussionspapier, »Irrwege politischer Parteien in Sachen Werbung der Wirtschaft (Bonn November 1989)
2 So z.B. Wolfgang Roth (SPD) und Matthias Wissmann (CDU) ebenda, S. 7
3 Volker Nickel, »Thema Werbung«, *edition ZAW* (Bonn 1989), S. 67
4 Werner D. Ludwig, »Werbeverbote«, *Kommunikation* 10/89
5 Hans Wündrich-Meißen, »Braucht der Verbraucher eigentlich die Werbung?«, *Werbe-Rundschau* 107 (1971), S. 19
6 »Ende des Kommunismus - und was nun?« *DIE ZEIT* vom 29. 12. 89
7 Peter Reichard, »Warten auf die Gegenwart«, *w & v* 25/88
8 Otto Walter Haseloff, »Lebenswelten zwischen Masse und Individualität«, *w & v* 13/89
9 Carola Möller, S. 20
10 Klaus Brandmeyer beim ARD-Werbetreff '88
11 »Kulturfaktor Werbung«, *edition ZAW* (Bonn 1989), S. 14f

12 Zitiert nach Hans-Günther Krüsselberg, »Theorie für die Praxis«, *DIE ZEIT* 19/89
13 Herbert I. Schiller, »Disney, Dallas und der elektronische Informationsfluß«, *Media Perspektiven* 12/88
14 Peter Reichard, »Zeit der Hilflosen«, *w & v* 37/90
15 David Riesman 1973, S. 272 (Text in Übersetzung von Ulrich Eicke)
16 *Der Kontakter* 39/89 (Nachdruck)
17 Carl Ally, »Werbung muß bei der Lösung der Weltprobleme helfen«, *w & v* 33/74
18 Vance Packard, S. 200
19 Zitiert nach Ludwig Marcuse, S. 185

Literatur

Abromeit, Heidrun. *Das Politische in der Werbung*, Opladen 1972
Arbeitskreis Werbefernsehen der deutschen Wirtschaft (Hrsg.). *Das immer noch blockierte Medium.* Baden-Baden 1989
Auer, Manfred et al. *Product Placement - die neue Kunst der geheimen Verführung.* Düsseldorf 1988

Bagdikian, Ben. *The Media Monopoly.* Boston 1983
Bayerische Landeszentrale für neue Medien (Hrsg.). *Rundfunkkongreß 1988, Dokumentation.* München 1989
Bergler, Georg. *Werbung und Gesellschaft.* Essen 1965
Bergler, Reinhold. *Zigarettenwerbung und Zigarettenkonsum.* Berlin 1979
Bongard, Willi. *Männer machen Märkte.* Oldenburg 1963
Böll, Heinrich · *Lämmer und Wölfe* · In *Aufsätze, Kritiken, Reden* · Köln und Berlin 1967
Brecht, Bert. *Briefe an einen erwachsenen Amerikaner.* Gesammelte Werke, Frankfurt/Main 1967, Band 20
– *Propagandamittel als Staatsidee.* (Als Manuskript gedruckt). 1932.

Clark, Jim. *Weltmacht Werbung.* Bergisch- Gladbach 1989

Dichter, Ernest. *Strategie im Reich der Wünsche.* München 1964
- *Überzeugen, nicht verführen.* Düsseldorf und Wien 1971
Dichtl, Erwin. *Der Weg zum Käufer.* Düsseldorf 1987
Domizlaff, Hans. *Propagandamittel der Staatsidee.* Typoskript, 1932
- *Die Gewinnung des öffentlichen Vertrauens.* 2. Aufl., Hamburg 1951
—*Typische Denkfehler der Reklamekritik.* Hamburg 1929
Dröge, Franz. *Wissen ohne Bewußtsein.* Frankfurt am Main 1973

Fellini, Frederico. *Ginger und Fred.* Zürich 1986
Fraenkel, Heinrich/Manvell, Roger. *Goebbels.* Köln und Berlin 1960
Fröhlich, Werner D. et al (Hrsg.). *Die verstellte Welt.* Frankfurt am Main 1988

Gayer, Kurt. *Wie man Minister macht.* Stuttgart- Degerloch 1963
Glotz, Peter/Langenbucher, Wolfgang. *Der mißachtete Leser.* Köln und Berlin 1969

Gossage, Howard Luck. *Ist die Werbung noch zu retten?* Düsseldorf und Wien 1967
- *Macht und Ohnmacht der Werbung.* Frankfurt am Main 1970

Heller, Eva. *Wie Werbung wirkt. Theorien und Tatsachen.* Frankfurt am Main 1984
Hess, Henner. *Rauchen.* Frankfurt am Main 1987
Heym, Stefan. *Nachruf.* München 1988
Holzer, Horst. *Gescheiterte Aufklärung.* München 1971
Horkheimer, Max/Adorno, Theodor. *Dialektik der Aufklärung.* Frankfurt am Main (1944) 1971
Hundhausen, Carl. *Werbung im Wandel.* Essen 1972
– *Wesen und Formen der Werbung.* Essen 1954

Jonas, Hans. *Das Prinzip Verantwortung.* Frankfurt am Main 1984
Jungblut, Michael. *Die Reichen und die Superreichen in Deutschland.* Hamburg 1973.

Kroeber-Riel, Werner. *Konsumentenverhalten.* München 1975, 1980 und 1984
Kroeber-Riel, Werner/Meyer-Hentschel, Gundolf. *Werbung – Steuerung des Konsumentenverhaltens.* Würzburg und Wien 1982

Maletzke, Gerhard. *Kulturverfall durch Fernsehen?* Berlin 1988
Mander, Jerry. *Schafft das Fernsehen ab.* Reinbek 1979
Marcuse, Ludwig. *Mein zwanzigstes Jahrhundert.* Zürich 1975
Markenverband e.V. (Hrsg.). *Markenartikel heute.* Wiesbaden 1972
McGinnis, Joe. *The Selling of the President 1968.* New York 1969
Meyrowitz, Joshua. *Die Fernsehgesellschaft.* Weinheim und Basel 1987
Miller, Arthur. *Zeitkurven.* Frankfurt am Main 1987
Möller, Carola. *Gesellschaftliche Funktionen der Konsumwerbung.* Frankfurt am Main 1970

Naeher, Gerhard. *Der Medienhändler.* München 1989
Noelle-Neumann, Elisabeth. *Die Schweigespirale.* Wien und Berlin 1982

Oeckl, Albert. *Handbuch der Public Relations.* München 1964
Ogilvy, David. *Geständnisse eines Werbemannes.* Düsseldorf und Wien 1964
Ortner, Helmut. *Das Geschäft mit dem Sport.* Rastatt 1987

Packard, Vance. *Die geheimen Verführer.* Düsseldorf 1962

Ricker, Reinhart. *Anzeigenwesen und Pressefreiheit.* München 1973
Riesman, David. *Die einsame Masse.* Reinbeck 1966
- *Wohlstand wofür?* Frankfurt am Main 1973
Röper, Burkhardt. *Die Konkurrenz und ihre Fehlentwicklungen.* Berlin 1952
- *Rauchmotivationen Jugendlicher.* Göttingen 1978
Röpke, Wilhelm. *Maß und Mitte.* Erlenbach-Zürich 1950
- *Jenseits von Angebot und Nachfrage.* Erlenbach-Zürich 1961

Schiller, Herbert I. *Die Bewußtseinsmanager.* München und Wien 1976
Sohmen, Egon. *Marktwirtschaft, Presse und Werbung.* Tübingen 1971
Spoo, Eckart (Hrsg.). *Die Tabus der deutschen Presse.* München 1971

Taylor, Peter. *The Smoke Ring.* New York 1984
Thiedig, Klaus. *Suggestivwerbung und Verbraucherschutz.* Frankfurt am Main 1973
Turner, Ernest Sackville. *The Shocking History of Advertising.* Hammondsville/Middlesex 1968

Warner, Kenneth. *Selling Smoke.* Washington D.C. 1986
Weber, Peter. *Die Kritik an der Wirtschaftswerbung.* Dissertation. Nürnberg 1966
Weeser-Krell, Lothar. *Reklame.* Düsseldorf 1973
White, Theodore. *The Making of the President 1960.* New York 1961
Wight, Robin. *The Day the Pigs Refused to be Driven to Market.* London 1972

Zacharias, Gerhard. *Die Einstellung der Bevölkerung zur Werbung.* München 1977
ZAW (Hrsg.). *Werbung in Deutschland 1990.* Bonn 1990